幼儿园
探究游戏活动课程
教师指导用书

中班 下

《幼儿探究游戏活动材料》编写组 编

北方联合出版传媒（集团）股份有限公司
辽 海 出 版 社

图书在版编目（CIP）数据

幼儿园探究游戏活动课程教师指导用书. 中班 下 /《幼儿探究游戏活动材料》编写组编. -- 沈阳：辽海出版社，2024.12. -- ISBN 978-7-5451-7097-9

Ⅰ. G613.7

中国国家版本馆 CIP 数据核字第 2024HK2423 号

出 版 者：北方联合出版传媒（集团）股份有限公司
辽 海 出 版 社
（地址：沈阳市和平区十一纬路 25 号 邮编：110003）
印 刷 者：沈阳绿洲印刷有限公司
发 行 者：北方联合出版传媒（集团）股份有限公司
辽 海 出 版 社
幅面尺寸：185mm × 260mm
印　　张：22.25
字　　数：350 千字
出版时间：2024 年 12 月第 1 版
印刷时间：2024 年 12 月第 1 次印刷
责任编辑：王敬恩
封面设计：隋 治
版式设计：鼎籍文化创意
责任校对：林明慧

书　　号：ISBN 978-7-5451-7097-9
定　　价：65.00 元

联系电话：（024）23284478 23267905
网　　址：http://www.lhph.com.cn

法律顾问：辽宁普凯律师事务所 王 伟
如有质量问题，请与印刷厂联系调换
印刷厂电话：（024）31983633
盗版举报电话：（024）23284481
盗版举报信箱：liaohaichubanshe@163.com

编委会

编写说明

幼儿园课程是贯彻落实《幼儿园教育指导纲要》《幼儿园工作规程》《3~6 岁儿童学习与发展指南》（以下简称《指南》）的载体，是教育思想与理念转化为教育实践的桥梁和纽带，是教育实践的轴心。探究自然、融入社会的幼儿园活动课程，在《指南》精神的指引下，根据幼儿的身心发展水平及幼儿的学习方式与特点，精心选择和预设了有价值的活动内容，构建起关于课程目标、内容、方法和评价的整体系统。

生动有趣、关注核心经验的课程是促进幼儿学习与发展、提升幼儿园内涵发展的突破口，幼儿园探究游戏活动课程以自然中的现象与变化以及相关的社会生活为主线，以幼儿游戏为基本活动，注重幼儿的自主探究和沉浸式参与，以适应幼儿通过直接感知、实际操作和亲身体验获得经验的学习特点与方式，来促进幼儿全面、和谐发展。

一、理论基础

1. “活教育”理论

“活教育”理论体系是陈鹤琴先生幼儿教育思想的核心，其理论体系的内容包括大自然、大社会都是活教材，以及“做中教，做中学，做中求进步”的目标。春有百花秋有月，夏有凉风冬有雪，每个季节都会带给我们独特的景观和生活价值，变幻莫测的自然现象也让儿童对自然充满好奇，让孩子走到户外，接触大自然、大社会，是孩子成长过程中必不可少的一门“功课”。

“大自然”是指各种动物、植物、气候等自然现象；“大社会”是指个人、家庭、集体社会交往。这两种环境与幼儿的日常生活是息息相关的，充分、系统地利用这两种资源，能为幼儿的学习成长提供生动有趣的“活教材”，能丰富幼儿的直接经验，使其深刻地体会春种、秋收等社会生活的现实意义，以及人与动植物的关系，以使幼儿增长见识、丰富情感、扩展能力。课程编写中凸显陈鹤琴先生的“活教育”思想的 17 条原则：

（1）凡是儿童自己能够做的，应当让他自己做。“‘做’这个原则，是教学的基本原则，一切的学习，不论是肌肉的，不论是感觉的，不论是经验的，都要靠‘做’的。”“所以，凡是儿童能够做的就应当让他自己做。”

（2）凡是儿童自己能够想的，应当让他自己想。“直接经验、自己思想，是学习中唯一的门径。”

（3）你要儿童怎样做，就应当教儿童怎样学。“使他们在适当的自然环境之内，得到相当的学习。”

（4）鼓励儿童去发现他自己的世界。“儿童的世界是儿童自己去探讨、去发现的，他自己所求来的知识才是真知识，他自己所发现的世界才是他的真世界。”

（5）积极的鼓励胜于消极的制裁。“要用鼓励的方法，来控制儿童的行为，来督促儿童求学。”

（6）大自然、大社会是我们的活教材。儿童喜欢野外生活，到野外的大自然、大社会中去探讨、去追求，就可获得确实而经济的直接知识，必须让儿童到大自然、大社会中去。

（7）比较教学法。“譬如我们要教儿童认识一只猫，最好用一只狗来比较，让儿童在对比中分化出各自的特点而加深认识。比较教学法应用的范围较广，各门学科均可应用，连做人修养也可以应用。”

（8）用比赛的方法来增进学习的效率。这一条原则依据了儿童喜欢竞争的心理，利用这种心理，去组织儿童比赛，以增加儿童的学习兴趣，促进儿童的学习效率。

（9）积极的暗示胜于消极的命令。积极的暗示就是一种激励教育法，它是软性的，比消极的命令要费时间和精力，但其效果却非常之大。

（10）替代教学法。如以物代物、以建设代替破坏、以收集代替争夺、以正当的组织来代替不正当之活动等。

（11）注意环境、利用环境。大自然、大社会中都可以找到很多好玩的东西来做活教材和活教具。

（12）分组学习，共同研究。分组学习、共同讨论的方式就是集体学习，是“活教育”教学原则的一种方式，也使刺激和反应的程式由单轨变为复轨。让每个人都有意见发表，彼此都有不同的思想。

（13）教学游戏化。这一条原则依据了儿童好游戏的心理特点。

（14）教学故事化。这有两方面的意思：一是教材故事化，二是教法故事化。教学故事化是“活教育”的新要求。

（15）教师教教师。举行教学演示或者成立巡回教学辅导团一类的组织，是近代教育方法上的一种新趋势，这不仅能够在一个学校、一个城市里举行，同样可以应用“分组学习，共同研究”的原则，推行到所有学校中去，这对于充实教师本身、提高业务水平会有较大的帮助。

（16）儿童教儿童。这一条教学原则是根据陶行知的“小先生制”提出来的，意思是让儿童来教育儿童，让儿童来指导儿童。

（17）精密观察。这一条教学原则包括两个方面的意思：一方面通过实地观察来施行教学；另一方面通过实际研究来培养儿童善用观察的学习态度，则教学的效果，必将因此而有所增进。

美国学者理查德·洛夫在《林间最后的小孩——拯救自然缺失症儿童》一书中写道：“与自然接触对于儿童的重要性，不亚于丰富的营养和充足的睡眠，目前儿童接触自然的状况需引起我们广泛重视与认真看待。”站在儿童的立场研究儿童对大自然中季节变化的了解，对幼儿园课程开发、教师教学以及家庭教育有重要意义。

《指南》明确指出，开展多种形式户外活动，有助于提高幼儿对环境的适应能力，引导幼儿接触自然，使之感受自然界的美与奥妙，结合和利用生活经验，帮助幼儿认识自然环境，初步理解自然与自己的关系。

2. 具身理论

幼儿园探究游戏活动课程注重幼儿在自然与情境中探究、学习，这与当前国际主流心理学界、哲学界的具身理论认知相关联。具身认知认为生理体验与心理状态之间有着强烈的联系，知识对身体状态和大脑的特殊通道系统有一定的依赖性。同时提出，不仅是大脑，身体也有很重要的认知功能。思维和认知在很大程度上是依赖和发端于身体的。认知应是身体的认知，心智也是指身体的心智。离开了身体，认知和心智根本就不存在。具身认知的核心观点是人的认知根植于人的身体以及身体与世界的相互作用中，强调认知的涉身性、体验性、环境嵌入性，主张把心智根植于身体，把身体根植于环境，从身体与环境互动的视角看待学习。学习是一种与身体密切相关，或者通过身体及其活动方式而实现适应环境的活动。强调认知要有情境性、动态性、生成性和接地性。

具身认知是幼儿获得直接经验的主要途径，幼儿通过反复感知、操作（通常伴着各种试误、反思、修正），使得体验得以稳定下来。当体验在幼儿的认知结构中建立起较为稳固的联结，直接经验得以产生。《指南》指出“最大限度地支持和满足幼儿通过直接感知、实际操作和亲身体验获取经验的需要”，其中“直接感知”“实际操作”“亲身体验”体现了具身认知的方式，构成幼儿获得直接经验的条件。

3. 文化历史活动理论

建构主义理论的新发展——文化历史活动理论。活动是一个相当复杂的系统。首先，它涵盖了主体和客体——主体可以是个人也可以是集体，客体则是不断演化的目标；其次，活动中有使其得以实现的工具，既可以是实物工具，如机器和产品等，也可以是看不见、摸不着的概念性工具，如语言、概念、社会关系等；再次，活动中还有劳动的分工，因为活动中的参与者需要承担不同的工作。当然，除此以外，活动中还有规则和共同体。在共同体中，参与者们持有共同的客体。在这样一个活动系统中，还存在冲突和矛盾，因为活动中不同元素的发展是不均衡的，有时甚至会相互抗衡。比如，当教师面对新的学生，他们的客体发生了变化，新的客体和旧的工具、旧的规则之间就可能产生矛盾。这些矛盾和冲突正是事物不断发展的动力。所以，我们应当以“一种历史的视角”来审视活动并促进发展。

4. 心流理论

心流理论，又名浸润理论，是指当人们从事一项任务难度与技能相当的活动时，对活动入迷、全身心投入，注意力高度集中，活动顺畅、高效，达到一种活动与意识融合，时间感消失和忘我的境界时的心理体验。研究者们关注了心流体验与学习的关系，发现在控制学生原有水平一致的情况下，那些在前一阶段学习过程中有心流体验的学生在后半部分学习中表现要更好一些。在活动中以丰富的材料、适宜的情境，引导幼儿沉浸在丰富的体验与有趣的操作中，让他们在进行各种学习或游戏时产生一种幸福的体验，沉浸在喜悦之情中，能够更有效地达成学习目标，促进个人成长。

二、幼儿园探究游戏活动课程的价值

1. 社会生活教育价值

不同季节，人们会有不同的生活、生产方式。在我国，与季节相关的时令、节气都包含着丰富的社会生活价值。了解、体验不同季节人们的生活和生产方式，如春种、秋收、夏纳凉、冬取暖是自然影响所致；生活中有立春吃春饼、“头伏饺子二伏面，三伏烙饼摊鸡蛋”、腊八喝腊八粥等习俗；季节与农事活动，如“清明忙种麦，谷雨种大田”“芒种开了铲，夏至不纳棉”等，都可以帮助幼儿体验、了解和认识社会生活。

2. 健康教育价值

发展自身适应自然的能力。与季节教育有关的健康教育内容十分丰富，如各季节的服装变化、饮食和疾病预防，各季节适宜的运动，等等。

掌握四季中身体的维护方式。健康生活方式的养成是以幼儿良好的生活卫生习惯和运动锻炼习惯的形成为基础的。从小学会如何根据季节调整衣服、饮食和休息，如何根据季节来预防疾病，如何根据季节选择不同的运动方式，等等，培养幼儿初步的自我保护和自我保健的意识和能力，逐步养成健康的生活习惯和运动习惯。

3. 审美教育价值

四季展示着各自不同的美。春天的嫩草鲜花，夏天的火热太阳，秋天的丰硕果实，冬天的飘零雪花，融合季节特征的审美教育，有助于塑造幼儿的美好心灵。

欣赏和表现季节变化中的美。幼儿的审美心理结构包括审美感知、审美理解、审美想象和审美创造，融感知、理解、想象为一体的欣赏活动是美育最基本的内容。在课程中，它既有对真实自然景象的近距离的观察感知、触摸欣赏，也有对描写、展示四季美景的文字、音乐和美术作品的欣赏与表达等。

4. 科学教育价值

春夏秋冬有规律地更替，大自然中日月星辰、树木花草、风云雨雪、江河湖海、鸟兽虫鱼都有着不同的形态和不同的存在方式。引导幼儿通过观察、比较、分析和探究大自然中的季节变化及各种自然现象、动植物的生存等，去认识自然界的奥秘，理解四季的物候、昼夜的长短等，促进幼儿对自然环境的理解，激发幼儿关爱动植物、热爱大自然的情感。

5. 语言发展价值

幼儿时期是语言发展的重要时期，幼儿语言的发展情况与幼儿自身的情感、经验、思维、社会交往能力的发展有密切联系。语言的核心素养包括语言建构与运用、思维发展与提升、审美鉴赏与创造、文化传承与理解。

语言能力是幼儿在语言发展过程中通过语言学习后获得的，具体指对语言的感知、理解，表达能力的发生与发展。讲述活动、谈话活动、语言游戏、早期阅读活动等，为儿童语言建构、语言运用及创造性表达提供了适宜的内容与习得语言的途径。民间流传的经典故事、传说、谚语，反映着人们生活和生产的经验，欣赏与自然相关的儿歌、散文、古诗、故事等文学作品，不但能传承民族文化，而且可以丰富幼儿的语言文学素养以及自然、社会经验。

6. 自我服务与劳动价值

把劳动教育纳入党的教育方针，集中体现了新时代对劳动精神的弘扬，对劳动教育的倡导。2020 年 3 月，中共中央、国务院颁布的《关于全面加强新时代大中小学劳动教育的意见》特别指出：“把劳动教育纳入人才培养全过程，贯通大中小学各学段，贯穿家庭、学校、社会各方面，与德育、智育、体育、美育相融合，紧密结合经济社会发展变化和学生生活实际，积极探索具有中国特色的劳动教育模式，创新体制机制，注重教育实效，实现知行合一，促进学生形成正确的世界观、人生观、价值观。”学前教育是国民教育体系的重要组成部分，是开端和基础，幼儿阶段的劳动启蒙教育应成为重要的教育内容之一，“通过组织幼儿参加自我服务、为集体服务、种植、饲养等简单劳动以及观察、认识成人劳动等，培养幼儿热爱劳动、尊重劳动人民的思想感情，初步认识各种劳动的意义，掌握初步的劳动技能，懂得珍惜劳动成果，提高劳动兴趣，养成劳动习惯”。

三、幼儿园探究游戏活动课程的特点

本课程的特点主要是自然性、生活性、游戏性和行动性。

1. 自然性

倡导让幼儿在大自然中观察、探索、感受内容，充分走进自然这个广阔的课堂，引导幼儿观察了解自然、探究发现自然的秘密，感受和适应自然的变化。课程设计也以大自然季节的自然变化为线索安排课程内容，引导教师利用自然资源展开活动，引导幼儿体验与了解大自然的无穷魅力，增强热爱自然的意识，学会观察自然现象，了解自然与动植物及人们生活的密切关系。

2. 生活性

人类所有的文明，都是从生活中创造的，这些文明和智慧最终会在生活中运用和体现。幼儿园教育的特殊性体现在幼儿园的生活既是教育内容又是教育途径。幼儿园生活的特殊性和幼儿年龄特点，反映了幼儿的学习是随时随地发生与展开的。虞永平在对幼儿园课程的阐述中指出：“幼儿园的课程就在幼儿的生活中，就在儿童的行动里，就在发现和解决问题的过程中。”幼儿教育要帮助幼儿更好地生活，要充分利用生活中即时的情景，挖掘生活中不同环节中的教育价值，真正做到生活教育化、教育生活化。课程中充分体现了生活教育的内容，凸显幼儿阶段养成教育的主要任务，体现出让生活蕴含教育价值，让教育体现生活的智慧的思想。

3. 游戏性

游戏就是孩子的学习。幼儿园要以游戏为基本活动。要为幼儿提供足够的游戏时间和适宜的环境与材料，引导幼儿在玩中学，在玩中发现自己的力量，体验成长的快乐。课程中努力追求课程游戏化与游戏课程化的思想，主题活动尽量体现愉快、自主、自由的教育理念，努力践行“幼儿在前，教师在后”的教育行为。同时，大量的游戏素材、丰富的游戏内容的提供，让以游戏为基本活动的原则有了实践的支撑，真正发挥游戏对幼儿全面发展的重要作用。

4. 行动性

幼儿是在做中学的，操作、体验、交往、游戏等实践活动，是幼儿时期主要的学习方式，儿童的智慧是行动性的。我们的课程以自然、社会为活动对象和资源，儿童可以自由选择材料和工具，并充分借助自然中的真实材料、生活中的废旧材料和有针对性设计的游戏操作材料等来满足在操作中学习、在行动中学习的特点，使其在游戏中释放个性，感受、认知环境，发展能力。

四、课程体例与内容

《幼儿园教育指导纲要》指出：让幼儿喜爱动植物，亲近大自然，关心周围的生活环境；引导幼儿接触自然环境，使之感受自然界的美与奥妙，激发幼儿的好奇心和认识兴趣；结合和利用生活经验，帮助幼儿认识自然环境，初步理解自然与自己生活的关系。

本课程将以了解大自然、感受大自然、探索大自然、亲近社会、体验社会、融入社会为主要线索，结合科学探究与社会生活建构适宜幼儿学习、促进幼儿发展的主题，形成探究式、沉浸式的主题课程体系。

本课程主要内容包括四季知识、天气知识、动植物的特性以及与之相关的生活经验、社会生活、诗文、歌曲等。

五、课程实施途径与策略

“一日生活皆课程”是幼儿园课程的显著特点，更是幼儿园课程实施的主要途径。幼儿园探究游戏活动课程以落实《指南》精神为宗旨，把课程目标有效融入幼儿的生活活动、游戏活动、教育活动中，发挥一日生活对幼儿的整体影响。课程突出下列几个方面：

1. 观察与探索活动

在观察、感受不同季节的美之后，理解季节与人们生活的关系、季节对人行为的影响。如观雨、听风、赏花、玩雪等。

2. 操作与交流活动

在种植、操作、交流中，让季节变化的抽象概念与幼儿的直接形象感知相融合。如叶子的秘密、温度的测量、搭建“鸟巢”等。

3. 表现与创造活动

在动手操作以及艺术创作中，提升动手能力，通过参与主题环境的创设与呈现，表达自己心中对不同季节、各种现象的认知与理解等，提升表现力与创造力。如小制作、插花、大自然景物写生等。

4. 游戏与体验活动

把期望幼儿获得的经验融入他们的游戏，把期望幼儿学习的内容“注入”玩具材料，使玩具材料成为课程的载体，使游戏环境成为富有教育意义的学习环境。精心准备游戏材料，让幼儿在游戏中健康成长、发展语言、学会社会交往、乐于科学探究与艺术表达，提供的材料操作简单、有趣多用、富有教育价值。

课程中，紧密结合幼儿一日生活的各个环节，充分利用游戏、生活与教学的教育途径来提供教育资源和丰富的教育内容。更希望教师在教育实践中内化于践行，真正实现一日生活对幼儿成长的影响，借助丰富的教育资源，为幼儿全面、健康成长助力。

六、课程的优势与创新

幼儿园探究游戏活动课程，包括生活与劳动、运动与游戏、体验与探究、自选活动（节日与节气、艺术与表达）等几个板块的内容。根据《指南》教育目标与教育建议，围绕五大领域的关键经验，在充分尊重幼儿的兴趣和发展需要的基础上，预设了丰富的生活与劳动活动、运动与游戏活动及体验与探究的主题活动的参考案例，旨在引导广大教师真正重视生活活动对幼儿的重要影响，挖掘游戏对幼儿成长的独特价值，利用主题活动提升幼儿各领域发展的核心经验，以达到帮助幼儿会生活、会游戏、会学习的目的。

课程中主题不做具体的时间安排，意在给幼儿园和教师一个开放的空间，教师可以根据本地的季节时间选择主题开展的时间与顺序，更鼓励教师根据幼儿的兴趣生成主题，使教育内容更贴近幼儿的需求与兴趣，让课程更好地促进幼儿健康、全面地发展。

我国地大物博，南北差异较大，理论上的季节与实际有一定的时差。本课程未确定主题开展的具体时间，各地幼儿园可根据本地季节变化的实际与社会生活的具体情况灵活选择主题、开展活动。

此外，为避免“拼盘式”的主题，我们将生活与劳动活动、运动与游戏活动、健康活动、数学活动、节庆活动（传统节日与二十四节气）等列在主题之外并自成课程体系，引领教师重视生活、游戏对幼儿成长的独特价值；加强对中国传统文化的渗透与体验，引导幼儿园与幼儿一起浓墨重彩地过好中国传统节日，了解二十四节气等内容，加强了对中华传统文化相关内容的活动安排与设计，充分利用与幼儿生活息息相关的各种传统节日，追随着季节变化而来的不同节气等内容，使其感受大自然与季节的变化与多彩，体验生活的快乐，通过观察感知自然、体验生活中的节日氛围、节气变化，进而了解自然与社会。

自选活动内容精选了一些幼儿喜爱的经典儿童文学、艺术作品，作为独立的板块，供幼儿园教师自由选择、参考使用，以此弥补主题活动中对一些优秀、经典的文学、艺术作品选择的限制，进而提升幼儿的文学与艺术素养，让经典伴随幼儿成长。

七、使用说明

本套课程以践行“幼儿一日生活皆课程”的教育理念为宗旨，以自然和社会为主线来构建幼儿园课程资源。课程资源涵盖了生活与劳动、运动与游戏、主题活动、数学与健康、传统节日与二十四节气以及优秀的文学、艺术作品等丰富的内容，为幼儿园自主建构课程提供了可以自由选择的“课程超市”，每个幼儿园都可以根据自己的定位和各自的优势，按需进行个性化的选择，按自己的“口味”自由地取舍，从而建构自己园本化甚至是班本化的课程体系。

教师在使用课程时，除了数学、健康这两个领域的内容可以按照顺序选择外，其他课程都可以根据季节的变换和幼儿的兴趣需要自主选择，使课程更具有灵活性和自主性。

1. 巧妙地利用生活——在生活中学会生活

课程中，劳动与生活活动的案例紧紧依托幼儿在幼儿园不同生活环节本身，根据不同年龄阶段的幼儿发展特点和教育目标来设计活动，引领教师高度关注一日生活中占一半以上时间的幼儿实际生活本身，借助真实生活随机进行良好行为习惯的养成教育、劳动意识与自理能力的培养、知识经验运用与实践的体验，实现在生活中学会生活、增长本领。

2. 借鉴优秀游戏——在游戏中快乐学习

为使教师更好地践行游戏是幼儿园基本活动的原则，课程中提供了大量的游戏资源，内容包括适合幼儿园集体开展的体验集体游戏乐趣和遵守规则能力的规则性游戏、充分发挥幼儿自由自主的创造性游戏等，这些案例给教师提供了丰富的游戏资源。同时，也引领教师更清晰地了解在不同游戏中教师的角色定位与支持幼儿游戏中的作用发挥。

3. 参考教学案例——在教学中探究体验

集体教学活动仍然是幼儿园一日生活的重要组成部分，适切、有效的集体教学活动对幼儿全面发展有着重要意义。主题活动中引导幼儿充分走进自然、社会这个大课堂，在观察与探索自然、走进与融入社会的过程中，了解自然与生活的关系，增长顺应自然、利用自然的能力，丰富生活经验，启迪热爱自然、健康生活的情感。丰富、贴近幼儿生活的主题活动内容，为全面落实《指南》提供了强有力的支撑。

活动设计凸显以幼儿为主体，在探究、操作、体验中学习的理念，活动案例中体现出的是幼儿在每个活动环节中做什么、教师的观察指导要点是什么，以此来转变教师的教育观念，充分体现幼儿操作、体验在前，教师引领、提升在后的教育思想。

4. 在自选中彰显个性

课程中提供了传统节日与二十四节气、优秀的文学艺术作品（文学、音乐、美术），这些活动内容的提供与案例设计参考，为教师的自主选择提供了丰富的资源，同时弥补了主题活动中经典、优秀的文学作品、艺术作品缺失的弊端，也为幼儿园个性化课程提供了可参考的内容。

目录

Contents

生活与劳动

游戏与运动

体验与探究 »»»»

主题活动

我的朋友圈

子主题 我们都是好朋友

子主题 朋友越多越快乐

书香伴成长

子主题 书的故事

子主题 书是我的好朋友

幻彩光影秀

安全加油站

探秘水世界

子主题 生活中的水

子主题 大自然中的水

健康活动

数学活动

附录：幼儿自主游戏活动案例

生活与劳动

守时小明星

★ 养成目标

1. 知道要按时入园，每天坚持入园签到。
2. 具有初步的时间观念，养成遵守时间的好习惯。

★ 生活情景

1. 每日的入园环节
2. 晨间谈话环节

★ 观察要点

1. 观察幼儿是否能按时入园，入园后能否主动前往签到墙处签到。
2. 观察幼儿是否能找到自己的学号并圈起来。
3. 总结当日签到墙时，观察没按时入园幼儿的表现。

★ 指导策略

1. 在班级门口创设一个签到墙，并提供所有幼儿的学号、记号笔和抹布。
2. 鼓励幼儿每天按时入园，按时入园的幼儿可以用记号笔圈出自己的学号，养成来园后主动签到的习惯。
3. 会写数字的幼儿可以直接写出自己的学号。
4. 利用晨间谈话活动时间和幼儿一起统计出勤情况和来园时间，总结当日按时入园幼儿的情况，对按时入园的幼儿给予肯定，引导没按时入园的幼儿在接下来的时间按时入园。并可以利用小粘贴等物品进行记录，每周或每月统计自己按时来园与迟到的天数，养成遵守时间的好习惯。

★ 家园共育

1. 家长朋友要遵守入园时间，坚持每天按时送孩子入园，帮助他们形成良好的守时观念。
2. 家长可以为孩子设置闹钟，提醒孩子按时起床并在规定的时间出门。

小小监督员

★ 养成目标

1. 主动遵守班级的规定，并给予同伴指导和帮助。
2. 具有一定的规则意识，养成遵守规则的良好习惯。

★ 生活情景

1. 区域活动
2. 盥洗环节
3. 各过渡环节

★ 观察要点

1. 幼儿是否清楚并能主动遵守班级的规定。
2. 能否发现其他同伴不遵守规定的现象。
3. 对于不遵守规定的幼儿，同伴给予了什么样的指导或帮助。

★ 指导策略

1. 制作 3~5 个“小小监督员”胸牌，从能力较强的幼儿开始，每天在班级推选 3~5 名“小小监督员”，负责监督管理班级秩序、规则的执行。

2. 监督员可合作管理，也可进行任务分工。如：区域活动时可以分区域管理，每人负责 1~2 个活动区；盥洗环节可分为检查洗手、擦手、掖裤子、漱口等。

3. 引导幼儿不仅要发现不遵守规则的现象，还要帮助不遵守规则的幼儿提高规则意识，学习遵守规则。让幼儿在不断的调整中强化规则意识，养成遵守规则的良好习惯。

4. 对于能力较弱的幼儿或者性格内向的幼儿，可以进行强弱搭配，两人一组完成监督任务。

★ 家园共育

1. 建议家长在家里也制定一些小规则，如：几点睡觉、睡觉前需要自己叠好衣裤等。鼓励孩子遵守的同时也可以让孩子监督家长是否遵守规则。

❷ 在日常生活中发现孩子主动遵守规则时（如走斑马线、右侧通行、按时做一些事情等）要及时给予肯定和鼓励。

节约用电

★ 养成目标

❶ 感受电给人们生活带来的便利。

❷ 萌发节约能源、节约用电的意识。

★ 生活情景

❶ 一日生活中用电及电器设备的时候

❷ 晨间谈话环节

❸ 离园前

★ 观察要点

❶ 观察幼儿能否主动提醒教师活动结束后关闭电视等电器设备，或提醒教师及时关灯。

❷ 在与同伴交流时幼儿对节约用电的话题是否感兴趣，有哪些已有经验。

❸ 离园时能否主动关闭或提醒老师关闭电源。

★ 指导策略

❶ 在每日晨间谈话活动时分别组织幼儿交流讨论电有哪些作用、生活中哪些事情需要用电、电是否可以随意使用、没电了会怎么样等话题，引起幼儿对用电的关注与好奇。

❷ 通过一段时间的交流讨论，让幼儿知道电能给人们的生活带来很多便利，了解电对人类社会生活的重要性，萌发节约用电的意识。

❸ 在班级寻找用电的物品，如电灯、空调、电视、投影仪、消毒柜、饮水机等，感受电在生活中应用的广泛。

❹ 如遇停电，可借助停电的契机引导幼儿感受电的重要性。

⑤ 可每日在班级推选1~2位“节约小明星”，也可以请“小小监督员”每日监督班级用电情况，并提醒老师、同伴节约用电，如及时关灯、主动关闭电器、离园时关闭电源等。

★ 家园共育

① 在家中提倡节约用电，当孩子出现节约用电的意识时应给予支持与肯定。

② 与孩子共同讨论电有哪些作用、生活中哪些事情需要用电、电是否取之不尽、是否可以随意使用、没电了会怎么样、安全用电等话题，便于孩子在园里交流、分享自己关于电的知识。

饮食达人

★ 养成目标

① 知道多吃蔬菜对身体有益，暴饮暴食对身体有害。

② 养成良好的饮食习惯。

★ 生活情景

① 早、午、晚进餐时间

② 每餐后过渡整理时间

★ 观察要点

① 观察幼儿的饮食习惯，是否喜欢吃青菜，是否有挑食的情况，挑食情况是否严重等。

② 观察幼儿对于自己喜欢的食物是否有“干吃不饱”的情况。

③ 对于肥胖或有肥胖倾向的幼儿给予更多关注。

★ 指导策略

① 利用过渡环节分享一些有关暴饮暴食的小故事。与幼儿讨论什么是暴饮暴食、暴饮暴食有哪些危害等。

② 交流讨论：什么样的饮食习惯对身体好。如多吃蔬菜、不挑食、不暴饮暴食、多喝白开水、少喝饮料等。

③ 进餐时，对不挑食的幼儿给予肯定表扬。引导幼儿适量饮食，对喜欢的食物不吃过多，保证身体的健康。

④ 对挑食特别严重的幼儿可以从一种食物、从少量开始，逐步达到饮食均衡的状态；提醒食量过大的幼儿细嚼慢咽，吃饱即可。也可以在分餐时少盛一些，餐前喝点温开水，逐渐克服吃得过多或暴饮暴食等不良饮食习惯。

⑤ 每次进餐后总结进餐情况，对有进步的幼儿及饮食均衡的幼儿给予肯定和表扬，引导幼儿养成良好的进餐习惯。

★ 家园共育

① 日常生活中关注孩子的饮食健康，鼓励幼儿多吃蔬菜、不挑食，遇到喜欢的食物不暴饮暴食，指导孩子健康饮食。

② 与孩子共同交流暴饮暴食的危害，讨论如何饮食才能使身体更健康。

③ 建议肥胖和有肥胖倾向的孩子家长，在家中适当控制孩子的饭量，餐前可以让孩子喝适量温开水。

★ 活动资源

故　事

贪吃的小狐狸

有一只小狐狸，名字叫小不点儿。小不点儿哪儿都好，就是有个坏毛病——太贪吃了。

小不点儿放学回家，看见桌上摆着许多点心、水果，就伸手去抓。狐狸妈妈看到了赶忙说：“先去把手洗干净再吃！”小不点儿只好跑去洗手。洗完手后，他拿起一个梨刚要往嘴里送，妈妈又说：“这些水果还没洗，不能吃！”

“真麻烦啊！”小不点儿有点不耐烦了。妈妈耐心地对他说：“瓜果蔬菜不洗干净，上面会有细菌，还可能有残留的农药，吃进肚里会生病的。”

小不点儿只好又去洗水果了。这时，猴子阿姨打来电话，约狐狸妈妈去探望生病的外婆。

临出门前，妈妈对小不点儿说：“如果饿了，冰箱里面有酸奶，可以自己拿来吃，不过里面的肉可不要随便吃，等我回来给你热一下再吃。”

小不点儿痛快地答应了。

妈妈一走，小不点儿可开了戒。他吃完点心吃水果，小肚子很快就鼓了起来，可他还是觉得不过瘾，于是打开冰箱，把酸奶和肉全部拿了出来，将妈妈的话全部丢到了脑后。

狐狸妈妈回来了，一进门，她就看到小不点儿捂着肚子在“哎哟，哎哟”地直叫，狐狸妈妈急忙问道：“你怎么了？”

小不点儿难受地说：“我肚子好痛啊！”

小朋友们，你们知道小不点儿为什么肚子痛吗?

小小礼仪员

★ 养成目标

1. 能够保持良好体态、保持身体健康发育。
2. 了解正确坐、立、行的姿势，养成良好的礼仪习惯。

★ 生活情景

1. 入园
2. 一日生活各环节
3. 离园活动

★ 观察要点

1. 观察幼儿坐在椅子上是否有东倒西歪等现象。
2. 观察幼儿能否站直身体、是否出现驼背等现象。
3. 观察幼儿行走时是否有踮脚、左右摇晃等现象。
4. 在教师提醒下能坚持标准姿势多长时间。

★ 指导策略

1. 利用晨间交流时间讨论正确的坐姿是什么样子的，如果坐姿不正确会怎么样。如：坐时保持上半身挺直，腰背维持在平直状态，双脚平放地上。良好的坐姿能让我们看起来挺拔，长时间坐姿不良会使脊柱变形，引起病痛。选出坐姿标准的幼儿进行模仿。

❷ 站排时讨论正确的站立、行走姿势是什么样的，如果姿势不正确会有什么样的危害。如：站立时背要挺直、抬头、收下巴、收小腹、缩紧臀部并挺胸；行走时肩要平，双臂自然前后摆动，不能踮脚走路或左右摇摆；上下阶梯和进出门槛时，须先衡量一下高度，不可大意以免绊倒。引导幼儿了解良好的坐立行姿态不仅让我们看起来挺拔、美观，也会让我们的身体更加健康。

❸ 在一日生活各环节中随时关注幼儿的坐、立、行姿态，发现问题及时纠正。

❹ 每日离园前进行交流，推选出 6 名当日礼仪最好的幼儿做第二日的礼仪员，并鼓励其他幼儿向礼仪员学习。

❺ 为礼仪员准备绶带，前一天推选出的礼仪员要在第二天提前入园，戴好绶带站在班级门口两侧迎接其他幼儿入园，并向同伴、家长行礼问好，在小小礼仪员活动中逐养成良好的礼仪习惯。

★ 家园共育

❶ 家长在日常生活中也要关注孩子的坐、立、行姿势，发现不正确时应及时调整。

❷ 鼓励孩子争做小小礼仪员，让孩子产生管理自己礼仪习惯的愿望。

图书管理员

★ 养成目标

❶ 学习分类整理图书，保持书架的整齐、有序。

❷ 初步形成任务意识，能主动承担任务。

★ 生活情景

❶ 区域活动、餐后等阅读时间

❷ 离园环节

观察要点

❶ 是否会将图书按类划分、整理。

❷ 图书能否按大小摆放整齐。

❸ 能否在图书不整齐时及时发现、主动整理。

指导策略

❶ 区域活动结束后组织幼儿参观阅读区，讨论如何整理能使阅读区更加整齐、有序。

❷ 将书架进行分类，如果书架多时，可以每个书架放一种类型的图书，如果书架不多可以一层放一种类型。

❸ 引导幼儿在同类书中按照大小进行区分，书籍过多的可以在同类书中把一样大小的书摞在一起进行摆放。

❹ 遇到破损书籍可以拿到修补区进行粘贴、修补，遇到无法修补的应及时交给老师处理。

❺ 每日推选出 2 位图书管理员，负责在区域结束或餐后等阅读时间随时整理图书，保持书架的整齐有序。

❻ 每日离园前请图书管理员总结当日图书阅读情况，并请同伴总结管理员的工作情况，在鼓励幼儿养成良好阅读习惯的同时，激励第二天的图书管理员能主动承担并完成任务，形成良好的任务意识。

家园共育

❶ 家长可以带孩子去图书馆参观图书馆的书架，学习分类与整理图书。

❷ 让孩子每天坚持整理自己的书架，没有书架的孩子可以坚持整理自己的玩具等物品，养成良好的任务意识和坚持做事的习惯。

发现之旅

养成目标

❶ 学习用符号、图画等方式记录自己的发现。

❷ 初步形成任务意识，坚持每天完成记录任务。

★ 生活情景

❶ 一日生活各环节

❷ 离园环节

★ 观察要点

❶ 观察幼儿是否会用自己的方法记录自己的发现。

❷ 观察幼儿的记录是否是在观察的基础上完成的。

❸ 观察幼儿能否坚持每日进行记录。

❹ 幼儿的记录是否有一定的连续性，如观察一种植物的生长变化等。

★ 指导策略

❶ 在一日生活中引导幼儿关注身边有趣的事物及现象，如蚂蚁搬家、植物的变化、自然现象变化等。

❷ 每名幼儿准备一个空白的图画本或笔记本，鼓励他们利用餐后等过渡环节将自己的发现用符号或图画的方式记录下来。

❸ 提醒幼儿每次记录先写上日期。

❹ 提示幼儿要真实记录自己在观察后发现的事物、现象，或是自己对一件事情的思考或反思，而不是记录想象后的随意涂鸦。

❺ 利用离园环节与同伴分享自己的观察发现。

❻ 每周五总结幼儿的记录情况，对每天坚持记录和有连续性记录的幼儿提出肯定与表扬。

★ 家园共育

❶ 在日常生活中应注意保护孩子的好奇心，鼓励孩子观察身边的事物与现象。

❷ 当孩子需要记录时及时提供纸笔。

❸ 周末可以多带孩子到大自然中探索、游戏，并把有趣的事物、现象记录在自己的笔记本上。

我叫“轻轻”

★ 养成目标

❶ 知道轻声说话不影响他人是文明、礼貌的行为。

❷ 尝试关注他人感受，管理自己的言行，养成良好的礼貌习惯。

★ 生活情景

❶ 晨间谈话

❷ 一日生活中需要轻声的时候

★ 观察要点

❶ 观察幼儿能否有意识地控制自己说话的音量或行为。

❷ 观察幼儿能否分清场合调整说话音量、动作等。

★ 指导策略

❶ 利用幼儿大声喊叫的契机或者晨间谈话时间与幼儿进行交流，讨论什么时间或者地方应该轻声说话、轻声走路。如：区域游戏时、看书时、集中教育活动时、睡觉时、在室内公共场所等。

❷ 引导幼儿知道在公共场所大声喧哗，影响他人做事、休息都是不礼貌的行为。

❸ 在一日生活中随时提醒幼儿保持安静，特别是在他人看书、午睡、学习时要轻声说话、轻轻走路，取放物品时轻拿轻放。尝试关注他人的感受，管理好自己的言行，养成良好的行为习惯。

❹ 也可以在特殊区域，如睡眠室、阅读区、走廊等地点投放保持安静的图标，提醒幼儿轻声。

★ 家园共育

❶ 请家长以身作则，在孩子认真做事时不做声音过大、影响幼儿的事。

❷ 在公共场合注意提醒孩子要保持安静、小声交流，不影响他人。

毛巾洗澡

★ 养成目标

1. 学习用揉、搓、拧的方法清洗毛巾。
2. 萌发“自己的事情自己做”的自我服务意识，提高自理能力。

★ 生活情景

1. 晨间谈话环节
2. 保育老师洗毛巾的时间
3. 盥洗环节

★ 观察要点

1. 是否愿意清洗自己的毛巾，是否掌握清洗毛巾的方法。
2. 洗毛巾时是否有玩水等现象。

★ 指导策略

1. 利用晨间谈话讨论：自己的毛巾能做什么、毛巾脏了要怎么办、毛巾应该怎样清洗等，使幼儿产生尝试洗毛巾的愿望，萌发“自己的事情自己做”的自我服务意识。
2. 观看保育老师洗毛巾，了解洗毛巾的方法：先把毛巾浸湿，给毛巾打上香皂，然后用双手揉搓，脏的地方要用力多搓几次，最后在清水里把泡沫冲洗干净，拧干、晾晒。
3. 引导幼儿关注自己毛巾的洁净程度，发现脏了应及时清洗。如果一天都很干净要在离园前进行清洗。
4. 及时提醒、鼓励不愿意洗毛巾的幼儿要每天清洗毛巾，保持毛巾的洁净。
5. 遇到洗毛巾玩水的幼儿要提醒注意安全，防止滑倒，并引导幼儿节约用水。

★ 家园共育

建议家长为孩子提供清洗小件物品的机会，如洗手帕、袜子等，逐步形成良好的自我服务意识，提高自理能力。

建议树

★ 养成目标

1. 能倾听他人意见，并接受同伴提出的好建议。
2. 愿意积极动脑思考问题，并把自己的好建议分享给同伴。

★ 生活情景

1. 晨间活动
2. 一日生活中过渡环节
3. 离园环节

★ 观察要点

1. 幼儿能否仔细倾听他人意见，并接受好的建议。
2. 能否为他人出主意、想办法并给出好的建议。
3. 遇到困惑能否到建议树上寻找答案。
4. 遇到看不懂的建议能否主动进行询问。

★ 指导策略

1. 在班级墙面上创设一个建议树，画好树的主干与枝干，提供绿色树叶形状的纸与彩笔。

2. 晨间谈话活动时，引导幼儿交流自己遇到过哪些事情不知道该如何解决。选出 1~2 个典型问题，鼓励大家一起想办法给出好的建议。如：两个人同时喜欢一个玩具怎么办等。

3. 请提出问题的幼儿把自己的问题用简单绘画的形式表现出来，贴在树枝上；提出好建议的幼儿将自己的建议画在一片树叶上，并把树叶贴在画好问题的树枝上。

4. 引导幼儿在一日生活中遇到自己不能解决的问题时，就在过渡环节用绘画的形式记录下来贴到一根空树枝上，想出好办法的幼儿随时把自己的建议画在树叶上贴好，对看不懂的图画可以及时询问画图人。

⑤ 每日离园前请提出问题的幼儿说一说今天遇到的困难，大家给出了哪些建议，自己采纳了哪个建议，效果如何等。同时要对给出建议的幼儿说“谢谢”，表达自己的谢意，教师也要给予肯定和表扬，以激励幼儿愿意积极动脑思考问题，并把自己能想到的好建议分享给同伴。

⑥ 鼓励幼儿遇到问题先到建议树上寻求帮助，如果没有找到解决办法，再将自己的问题贴到建议树上。引导幼儿经常倾听他人意见，并能接受同伴提出的好建议。

★ 家园共育

请家长平等对待孩子，对于简单的事情可以询问孩子意见，如果孩子能给出好的建议，应及时给予肯定和鼓励。

节约用纸

★ 养成目标

① 感受纸在生活中的广泛应用。
② 萌发节约用纸的意识，养成不浪费的好习惯。

★ 生活情景

① 过渡环节
② 进餐、排便环节
③ 书写、绘画活动时

★ 观察要点

① 观察幼儿便后用纸习惯。
② 观察幼儿能否把废旧纸张扔在专用垃圾桶中。
③ 观察幼儿能否合理利用废旧纸张。

指导策略

1 在卫生间少放一些卫生纸，当缺少卫生纸时让幼儿感受到纸的重要性。

2 利用过渡环节与幼儿交流讨论：卫生间的纸不够用了怎么办、生活中哪些地方能用到纸、纸有什么作用、如果缺少纸会怎么样等。感受纸在生活中的广泛应用，引导幼儿萌发节约用纸的意识。

3 与幼儿共同约定每次如厕使用卫生纸的长度。如：每次两格或在墙上画出一条线，提醒幼儿每次使用的长度。

4 引导幼儿说说可以如何节约书写绘画的用纸。

5 鼓励幼儿双面书写纸张，并利用书写过的纸张进行折纸、剪纸游戏等。

6 可在班级准备一个专用的废纸回收垃圾桶，鼓励幼儿互相监督，把废旧纸张扔入其中，养成不浪费的好习惯。

家园共育

1 建议家长在生活中以身作则，节约用纸。

2 可以在家中准备一个专用的废纸垃圾桶，将废旧纸张及纸箱扔入其中，并带孩子一起去废品收购站卖掉或放入社区垃圾回收箱内。

流鼻血怎么办

养成目标

1 初步了解流鼻血的正确处理方法。

2 能积极应对流鼻血的突发情况，养成不挖鼻孔的良好行为习惯。

生活情景

1 晨间谈话环节

2 一日生活

★ 观察要点

❶ 流鼻血时能否主动找老师求助，或采取一些应急处理办法，如：用手捏住鼻翼、用冷水轻拍额头等。

❷ 流鼻血时幼儿的情绪波动，是否有慌乱、害怕等情绪。

❸ 关注幼儿在日常生活中是否有挖鼻孔等不良习惯。

★ 指导策略

❶ 利用晨间活动组织幼儿讨论“流鼻血时的心情及处理方法”，引导幼儿了解挖鼻孔等不良习惯会造成流鼻血。流鼻血时不要惊慌，可先轻捏鼻翼、头轻轻垂下，然后向老师求助；用冷水轻拍额头，将冷毛巾敷在额头、鼻部也有很好的止血效果；不能直接用纸巾等物塞进鼻孔，填塞物品应该由教师或保健医进行。

❷ 在日常生活中发现幼儿有流鼻血的现象时，引导幼儿不要惊慌、害怕，鼓励其主动求助老师，并自主采取一些应急方法，如轻捏鼻翼等。

❸ 鼓励幼儿互相监督挖鼻孔的不良习惯，如遇鼻子干燥等不舒服的情况可以多喝温开水，或用毛巾热敷等，养成良好的习惯。

❹ 每日离园环节，组织幼儿交流当日是否有挖鼻孔等不良行为，对有改进的幼儿提出表扬，并发小粘贴以示鼓励。

★ 家园共育

❶ 家长应关注孩子在日常生活中是否有挖鼻孔等不良习惯，如遇不良习惯要及时纠正。

❷ 日常生活中如遇到流鼻血的情况注意引导孩子轻捏鼻翼，头轻轻垂下，然后及时向成人求助。

分享会

★ 养成目标

❶ 喜欢和同伴聊天，谈论自己感兴趣的话题或分享自己的心情与收获。

❷ 能倾听同伴说的话，并做出适当的回应。

★ 生活情景

❶ 晨间谈话环节

❷ 过渡环节

❸ 户外活动

★ 观察要点

❶ 观察性格内向的幼儿是否愿意与他人交谈以及在谈话活动中的发言情况。

❷ 观察幼儿能否专注倾听同伴说话，能否结合不同语气、语调明白同伴所表达的不同意思，并做出适宜的回应。

❸ 是否能较清楚、完整地表达自己的想法。

❹ 观察幼儿聊天状态，是否能轻松加入话题，话题内容是积极的还是消极的。

★ 指导策略

❶ 利用晨间谈话时间引导幼儿回忆自己前一天在家或公共场所遇到的感兴趣的人、事或心情、收获等内容，萌发与同伴分享交流的愿望。

❷ 鼓励幼儿在一日生活的过渡环节随机开展分享活动，如：区域活动中完成了什么作品，遇到了哪些困难，自己是如何解决的；户外活动中玩了哪些游戏、心情如何；等等。

❸ 对于性格内向很少说话的幼儿，教师可以主动发起其感兴趣的话题引导其参与交流。

❹ 可采取追问等方法引导幼儿学习倾听他人说话再进行回应。

❺ 发现幼儿话题消极时要及时疏导幼儿的不良情绪。

❻ 可随机指导幼儿聊天的基本规则或技巧，如：先倾听再发言、参与讨论同伴感兴趣的话题等。

★ 家园共育

❶ 为孩子提供与家人平等交流的机会，性格内向的孩子要多与其沟通。

❷ 在日常生活中关注孩子的倾听能力，提醒孩子听清他人说话内容后再进行交流。

任务大挑战

★ 养成目标

❶ 知道接受任务要努力完成，初步树立责任意识。

❷ 能根据自己的能力选择任务并认真负责地完成任务。

★ 生活情景

❶ 区域活动

❷ 一日生活各环节

★ 观察要点

❶ 观察幼儿能否每天坚持主动寻找任务。

❷ 是否能根据自己的能力选择适合自己的任务。

❸ 能否认真负责地完成任务，在完成任务过程中与他人的交流、沟通是否顺畅。

★ 指导策略

❶ 利用晨间谈话或过渡环节与幼儿讨论班级里哪些事情可以由自己完成，引导幼儿萌发为班集体或老师、同伴服务的意识。

❷ 组织讨论“接到任务怎么办”，引导幼儿知道要根据自己的能力接受任务，一旦接受任务就要努力完成，初步树立责任意识。

❸ 利用区域活动时间在任务卡上画出可以由同伴完成的任务，教师也可以把自己想到的任务画在任务卡上，如：清洗毛巾，清洗水杯，关闭电源开关，午睡时摆好同伴的椅子、鞋子等；画一幅画送给同伴，帮助某名能力弱的幼儿做两件事等。

❹ 在门口准备一个任务盒，幼儿将区域活动画出的任务卡投放在里面。

❺ 幼儿入园后主动在任务盒中选择一个自己能接受的任务。根据任务内容，利用一日生活中的不同环节认真完成。

❻ 当幼儿忘记完成任务时，可对幼儿进行提醒等干预；对主动完成任务的

幼儿要给予积极的肯定与表扬，帮助幼儿逐渐增强任务意识，培养责任感。

7 利用离园环节组织幼儿总结自己当日完成任务的情况，并在集体中表扬积极主动完成任务的幼儿，为他人树立榜样。

★ 家园共育

家长可以与孩子共同讨论哪些事情可以由孩子完成，如：取快递、帮父母摆碗筷、入离园时自己拿自己的物品等，并由孩子完成这些任务。

小组行动

★ 养成目标

1 愿意为集体做事，初步萌发集体意识。

2 能按要求完成小组任务，在集体取得荣誉时感到高兴。

★ 生活情景

1 区域活动

2 一日活动各环节

★ 观察要点

1 观察幼儿在小组活动中的表现是否积极。

2 是否愿意帮助同组未完成任务的伙伴一起完成任务。

3 当小组获胜或失败时幼儿的情绪变化，是否愿意为下一次取得成功而进行努力。

★ 指导策略

1 区域活动结束时组织各区进行材料整理比赛，活动总结时组织幼儿讨论为什么某个区的幼儿能获胜，他们是如何做的，引导幼儿发现全组同伴一起努力才能取得成功，帮助幼儿初步建立集体意识。

❷ 把全班幼儿分成不同的小组，创设一面“小组行动”墙面。

❸ 在户外活动换鞋时开展“小组行动”，为最先换完并站好排的一组在“小组行动”墙上盖上印章。

❹ 在游戏活动集合时开展“小组行动”，为最先站好排的一组盖印章。

❺ 在盥洗环节开展“小组行动”，为最先完成按步骤洗手的一组盖印章。

❻ 清扫地面时，可将班级分为几块，每组选出一名代表扫地。选出清扫最干净的一组盖印章。

❼ 周末根据印章数量选出优秀小组，并为全体组员佩戴优秀小组标志。

★ 家园共育

❶ 家长可在日常生活中把家中成员取得的成绩或者重要事情与孩子一起分享，让孩子感受到自己是家庭中的一分子，萌发为自己家庭做事的愿望。

❷ 鼓励孩子积极参与班级活动，为班级或自己小组取得的成绩和荣誉感到高兴。

游戏与运动

猫捉老鼠

★ 游戏目标

1. 能根据游戏指令灵活快速地躲避同伴的追逐，体验集体游戏的快乐。
2. 能遵守游戏规则，知道保护自己和同伴的安全。

★ 游戏准备

圆形场地；老鼠头饰若干；食物卡片若干。

★ 游戏玩法与规则

1 玩法

全体幼儿手拉手向内围成一圈，圈内空间作为老鼠洞，在洞外散放一些“食物”（食物卡片），每两名幼儿之间留下一定距离作为老鼠洞的入口，教师选择一名幼儿站在圈外扮演“猫”，另选一名幼儿在圈内扮演“鼠”。游戏开始，幼儿一起说儿歌“老鼠老鼠一月一，没来。老鼠老鼠二月二，没来。老鼠老鼠三月三，没来。老鼠老鼠四月四，没来……”一直唱到“老鼠老鼠九月九，逮住老鼠咬一口”，此时“老鼠”自圈内蹿出，“猫”趁势追捉“老鼠”。如果“老鼠”在被“猫”追捕的情况下能找到一种“食物”而且未被“猫”捉到，“老鼠”胜出，可去扮成“猫”，被替换下来的幼儿则站在圈上搭鼠洞，反之“猫”胜出，继续捉“老鼠”，重新选出一名幼儿扮成“老鼠”反复游戏。

2 规则

（1）“猫”捉“老鼠”时，碰到“老鼠”的衣服或者身体即算赢。

（2）“老鼠”和“猫”都不可以跑出游戏场地界限，出界即算输。

★ 游戏观察与指导

1. 重点观察幼儿是否遵守游戏规则，是否知道能躲闪同伴的追逐同时还比较安全的方法。
2. 游戏中可让能力强的幼儿扮成“猫”，教师重点指导幼儿在奔跑和躲闪时要注意保护自己和同伴的安全，防止摔倒。

③ 在幼儿熟悉游戏玩法后，可适当增加“猫”和“老鼠”的数量，让每名幼儿都有机会扮演“猫”和“老鼠”的角色，进一步满足幼儿的游戏欲望，也可鼓励幼儿大胆尝试创编游戏新玩法。

小螃蟹运球

★ 游戏目标

① 能两人协调一致侧身夹球快速行走。

② 愿意与同伴合作运球，体验合作游戏的快乐。

★ 游戏准备

场地上画两条线（一条起点线，一条终点线，中间相距 10 米）；大皮球 2 个；口哨 1 个。

★ 游戏玩法与规则

游戏一

① 玩法

全班分成人数相等的两组，排成两列纵队站在起点线后。教师和幼儿一起说儿歌：“小螃蟹真能干，横着走运球忙。”教师吹口哨游戏开始，起点线后的两组中最前面的两对幼儿面对面站立，将球放在胸前夹紧，使球不至于滑下来，然后步伐一致侧身向终点线快速行进走。到达终点后再夹球侧身往回走到起点处，将球交给下一对幼儿，直至组内幼儿全部运球结束，最先完成运球任务的组获胜。

② 规则

（1）游戏中必须用胸部夹球，不能用手扶球，先完成运球任务的组为胜。

（2）如中途皮球落地，在原地夹好球后，再继续前进。

游戏二

① 玩法

全班分成人数相等的两组，两列纵队站在起点线后。教师和幼儿一起说儿歌：

“小螃蟹真能干，横着走运球忙。”教师吹口哨游戏开始，起点线后的两组中最前面的两对幼儿背对背站立，将球放在两人背部之间夹紧，使球不至于滑下来，然后步伐一致侧身向终点线快速行进。到达终点后夹球往回走到起点处，将球交给下一对幼儿，最先完成运球任务的组获胜。

❷ 规则

（1）必须用背部夹球，不能用手扶球，先完成运球任务的组为胜。

（2）如中途皮球落地，在原地夹好球后，再继续前进。

★ 游戏观察与指导

❶ 重点观察幼儿是否按照游戏规则，用胸部或背部夹球走以及幼儿间是否能默契配合。教师在分组时，要注意将身高相近的幼儿组成一对，这样有助于幼儿夹球走时能更好地配合。

❷ 重点观察幼儿遵守规则的情况，及时提示幼儿慢些走，两人可以边说口令边走，如“一二、一二”，这样有助于步伐一致，球不容易落地。若中途球落地，一定要让幼儿捡起球夹好后再继续走，不能抱球走或跑，进一步培养幼儿的规则意识和合作意识。

小猴摘桃

★ 游戏目标

❶ 能手脚着地向前爬，锻炼手臂和脚部动作的灵活性。

❷ 愿意与同伴团结友爱，共同完成游戏任务。

★ 游戏准备

在宽阔的场地中创设以下游戏环境：画一条起点线；锥形桶 4 个（做小木桩）；软垫、梯子、轮胎若干（搭成各种形状的小山坡）；长绳子 1 条（做大树）；桃子卡片若干（挂在绳子上，幼儿抬臂后手指距离卡片 15~20 厘米）；小猴胸贴若干；小筐 2 个（放在起点处）。

★ 游戏玩法与规则

❶ 玩法

全班幼儿扮成“小猴”，分成人数相等的两组，排成两列纵队站在起点线后。一组幼儿先玩，另一组幼儿站在一侧当观众。教师和幼儿一边念儿歌：“小猴子真调皮，肚子饿了不能叫，给它香蕉还不要，你说好笑不好笑。”一边做小猴子的各种动作，念完儿歌游戏开始。幼儿依次快跑绕过“小木桩”，手脚着地爬过“小山坡”，然后跑到“大树”下，跳起摘下“树枝”上的“桃子”，再手脚着地爬回来，将“桃子”放到小筐里。两组互换角色，另一组幼儿按照同样方法玩游戏。以 5 分钟为限，游戏结束后，比较哪组摘的“桃子”数量最多，哪组获胜。

❷ 规则

游戏中幼儿双脚着地爬时，膝盖不能碰到地面。

★ 游戏观察与指导

❶ 此游戏侧重于幼儿手部和脚部支撑身体向前爬的练习，游戏前一定要引导幼儿充分活动手腕、手臂、脚踝、膝关节等部位，做好游戏准备。

❷ 重点观察幼儿是否按照游戏规则，手脚着地爬过小山坡，教师要及时指导幼儿膝盖尽量不着地，开始可以慢点爬，锻炼幼儿的手臂和腿部力量。

❸ 由于游戏带有竞赛性质，对于一些能力较弱的幼儿，教师可以加入游戏中，不断用语言鼓励幼儿，并配以动作示范带着幼儿共同完成游戏，培养幼儿的集体荣誉感。

赛龙舟

★ 游戏目标

❶ 能与同伴一起动作协调地蹲着向前走。

❷ 愿意与同伴合作游戏，体验集体游戏的乐趣。

★ 游戏准备

场地上画好 4 条竖线（代表小河，分 3 条赛道）；画出相距 8 米的起点线和终点线；红色、黄色、蓝色龙头饰各1个；口哨1个；小鼓1个。

★ 游戏玩法与规则

❶ 玩法

全体幼儿扮成“龙舟”，分成红、黄、蓝三组，排成三列纵队站在起点线后。教师来当裁判，吹口哨后开始游戏。教师一边击鼓，一边和幼儿共同说儿歌：“嘿呦嘿，嘿呦嘿，一二一，用力划，看谁划得快又快。”幼儿全部蹲下，每组第一名幼儿举着本组的龙头饰，后面的幼儿依次将一只手搭在前面幼儿的肩上，另一只手当作船桨，随着敲鼓的节奏前后划动做划船的动作，排尾的幼儿一只手放在身体后面摆动当龙舟尾，相互配合，一起蹲着走。最先到达终点的一组即为获胜组。

❷ 规则

游戏时幼儿必须一个挨着一个一起蹲着走，中间手臂不能断开，若松开手臂，要在原地搭肩后再继续蹲着向前走。

★ 游戏观察与指导

❶ 重点观察幼儿是否能随着鼓声的节奏，和同伴动作一致地蹲着走。教师及时观察各组游戏情况，发现问题及时进行指导，提醒幼儿要跟着鼓声节奏走，指导前面的幼儿不要着急，慢一些走，中间若有个别幼儿松开手臂，全组一定要停下，等全部搭上肩膀后再一起游戏。

❷ 重点培养幼儿的集体荣誉感，鼓励每一名幼儿尽量克服困难完成游戏，不要掉队。

❸ 此游戏可结合“端午节”主题活动开展，让幼儿了解端午节的习俗，丰富幼儿对传统节日的认识，萌发热爱中国传统文化的情感。

打保龄球

★ 游戏目标

❶ 能动作协调地投球，锻炼手臂力量。

❷ 能遵守游戏规则，喜欢玩击球游戏。

★ 游戏准备

操场上围成一个边长为 60~80 米的长方形场地（保龄球场地）；场地前面画一条投掷线；场地中竖排均匀摆放 10 个大小一样的饮料瓶（保龄球瓶）；垒球大小的皮球 3 个；记分牌 1 个；笔 1 支；口哨 1 个。

★ 游戏玩法与规则

❶ 玩法

幼儿分组进行游戏。教师做裁判，听到口哨声后游戏开始。每组幼儿依次在投掷线后连续用单手投球 3 次，击倒 1 个瓶得 1 分，击倒 2 个瓶得 2 分，依次类推，累计 3 次计分，在规定次数中，得分多的小组即为获胜。游戏反复进行。

❷ 规则

（1）投球时可以助跑，但不能越线。

（2）每人投 3 次球，每次击倒 1 个瓶记 1 分，击倒 10 个瓶为 10 分。

（3）皮球撞到四壁反弹回来击倒瓶为无效，不计分。

★ 游戏观察与指导

❶ 游戏前，可组织幼儿观看打保龄球的视频，或组织一些相关投球的游戏，丰富幼儿的知识经验。

❷ 重点观察幼儿投球的准确性，指导幼儿要先对准目标方向，让球贴近地面适当用力滚球，不要向上抛球。

❸ 鼓励幼儿大胆尝试，积累投球经验，控制好手臂力量。

❹ 也可让家长在家中与幼儿玩此类游戏。

小兵运子弹

★ 游戏目标

❶ 能在低矮的障碍物下，手持物品匍匐爬行。

② 能积极参与体育游戏，增强身体的协调性。

★ 游戏准备

空旷的场地上画好相距 3 米的起点线和终点线；自制绳子编织网（四个角绑在梯子上）；小铃铛若干（绑在编织网上）；软垫子若干（放在编织网下）；小梯子 4 个；沙包若干；纸盒 2 个；口哨 1 个。

★ 游戏玩法与规则

① 玩法

幼儿扮成“小士兵”，分成人数相等的两组，排成两列纵队站在起点线后，每组第一名幼儿手拿一个沙包。教师吹口哨，游戏开始。幼儿依次手拿“子弹”（沙包），从“铁丝网”（编织网）下匍匐前进，身体不能碰到网，爬过“铁丝网”后，把“子弹”放在终点线上的子弹箱（纸盒）里，然后再匍匐从“铁丝网”下爬回来，拍一下本组下一名幼儿，被拍的幼儿继续运“子弹”，方法同上，直至最后一名幼儿运完“子弹”回到起点。率先完成运送的一组获胜。

② 规则

（1）匍匐爬行时，身体任何部位都不能碰到“铁丝网”，如碰到“铁丝网”导致小铃铛响了，则需要重新出发，过程中，如“子弹”掉了要捡起来才能继续爬。

（2）最先运完全部“子弹”的一组即为获胜。

★ 游戏观察与指导

① 由于此游戏需要爬行，所以游戏前建议幼儿身穿较为紧身的服装和软底运动鞋，便于游戏。

② 游戏中，重点观察幼儿匍匐爬行时能否保持身体始终不碰到“铁丝网”。要提示幼儿听清游戏规则，将身体各部位平趴在垫上，紧贴垫子小心翼翼地匍匐爬行，不要急于爬行导致碰到小铃铛。鼓励幼儿要像小士兵一样勇敢，坚持完成游戏，进一步发展幼儿的身体协调性和胆大心细的良好品质。

看准投得准

★ 游戏目标

❶ 能动作协调地进行肩上挥臂投物，提高投掷的准确性，锻炼上肢力量。

❷ 能遵守游戏规则，养成良好的规则意识。

★ 游戏准备

场地上画好起点线和投掷线；沙包若干；拱形门玩具 4 个；地垫若干；篮筐 4 个；口哨 1 个。

★ 游戏玩法与规则

❶ 玩法

幼儿平均分成四组，排成四列纵队站在起跑线上准备游戏，教师做裁判。教师吹口哨后开始游戏。每组第一名幼儿要爬过“草地”（地垫），钻过“山洞”（拱形门），然后站在投掷线后，捡起散落在地上的沙包，对准本组的篮筐后进行投掷，每名幼儿只能投一次，然后跑回本组排尾，第二名幼儿依次进行，方法同上，直至全部幼儿都完成游戏。教师和幼儿共同检查每组投中的沙包数量，投中数量最多的一组即为获胜。

❷ 规则

（1）每名幼儿只能投一次，不可多投，若多投视为无效。

（2）投掷时不能越过投掷线，否则投掷无效。

★ 游戏观察与指导

❶ 重点观察幼儿投掷沙包的准确性以及遵守规则的情况。重点指导幼儿要站在投掷线后，对准篮筐再用力向前投，不要盲目地投。

❷ 鼓励幼儿积极参与，对于个别能力较弱的幼儿可通过示范等方式进行个别指导，增强幼儿的自信心。

小青蛙跳荷叶

★ 游戏目标

1. 能动作协调地双脚立定跳远，锻炼身体的爆发力和跳跃能力。
2. 能认真倾听游戏规则，根据游戏指令做出相应动作。

★ 游戏准备

场地上画一个大圆圈（代表池塘）；铃鼓 1 个；青蛙妈妈头饰 1 个；小青蛙胸贴若干；小呼啦圈每人 1 个（围着大圆圈拉开距离摆放）。

★ 游戏玩法与规则

1 玩法

全体幼儿扮作“小青蛙”，站在“荷叶”（小呼啦圈）上，教师扮作“青蛙妈妈”。教师与幼儿一边念儿歌“小青蛙，呱呱叫，听到鼓声跳一跳”，一边做相应的动作。说完儿歌，游戏开始，听到“青蛙妈妈”拍铃鼓的声音，“小青蛙”就要双脚立定跳入“池塘”（大圆圈）里，自由做青蛙游泳的动作，再次听到拍铃鼓的声音，要双脚立定跳回“荷叶上”（小呼啦圈里）。没有一次性跳到“荷叶上”的“小青蛙”，可以重新跳。游戏可根据幼儿兴趣和身体情况反复进行。

2 规则

听到拍铃鼓的声音后再跳，要双脚立定跳。

★ 游戏观察与指导

1. 游戏前要组织幼儿充分做好踝关节、膝关节和腰部的热身活动，为游戏做准备。
2. 重点观察幼儿双脚立定跳远的情况，可通过示范等方式，重点指导幼儿双脚并拢，身体半蹲，用力摆臂后跳出，落地时身体也要半蹲，以免摔倒，发生危险。
3. 及时表扬遵守规则且跳得好的幼儿，引导幼儿模仿同伴，互相学习。

黑夜找朋友

★ 游戏目标

❶ 喜欢与同伴合作游戏，能根据游戏指令做出相应动作。

❷ 能身体比较协调地做闭眼向前走和原地自转等动作，锻炼身体的平衡能力。

★ 游戏准备

场地上画两条相距 10 米的平行线。

★ 游戏玩法与规则

❶ 玩法

全体幼儿分成两组，面对面分别站在两条平行线上。游戏开始，其中一排幼儿闭上眼睛，向对面的一排幼儿走去。对面的幼儿则喊出与自己相对应的幼儿的名字，大声说：“我是 ×××，我是你的好朋友。”闭眼的幼儿则向自己的朋友走去，找到朋友后高兴地拉起手。两名幼儿手拉手一起说儿歌：“好朋友，快快来，坐上转椅真好玩，一按电钮转转转，转上两圈停下来。”当说到“转转转”时，幼儿松手原地自转，转完两圈后停下来，睁开眼睛后看看哪名幼儿停下来站得稳。然后两组幼儿互换角色，方法同上。游戏可反复进行。

❷ 规则

其中一排幼儿要全程闭眼走向自己的好朋友。当说到“转转转”时，幼儿松手原地自转两圈后停下来。

★ 游戏观察与指导

❶ 教师可事先在日常活动中，组织幼儿玩闭眼走路的小游戏，积累游戏经验。

❷ 重点观察幼儿遵守游戏规则情况以及闭眼走路和原地自转的能力，指导幼儿要遵守游戏规则，闭眼走路时不要着急，要慢慢走，原地转圈时要慢慢转，停下来后要站稳，以免摔倒。

❸ 游戏中，教师要及时进行安全教育，及时提示幼儿不乱跑，不快转，知道保护自己和同伴的安全。

小兔搬家

★ 游戏目标

① 喜欢与同伴游戏，能根据游戏指令做出相应动作。

② 能比较协调地双腿夹物跳，锻炼腿部力量。

★ 游戏准备

小呼啦圈若干（圈与圈连成圆形代表小兔的新家）；硬地垫若干（摆成曲折的三座小桥）；小皮球若干；大饮料瓶若干（搭成小树林），兔妈妈头饰 1 个；小兔胸贴若干；画一条起点线；自备欢快的乐曲。

★ 游戏玩法与规则

① 玩法

教师扮“兔妈妈”，全体幼儿扮“小兔子”。“小兔子”站在起点线后，听到音乐响起，“兔妈妈”带领“小兔子们”依次用双腿夹住一个小皮球，跳过“小桥”，穿过“小树林”，跳到“新家”里把球放下，再回到起点继续双腿夹球跳的搬家游戏。教师根据幼儿身体情况把握游戏次数。

② 规则

游戏中，幼儿每次只能用双腿夹住一个小皮球跳回“新家”，中途皮球若掉了，要捡起来夹住后再继续跳回家。

★ 游戏观察与指导

① 游戏前要做一些热身运动，如活动踝关节、膝关节等部位，为夹球跳游戏做准备。

② 重点观察幼儿是否学会了双腿夹住皮球向前跳的动作，及时指导幼儿先用双腿夹住皮球后再慢慢跳，不要着急快跳，要看清楚路上的障碍物，以免摔倒。

③ 由于夹球跳有一定难度，教师可适当做示范，让幼儿跟着教师跳，模仿教师跳的动作。鼓励幼儿大胆参与，不怕困难，一方面锻炼幼儿的腿部力量，另一方面养成克服困难完成任务的良好品质。

小老鼠和大皮球

★ 游戏目标

1. 能根据乐曲节奏，比较准确地辨别强弱拍和变奏并做出相应动作。
2. 喜欢与同伴玩音乐游戏，体验音乐游戏的乐趣。

★ 游戏准备

套圈 3 个；老鼠头饰若干（与幼儿人数相等）；老猫头饰若干；游戏音乐（活动资源内配备）。

★ 游戏玩法与规则

1 玩法

全体幼儿扮作“小老鼠”，在场地中四散站开，场地周围散落三个套圈。老师扮“老猫”站在远处一侧，当音乐响起时，“小老鼠”（幼儿）按音乐节奏自由做相应的动作，乐曲第 1、3、5、7 小节时，幼儿做“小老鼠”走路、抱大皮球、拍大皮球等动作；乐曲的第 9、11、13、15 小节“小老鼠”做东张西望、互相嬉戏等动作；乐曲的第 17、19 小节重复“小老鼠”拍球动作。当听到“喵”声后，“老猫”（教师）快速去抓“小老鼠”（幼儿），“小老鼠”（幼儿）则快速站到套圈中，表示跑回家里，游戏结束。若抓到没有回到家的“小老鼠”（幼儿），“小老鼠”就可变成“老猫”，此游戏可根据幼儿兴趣反复进行。

2 规则

（1）音乐响起，幼儿要按节奏自由做“小老鼠”的相应动作，听到“喵”声后，幼儿要快速站到套圈内。

（2）被教师抓到的幼儿可转变成“老猫”角色，重新加入游戏。

★ 游戏观察与指导

1. 游戏开始前，教师应让幼儿充分熟悉乐曲，通过有针对性的提问，帮助幼儿了解乐曲节奏强、弱拍变化，并鼓励其自由创编“小老鼠”走路、抱大皮球、拍大皮球、东张西望等动作，感受音乐节拍的不同特点。
2. 游戏中，重点观察幼儿是否注意力集中，按照乐段特点和节奏做各种“小老鼠”走路、玩皮球等动作，当听到“喵”声后，幼儿应快速做出反应，培养幼儿的专注力和快速反应能力。

❸ 在幼儿熟悉游戏玩法后，可适当减少套圈数量，增加游戏的难度和趣味性。

★ 游戏资源

曲 谱

小老鼠和大皮球

1=C $\frac{2}{4}$ $\frac{3}{4}$ 改编自奥尔夫音乐《拍蚊子》

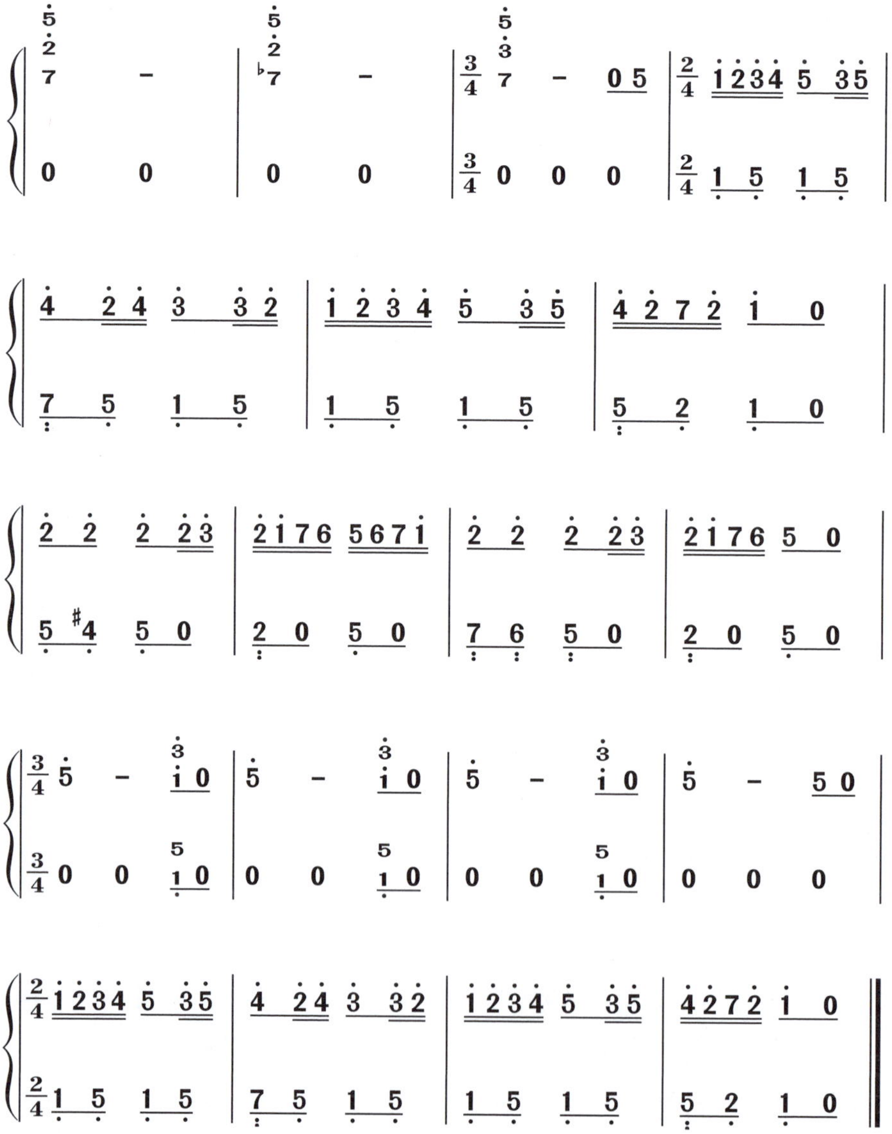

抢椅子

★ 游戏目标

1. 能专注倾听音乐，感受音乐节奏的特点。
2. 能按照游戏规则快速反应抢到椅子，喜欢和同伴玩竞赛游戏。

★ 游戏准备

小椅子若干把（围成圆圈状），椅子数量比幼儿人数少1个；《快与慢》音乐（活动资源内配备）。

★ 游戏玩法与规则

1. 玩法

全体幼儿围成圆圈站在椅子旁边，保持一定距离。音乐响起，游戏开始。幼儿随着音乐节奏一边唱，一边围着椅子顺时针方向走，教师随机停止音乐，当音乐停止时幼儿迅速找到椅子坐下。没有坐到椅子的幼儿淘汰出局，停下来休息做观众，教师拿掉一把椅子，其他幼儿继续游戏，直到只剩最后一把椅子时，坐到椅子上的幼儿胜出。

2. 规则

（1）当音乐停止时幼儿要立刻找椅子坐下，未抢到椅子的幼儿就停止游戏。

（2）抢椅子时不能推拉其他幼儿，否则算犯规。

★ 游戏观察与指导

1. 重点观察幼儿在游戏中是否能够遵守规则。抢椅子是竞争类游戏，幼儿如果没有抢到椅子就要被淘汰出局，教师要多鼓励幼儿，下一次可以反应更快一些，增加幼儿的自信心。

2. 着重观察个别因淘汰而情绪低落的幼儿，多鼓励安抚他们，引导他们学会接受失败，保持良好的心态。

3. 在游戏中要进行安全教育，提示幼儿与座椅保持距离，不能为了较快抢到座位而离得太近，还要与前面的同伴保持距离，如果有同伴摔倒要及时扶起来。

④ 游戏中，教师可观察幼儿的情绪和投入状态，适当减少椅子的数量，比如椅子数量比幼儿数少 2 个，每次淘汰 2 人，也可将围着椅子走变成围着椅子跑，增加游戏难度，激发幼儿的参与度，还可以分组进行比赛，增强幼儿的集体荣誉感。

贴鼻子

★ 游戏目标

① 能比较准确地目测鼻子的正确位置，并按指令做游戏。

② 体验蒙眼贴鼻子游戏的乐趣。

★ 游戏准备

黑板 1 块；距离黑板 1 米处的地上画好一条线；没有鼻子的脸谱娃娃大图片若干张；鼻子图片若干张；蒙眼用的丝巾；双面胶；小红花粘贴若干。

★ 游戏玩法与规则

① 玩法

幼儿围成半圆形坐好，先请一名幼儿站在画线处站好。游戏开始，幼儿一起拍手说儿歌："蒙眼睛贴鼻子，仔细看慢慢走，看谁贴得最最准。"说完儿歌，站在画线处的幼儿先观察黑板上脸谱娃娃图片中鼻子的位置，然后蒙上眼睛，手拿鼻子图片走过去将图片贴在娃娃图片上。如位置贴得对，就得到一朵小红花，反之则不得。然后按照顺时针方向，其他幼儿依次进行游戏，方法同上。

② 规则

必须把眼睛蒙住，不能有缝隙。贴准鼻子位置可得一朵小红花，反之则不得。

★ 游戏观察与指导

① 游戏前，教师可组织幼儿玩蒙眼捉人的游戏，积累游戏经验。

② 重点观察幼儿是否能比较准确地感知脸谱娃娃图片的空间距离，是否能遵守游戏规则。重点指导幼儿蒙眼走路时要慢一些，尽量走直线，不要偏离方向，注意安全。

③ 鼓励幼儿大胆参与游戏，对于个别能力较弱的幼儿，教师可扶着走过去，

用手摸一摸脸谱娃娃图片，感知空间距离和鼻子在脸谱上的大致位置，再帮助他贴上鼻子。

4 此游戏玩法简单有趣，可推荐给家长进行亲子游戏，提升幼儿的空间感知能力，体验游戏的快乐。

保卫红旗

★ 游戏目标

1 懂得并遵守游戏规则，提升专注力和手部动作的控制力。

2 能与同伴轮流游戏，体验游戏的快乐。

★ 游戏准备

沙池场地；自制小红旗若干；雪糕棍若干；口哨 1 个。

★ 游戏玩法与规则

1 玩法

幼儿 3 人自由结伴成一组，分组游戏。每组先选出一名幼儿为组长，监督幼儿游戏，其他两名幼儿堆起一个小沙堆，在沙堆中间插上一面小红旗，教师吹口哨，游戏开始。两名幼儿猜拳，轮流用雪糕棍轻轻扒沙子使沙堆越来越小，谁先将小红旗扒倒为输，对方为赢。然后组长与其中一名幼儿互换角色，继续轮流游戏，方法同上。

2 规则

必须轮流扒沙子，先将小红旗扒倒的幼儿即为输，对方幼儿为赢。

★ 游戏观察与指导

1 重点观察幼儿是否能听懂游戏规则并专注游戏，控制好手部的动作幅度。指导幼儿细致观察沙堆，从边缘部分慢慢扒掉沙子，动作要轻而慢。

2 鼓励幼儿大胆参与游戏，指导幼儿不争不抢，与同伴轮流游戏，养成团结友爱的良好品质。

③ 此游戏玩法简单有趣，红旗也可用小木棍、小积木等常见材料代替，可推荐给家长进行亲子游戏，帮助幼儿提高专注能力，体验游戏成功的喜悦。

词语接龙

★ 游戏目标

① 能按游戏指令以词头做词尾组新词，丰富词汇量。
② 能大胆表述，体验语言游戏的乐趣。

★ 游戏准备

动植物卡片；皮球、玩具等物品或卡片；黑板 1 张、评分表 1 张。

★ 游戏玩法与规则

① 玩法

（1）幼儿分成人数相等的两组，教师出示一张卡片，如红花，让幼儿依次进行词语接龙。如：红花—花瓶—瓶盖—盖楼—楼房—房屋……直至幼儿接不下去，游戏结束，看哪组幼儿组的新词多，哪组就获胜。

（2）教师出示一个实物，如皮球，让幼儿进行词语接龙。如：皮球—球队—队长—长大—大人—人数—数字……直至幼儿接不下去，游戏结束，看哪组幼儿组的新词多，哪组就获胜。

（3）教师做一个动作，如走路，让幼儿进行词汇接龙。如：走路—路上—上学—学校—笑话……（同音不同字也可）直至幼儿接不下去，游戏结束，看哪组幼儿组的新词多，哪组就获胜。此游戏可根据幼儿组词情况和兴趣反复进行。

② 规则

必须以词头做词尾进行组词接龙，也可同音不同字组词。

★ 游戏观察与指导

① 游戏前，教师可组织幼儿结合主题教育活动、游戏活动和日常谈话等形式，

引导幼儿想说、多说、敢说，大胆讲述，丰富词汇量。

❷ 重点观察幼儿是否能按照规则快速反应并组词。可指导幼儿结合生活经验展开联想，并大胆表达，提高表达能力和思维敏捷性。

❸ 鼓励幼儿积极参与游戏，待熟悉玩法后，可自由结伴玩游戏，也可在家庭成员之间玩此游戏。

种花生

★ 游戏目标

❶ 能使用较连贯的语句描述同伴的外部特征。

❷ 能认真倾听同伴讲话，并能根据同伴的语言描述做出正确的判断。

★ 游戏准备

花生或花生粒实物 1 颗。

★ 游戏玩法与规则

❶ 玩法

幼儿围坐成半圆形，手背在身后，手掌向上，眼睛闭起来，扮成“泥土”。教师扮演成种花生的人，一边念儿歌：“小朋友，快快来，大家快来种花生。你一个，我一个，花生种在谁手里？”一边从每一名幼儿的身后走过，并将花生悄悄放入一名幼儿的手里，最后走到中间，描述此幼儿的外貌特征。如：“我将花生种在一名女孩手里，她穿着红色毛衣、黑色的裤子和白色的鞋子。请你们猜猜她是谁？”这时幼儿睁开眼睛，互相观察后说出这名幼儿的名字，被猜中的幼儿需要重复说出自己的外貌特征，然后与教师互换角色，游戏继续进行。

❷ 规则

（1）念儿歌时，扮成泥土的幼儿必须将眼睛闭上，不能偷看，待儿歌念完后才能睁开眼睛。

（2）种花生的幼儿在儿歌结束后，必须将花生放在一名幼儿的手里，并用简短的语言描述该幼儿的外貌特征让大家来猜。

（3）被猜中的幼儿必须重复说出自己的外貌特征。

游戏观察与指导

1. 教师重点观察幼儿的注意力是否集中，是否能认真观察同伴明显的外貌特征，并用简短的语言清晰地表达出来，这是游戏的重点，也是难点。
2. 初次游戏时，教师可挑选外貌特征明显的幼儿，重复进行描述，让幼儿尽量记住，并较容易地猜出答案，增强幼儿的自信心。
3. 游戏中，教师重点指导幼儿要先认真倾听种花生人的语言描述，再对照特征进行观察猜测，提高幼儿的专注力和观察力。
4. 待熟悉玩法后，可让幼儿自主游戏。教师可请一名能力强的幼儿扮演种花生的人，教师在旁边指导，提醒幼儿声音洪亮地描述同伴的外貌特征，若同伴猜不出，可再描述一遍，使得游戏顺利进行。

铺小路

游戏目标

1. 能按照各种图形的特点铺小路，并统计图形的数量。
2. 能遵守游戏规则，喜欢与同伴玩数学游戏。

游戏准备

涂好各种颜色的大小不同的圆形、三角形、长方形、梯形、正方形、椭圆形等硬纸板（彩色石头）若干；场地上摆好3条长长的弯曲的硬纸板（彩石小路），硬纸板上掏出各种形状的大小不同的圆形、三角形、长方形、梯形、正方形、椭圆形的“坑”（与彩色石头大小一样）；小筐3个（内放彩色石头）。

游戏玩法与规则

1 玩法

将全班幼儿分成3组，每组成一列纵队，分别站在3条彩石小路前，共同拍手说游戏儿歌：“铺小路铺小路，看谁铺得快又对。”说完儿歌后游戏开始。每组幼儿依次挑选自己喜欢的“彩色石头”，一边观察小路，一边一一对应地将彩色石头嵌入相应形状的“坑”里，直至把小路上所有“坑”都填满，表示铺好了小路。哪组幼儿铺路的速度最快、最正确，哪组获胜。游戏可反复进行，每一次幼儿可选择不同的“彩色石头”去铺路。

❷ 规则

（1）必须在发出游戏指令后才能游戏。

（2）必须一一对应地将彩色石头嵌入相应形状的“坑”里，直至把小路上所有“坑”都填满，哪组幼儿铺路的速度最快、最正确，哪组获胜。

★ 游戏观察与指导

❶ 游戏前，教师可组织幼儿玩图形拼摆游戏，帮助幼儿熟练掌握椭圆形、梯形等形状特点，为玩游戏打下基础。

❷ 重点观察幼儿是否能认真倾听游戏规则，并通过观察，按照形状、大小两个维度去正确判断和镶嵌“彩色石头”；在操作中出错的幼儿是否能及时改正，或与同伴商量找到正确的“彩色石头”。

❸ 铺成小路后，教师重点指导幼儿说一说都使用了什么图形完成的，分别使用了多少块，引导幼儿用语言大胆表述，并正确统计各种图形的数量。

❹ 游戏后，也可请家长和幼儿将废旧的图画纸剪成各种小图形，在家里玩拼图造型游戏，反复巩固对各种图形特点的认知。

找邻居

★ 游戏目标

❶ 能根据游戏指令熟练地找到 10 以内各数的相邻数。

❷ 能遵守游戏规则，边说边玩游戏。

★ 游戏准备

1~10 的数字卡一套；1~10 的数字每人 1 张。

★ 游戏玩法与规则

❶ 玩法

幼儿围坐成一个圆圈，每人自由选择并手持一张数字卡。游戏开始，教师出示一张数字卡“5”，大声说：“我是5，我是5，我的朋友在哪里？”手拿数字“4”和数字“6”的幼儿马上跑到教师身体两侧说：“我是4，我是4，你的朋友在这里。”“我是6，我是6，你的朋友在这里。”若幼儿找对了，教师就拉起幼儿的手说：“看一看，瞧一瞧，你真是我的好朋友。”若幼儿找错了，教师就说：“哎呀呀，找错了，你不是我的好朋友。”待幼儿纠正后，教师再次出示其他数字卡，游戏继续进行。

❷ 规则

必须按游戏指令找出正确的相邻数。

★ 游戏观察与指导

❶ 游戏前，教师要组织有关10以内相邻数的教育活动，帮助幼儿了解相邻数的含义，知道10以内各数的相邻数，为游戏打好基础。

❷ 重点观察幼儿是否能专注于教师的数字指令，并迅速判断自己手里的数字是否是这个数的相邻数。

❸ 重点指导幼儿先看准自己手里的数字是几，想一想是不是比教师说的数多1或少1，再判断是否符合要求，不要急于跑到前面。当幼儿出错时，教师要鼓励幼儿重新判断，并说出正确答案，也可引导其他幼儿互相帮助。

❹ 此游戏玩法简单有趣，可在室内玩，也可在室外玩，同时也可作为亲子游戏在家庭成员之间玩。

体验与探究

主题活动

我的朋友圈

主题价值

中班幼儿随着年龄的增长、社会经验的积累、交往范围的扩大，逐渐开始关注和观察周围的伙伴，产生了交往的动机和愿望。但仍处于“以自我为中心”的阶段，缺乏与同伴协商、沟通的技巧，在交往中常常会出现一些障碍，同伴间时常发生冲突。这个阶段需要帮助幼儿建立与同伴合作的意识，培养与同伴间协调、沟通、友好相处的能力，体验与同伴交往的快乐。

预设“我的朋友圈”主题活动，可以通过说说、看看、玩玩、画画等多种形式操作和体感活动，帮助幼儿了解自己的朋友，知道与同伴间交往的好方法、好行为，愿意与人交往，能与同伴友好相处，进而体验与同伴合作、分享和交往的快乐。

主题讨论

主题实施前，围绕“我的朋友圈”主题，预设关于朋友的话题并组织幼儿开展谈话或讨论，了解幼儿与朋友交往的已有经验以及感兴趣的内容，以便灵活地运用主题案例，适宜地选择、整合及园本化设计，生成幼儿感兴趣的活动案例，如：

1. 你的好朋友都是谁？他们都有什么特征，你喜欢他（她）们什么？
2. 你和新朋友相互认识时说了些什么？做了些什么？
3. 你的好朋友在遇到困难时，你是怎样帮助他（她）的？
4. 你有哪些方式和朋友保持联系呢？
5. 你和朋友在一起可以做哪些事情？

…………

主题目标

❶ 愿意与他人交谈，能用比较完整、连贯的语言表达自己对同伴的认识和喜爱。

❷ 学习与人交往的礼仪与方法，体验与同伴合作、交往、分享的快乐。

❸ 学会关心朋友，知道朋友之间要相互帮助、团结友爱、平等相处。

❹ 能够运用语言、绘画、制作等形式表现好朋友的外貌特征和相关的事情，加深对好朋友的理解。

主题资源

活动资源一览表

子主题	活动名称	涉及领域	幼儿游戏资源			教师教学资源		
			实物材料	探究游戏活动材料	图画书	电子图片	音频	视频
我们都是好朋友	朋友多又多	社会/语言		朋友多又多		小朋友摔倒、过生日、伤心、生病		
	朋友船	语言/社会		我的朋友船	朋友船	朋友船	故事：朋友船	
	好朋友手拉手	艺术/社会		好朋友手拉手				
	团结友爱亲又亲	语言/社会		团结友爱（一） 团结友爱（二）				
	好朋友来聚会	社会（实践）/语言		我们的聚会日		朋友聚会		
	做客	社会/语言		小主人和小客人				
朋友越多越快乐	打电话	艺术/科学	长绳	传声筒			歌曲：打电话	
	神奇的话	社会/（心理）健康				神奇的话情景图、幼儿交往中出现的矛盾		
	请你和我跳个舞	艺术/健康	彩色折纸	会跳舞的小人			歌曲：请你和我跳个舞	
	朋友越多越快乐	艺术/社会					歌曲：朋友越多越快乐	
	快乐交友	社会/语言	连接扣、印泥	我的新朋友 怎样交朋友				
	我和朋友的碰碰衫	艺术/语言		碰碰衫		T恤画作品欣赏		

主题环境

主题墙

❶ 随时关注幼儿在主题实施过程中提出的疑惑或问题，积极引导幼儿探索并寻找答案，鼓励幼儿将答案的图片、绘制的符号等在主题墙上进行展示。

❷ 将幼儿在主题活动中的记录单、绘画、手工作品，如“朋友多又多”“我的朋友们”等及幼儿在区域游戏中的作品展示在主题墙上，供幼儿欣赏、讨论和学习。

❸ 收集与主题相关的资源布置在主题墙上，如“我和朋友一起做的”“我与朋友的合影”等，不断拓展和丰富幼儿的主题目标。

活动区

❶ 语言区：投放幼儿收集的和好朋友在一起玩时的图片和视频，收集与本主题相关的故事书供幼儿阅读。

❷ 表演区：提供各种头饰、服装、表演道具等，开展“请你和我跳个舞”等活动，供幼儿与同伴间进行表演游戏。

❸ 美工区：提供画板供幼儿画出朋友的五官、头发和四肢等。

❹ 角色区：创设“娃娃家”，请“客人”到“家”中做客，学做文明小主人和小客人。

家园共育

❶ 建议家长经常给孩子讲述关于朋友的故事，鼓励孩子邀请朋友到自己家里来玩，学习与他人交往的技能，学做文明小主人和小客人，感受和朋友交往的快乐。

❷ 建议家长和孩子共同制作小玩具赠送给好朋友，并把玩具带到幼儿园，和大家一起分享。

❸ 建议家长经常带孩子到动物园、图书馆等公共场所，创造条件让孩子与年龄相仿的小伙伴交往，关注交往的情况并进行必要的指导。

子主题 我们都是好朋友

朋友多又多

★ 活动目标

❶ 体验与好朋友共同游戏的快乐。

❷ 能够大胆介绍自己的朋友以及自己与好朋友之间发生的事情。

❸ 理解好朋友的含义，知道好朋友之间应该怎样相处。

★ 活动准备

❶ 经验准备

请幼儿提前与自己的好朋友沟通交流，调查了解其兴趣爱好等，提前完成幼儿探究游戏活动材料“朋友多又多”操作单的内容。

❷ 物质准备

配备材料：幼儿探究游戏活动材料“朋友多又多”；电子图片“小朋友摔倒、过生日、伤心、生病”。

自备材料：幼儿和好朋友的照片。

★ 活动建议

一、谈话交流，说说我的好朋友

❶ 自由谈话。在小组内互相交流，自己是否有好朋友，说说好朋友都叫什么名字，长什么样子。

❷ 分享交流。出示自己与好朋友的照片，说一说自己和好朋友之间有趣的故事。

观察指导要点

- 幼儿是否愿意或主动与同伴交流和分享，能否说出好朋友的名字和外貌特征。
- 指导幼儿讲述好朋友主要的外貌特征，如面容长相、身材、衣着等。

经验提升：了解自己的好朋友，知道他（她）的基本信息，如名字、年龄，还要了解他（她）的性格、爱好。朋友之间越是互相了解越能够成为亲密的好朋友。

二、操作分享，介绍我的好朋友

交流分享。分组交流，利用幼儿探究游戏活动材料“朋友多又多”进行记录，互相分享自己操作单的内容，并说说自己的好朋友长什么样、最喜欢的事情，以及与好朋友之间发生的故事。

观察指导要点

- 幼儿是否能积极分享和展示自己的记录结果，是否能大胆且有条理地介绍自己的朋友，如：说说自己的好朋友是谁，好朋友喜欢什么，自己和好朋友之间发生了哪些事情等。
- 关注个别未参与活动的幼儿并适时给予引导，引导幼儿按照记录单的内容有序进行分享。

经验提升：好朋友可以是一个人，也可以是多个人。和好朋友在一起可以做许多的事情，有趣的、开心的甚至有的时候是伤心的、难过的，好朋友可以相互陪伴，好朋友之间的友谊十分珍贵。

三、观察讨论，了解好朋友之间应该互相帮助

❶ 讨论：你喜欢你的好朋友吗？为什么？你最愿意和什么样的小朋友做好朋友？

❷ 依次观察小朋友摔倒、过生日、伤心、生病的电子图片，说一说，如果你是他（她）的好朋友，你会怎么做？

观察指导要点

- 幼儿能否比较连贯、清楚地说出自己喜欢好朋友的理由。
- 引导幼儿说出喜欢好朋友的理由，也可以说说好朋友有哪些优点。提示幼儿可以用“因为……所以……”的句式来表达，了解交朋友的方法。

经验提升：好朋友就应该互相关心、互相帮助，在他（她）遇到困难时应及时帮助，不开心和生病时要去安慰、关心，这样你的好朋友就会越来越多。

★ 活动拓展

❶ 可以将“好朋友”的合影照片布置在主题墙上，幼儿可以随时收集图片用于丰富内容，便于进行分享与交流。

❷ 将与好朋友一起玩时的图片投放到语言区，鼓励幼儿尽量多地向他人介绍自己的好朋友。

★ 家园共育

❶ 鼓励家长利用周末时间带孩子外出游玩，给孩子创造与人交流的机会。

❷ 建议家长可以利用绘本故事，给孩子讲述有关朋友之间交往的小故事。

朋友船

★ 活动目标

❶ 欣赏故事内容，感受团结协作战胜困难所带来的快乐。

❷ 能用连贯的语言讲述故事的内容。

❸ 知道朋友之间要互相帮助，帮助别人也是件快乐的事。

★ 活动准备

● 物质准备

配备材料：幼儿探究游戏活动材料“我的朋友船”；图画书《朋友船》；电子图片“朋友船”；音频故事《朋友船》。

★ 活动建议

一、观察猜想，初步感知故事内容

❶ 观察电子图片“朋友船”，说说图片上都有什么，都有谁，图片中的小动物们分别在做什么。

❷ 猜想：猜一猜故事中会发生些什么事情。

观察指导要点

- 幼儿能否有条理地讲述自己所观察到的图片内容。
- 引导幼儿有顺序地观察故事图片，说出图片中的内容，并能初步想象故事中发生了哪些事情。

经验提升： 图片中有很多小动物在造大船，它们有的在扛木头，有的在拉锯，有的在刨木头，这么多好朋友在一起造船，大家非常高兴。

二、完整欣赏，理解故事内容

❶ 完整倾听故事《朋友船》，说说故事的名字，故事里面都有谁，发生了什么事情。

❷ 讨论：故事中小动物们遇到了什么困难？它们是怎么说的、怎么做的？

观察指导要点

- 幼儿能否清楚地说出故事的名称、角色和发生的事情。
- 教师讲故事前先提出问题，引导幼儿边听故事边思考问题。

经验提升： 朋友船上的好朋友一起合作，一起抵御风暴，在遇到困难时不离不弃。友谊非常珍贵，我们要珍惜身边的朋友。

三、看图欣赏，完整讲述故事

❶ 边观察故事电子图片“朋友船”，边完整讲述故事。

❷ 讨论：小动物们是用什么办法把船开到岸边的？靠一个人的力量能把缺口堵上吗？

观察指导要点

- 幼儿能否在集体面前大胆地表达自己的观点。
- 引导幼儿说出小船在遇到困难时，小动物们是怎样齐心协力一起渡过难关的。

经验提升： 按照故事的发展顺序“合作造船—乘船出海—遇到困难—解决困难”讲述故事。体会好朋友就是要相亲相爱，遇到困难也不离开对方，只要大家齐心协力就一定能战胜困难。

四、看图书，尝试看图书讲述故事

1. 取出图画书《朋友船》，自主看书并讲述故事内容。
2. 请个别幼儿在集体面前讲述故事内容。

观察指导要点

- 幼儿能否自主看书并讲述故事，是否一页一页地翻书，逐页讲述。能否在集体面前大胆讲述自己的“朋友船”故事。
- 幼儿能否理解生活中很多事情需要大家齐心合力完成。
- 引导幼儿回顾生活中哪些事情需要大家一起来完成，感受合作的力量。

经验提升：幼儿看图书时要一页一页地翻看，连续观察图片，才能完整地讲述故事内容。

★ 活动拓展

1. 利用区域活动时间，引导幼儿完成幼儿探究游戏活动材料“我的朋友船”，按照步骤折叠一艘船；邀请你的朋友们一起来乘船，想象一下你们坐船去哪里，会发生哪些有趣的事，一起创编故事吧。
2. 在表演区投放故事《朋友船》动物头饰，引导幼儿进行分角色表演。

★ 家园共育

家长可以和孩子一起阅读《朋友船》故事绘本，并进行探讨交流。

★ 活动资源

故　事

朋友船

森林里住着许多小动物，他们都是好朋友。他们非常想去看大海，于是就分工合作，一起造船，有的在扛木头，有的在拉锯，有的在刨木头，船终于造好了，大家给它起了一个好听的名字，叫“朋友船”。小狮子和小熊首先上了船，小马和小猪接着上了船，小狗和小兔也上了船，最后，小猴和小鸟上了船。“朋友船”起航了，顺着小河驶进了大海。

忽然，大风暴来了，海浪越来越大。不好了！“朋友船”被礁石撞破，开始进水了。一只海豚向小狗喊：“小狗！赶快离开这条破船吧！”小狗说：“不！我不能离开我的朋友。”一条大章鱼向小猴喊道：“小猴！赶快离开这条破船吧！”小猴说：“不！我不会离开我的朋友。”最后，小动物们齐心协力，堵住了船上的缺口，把船驶向了岸边。从此以后，森林里就多了一条船，船上还画着小动物们航海的故事呢。

好朋友手拉手

★ 活动目标

❶ 体验剪纸的奇妙乐趣，感受友情的温暖。

❷ 能够适当添画人物的五官和服饰，呈现出好朋友的个性特征。

❸ 运用折、剪、添画的方法制作一组手拉手的好朋友。

★ 活动准备

❶ 经验准备

引导幼儿观察了解好朋友的主要特征。

❷ 物质准备

配备材料：幼儿探究游戏活动材料“好朋友手拉手”。

自备材料：朋友手拉手图片、对称剪纸作品图片。

★ 活动建议

一、观看图片，分享和好朋友一起手拉手的快乐

❶ 观察朋友手拉手图片，说说图片中有几个好朋友在一起，好朋友们都在干什么。

❷ 讨论：好朋友手拉手在一起可以做哪些事情？

观察指导要点

- 幼儿能否有条理地讲述自己所观察到的图片内容。
- 教师在幼儿自由表达的基础上，引导幼儿初步感知好朋友手拉手可以做很多有趣的事情，如手拉手圆圈游戏、手拉手一起唱歌、跳舞等。

经验提升：好朋友手拉手，有的在唱歌，有的在跳舞。

二、感知欣赏，了解对称剪纸的美

1. 观看图片，初步感受对称剪纸作品的艺术美。
2. 自由探索对称剪纸的方法，试着折一折、剪一剪。

观察指导要点

- 鼓励幼儿大胆进行自由尝试，探索对称剪纸的方法。
- 引导幼儿发现对称关系，学习辨认对称图形，了解对称的美。

经验提升：四方连续剪纸是对称剪纸的一种形式，其中每个单元图案在四个方向上都能无限重复排列，形成连续不断的图案。这种剪纸方式不仅体现了对称的美学原则，而且通过重复排列，使得整个图案在视觉上呈现出连续性和延伸感。

三、探索操作，完成剪纸作品

1. 观看图片：手拉手的剪纸作品是怎样完成的？
2. 取出幼儿探究游戏活动材料“好朋友手拉手”，按照步骤完成剪纸操作。

观察指导要点

- 激发幼儿自我探究、实践的兴趣，让幼儿享受到对称剪纸的乐趣。
- 引导幼儿在剪纸的过程中要特别小心，注意安全和保护手部。

经验提升：四方连续剪纸是剪纸中的一种重要技法，要将纸张连续对折四次，画出人物的造型图案，再用剪刀剪下图案的轮廓，最后轻轻展开，添画五官和服饰，就成了好朋友手拉手的样子了。

四、作品展示，相互欣赏和评价

❶ 欣赏幼儿的剪纸作品，互相介绍自己和好朋友手拉手在做什么。

❷ 将自己的作品贴在作品墙上，互相欣赏。

观察指导要点

- 幼儿能否掌握四方连续折纸的基本方法；是否能清晰地说出自己所制作的内容。
- 引导幼儿将自己的作品展出，体验成功的喜悦。

经验提升：幼儿互相欣赏作品，大胆地介绍自己的朋友并说一说和好朋友手拉手都做了哪些有趣的事情。

★ 活动拓展

❶ 活动结束后，可以将幼儿“好朋友手拉手”的作品布置在主题墙上，增进幼儿对好朋友的了解。

❷ 在班级内可以设立播报站，请幼儿轮流介绍自己和好朋友手拉手做了哪些有趣的事情。

★ 家园共育

家长可以和孩子一起欣赏有关对称剪纸的作品或进行一次亲子剪纸活动。

团结友爱亲又亲

★ 活动目标

❶ 感受与朋友在一起团结友爱的快乐。

❷ 能够有感情地朗诵儿歌。

❸ 尝试大胆地表现出儿歌中的情绪对比，理解叠词“冷清清、亮晶晶、孤零零、喜盈盈”。

★ 活动准备

❶ 经验准备

与同伴一起相处快乐的情绪体验。

❷ 物质准备

配备材料：幼儿探究游戏活动材料“团结友爱（一）”“团结友爱（二）”。

自备材料：表现儿歌内容的图片或 PPT。

★ 活动建议

一、交流体会，分享不同的感受

谈话交流：在小组内互相交流，当你和朋友在一起的时候会有什么感受？一个人独处的时候又会有什么感受？你喜欢和朋友们在一起吗？

观察指导要点

- 幼儿能否有条理地讲述自己一个人时或和好朋友在一起时的感受；是否能够说出与朋友相处的好处。
- 引导幼儿大胆地说出自己的情绪体验。

经验提升：和朋友们在一起时的感受是快乐的、幸福的、热闹的、温馨的，自己一个人独处的感受可以是孤单的、冷清的、无聊的、自在的，每个人由于性格的不同，可能会有不同的感受。

二、感知欣赏，理解儿歌内容

❶ 交流理解：依次观察 PPT 或图片，根据图片说说儿歌的基本内容，交流画面内容，理解儿歌大意。

❷ 完整地欣赏儿歌。

观察指导要点

- 幼儿能否理解图片内容并表达出自己的想法，理解儿歌内容。
- 引导幼儿仔细观察图片，并通过图片的对比理解儿歌。

经验提升：儿歌中一颗星和许多星从冷清清到汇成星河，一个人和许多人从孤零零到团结友爱，理解词语的意思，体会儿歌中的对比，感受有伙伴的陪伴是幸福和快乐的。

三、学习儿歌，尝试表演儿歌

1. 学习完整朗诵儿歌，重点体会儿歌叠词的用法。
2. 自由交流组合并分角色尝试表演儿歌。
3. 分组展示表演儿歌。

观察指导要点

- 幼儿能否完整地朗诵儿歌，并能分角色合作表演儿歌。
- 幼儿是否理解叠词“冷清清、亮晶晶、孤零零、喜盈盈”并用动作情绪表现出来。
- 引导幼儿充分体会儿歌中的情绪对比，分组交流中互相学习。鼓励幼儿说出更多的叠音词。

经验提升：冷清清：形容冷落、幽静、凄凉、寂寞的样子；亮晶晶：形容物体明亮、闪烁发光的样子；孤零零：形容孤单，无依无靠；喜盈盈：形容脸上带笑、充满喜悦的样子。叠词是一种特殊的语言现象，通过重复同一个字来构成新的词语，可以起到强化语气、表达情感、增强表达效果的作用。与儿歌内容相关的叠词还有孤单单、空荡荡、亮闪闪、乐呵呵等。

★ 活动拓展

1. 找一找还有哪些叠词，幼儿可以根据自己的想法仿编儿歌。
2. 在表演区表演儿歌。
3. 完成幼儿探究游戏活动材料“团结友爱（一）”“团结友爱（二）”，将大家完成的团结友爱的小人放在一起组成“团结友爱亲又亲”的大家庭。

★ 家园共育

家长可以和孩子一起朗读儿歌，也可以跟孩子一起尝试仿编儿歌。

★ 活动资源

儿　歌

团结友爱亲又亲

一颗星，冷清清，两颗星，亮晶晶，
三颗、四颗、五颗星，汇成星河放光明。

一个人，孤零零，两个人，喜盈盈，
三个、四个、五个人，团结友爱亲又亲。

好朋友来聚会

★ 活动目标

❶ 乐于参加社交活动，体验与朋友相聚的快乐。
❷ 能够制定聚会的时间、地点和想做的事情等活动计划。
❸ 理解什么是聚会，学习在聚会中与人交往的基本技巧。

★ 活动准备

❶ 经验准备
有参加朋友聚会的生活经验。
❷ 物质准备
配备材料：幼儿探究游戏活动材料“我们的聚会日”；电子图片“朋友聚会”。

★ 活动建议

一、谈话讨论，初步了解什么是“聚会”

❶ 谈话：观察电子图片，说说图片上的人们在做什么。
❷ 讨论：你参加过哪些聚会？都是什么形式的？在聚会中应该如何表现？

观察指导要点

- 幼儿是否有参加或组织聚会的经验。
- 教师要帮助幼儿了解聚会的内容和形式，如生日聚会、婚礼等。可以引导幼儿自主发言，激发幼儿的兴趣。

经验提升：聚会的内容和形式多种多样，例如：生日聚会、家庭聚会、朋友聚会、团体聚会等，它是一种社交活动，可以增进友谊，增强彼此的感情。

二、讨论策划，我们的聚会日

❶ 交流讨论：说一说你和好朋友们想要聚会的时间、地点以及打算做的事情。

❷ 操作活动：取出幼儿探究游戏活动材料“我们的聚会日”，写出或画出你们的活动计划。

观察指导要点

- 幼儿能否在策划聚会活动中表现出自主性和创造性。
- 鼓励幼儿在参与聚会的组织和策划过程中提出自己的想法和创意，让他们感受到自己的价值和重要性。

经验提升：每个小组自主组织一个聚会，包括活动内容、场地、时间等，并由小组代表向全班汇报聚会计划。教师可以在计划中加入一些必须要注意的事项，如安全、卫生等。

三、参与体验，尝试不同的聚会活动方式

❶ 尝试按照小组的计划进行聚会活动。

❷ 尝试不同的活动方式，如合唱童谣、玩游戏等。

观察指导要点

- 幼儿是否能够根据自己小组的计划积极地参与到聚会活动中来。
- 鼓励幼儿在聚会中自由发挥，选择自己感兴趣的活动形式，体验聚会的乐趣。

四、分享总结，聚会时的收获和感受

❶ 分享：说一说在聚会中你的收获和感受。

❷ 总结：在聚会时遇到的问题，在下次聚会中应该注意哪些事项。

观察指导要点

- 幼儿能否在集体面前大胆地表达自己的观点。
- 幼儿是否能总结出自己在聚会过程中遇到的问题和得到的经验。

经验提升：我们可以在这次分享总结中整合聚会的经验和教训，总结出一份

聚会流程图，为以后的聚会提供指导。

★ 活动拓展

1. 可以组织幼儿进行手工制作，如制作聚会用的海报、邀请函等。
2. 将聚会活动拍成照片或视频，并在班级展示与分享，让大家感受到参与集体活动的快乐和成就感。
3. 可以组织幼儿参观其他班级的聚会活动，让幼儿互相交流分享。

★ 家园共育

建议家长为孩子举办一个小型的朋友聚会，邀请几位好朋友来家里一起玩儿并简单地进餐。

做　客

★ 活动目标

1. 感受与朋友交往的快乐。
2. 能够运用“请”　“谢谢”等礼貌用语。
3. 知道如何礼貌待客及礼貌做客。

★ 活动准备

1. 经验准备

幼儿已有去朋友家做客的生活经验。

2. 物质准备

配备材料：幼儿探究游戏活动材料“小主人和小客人”。

自备材料：设计活动区“娃娃家”场景。

★ 活动建议

一、操作分享，初步感知如何礼貌待客和礼貌做客

1. 取出幼儿探究游戏活动材料“小主人和小客人”，观察图片中的小主人

和小客人，哪些行为是对的，在方格里贴上大大的“赞”，再说说不对的行为错在哪里。

❷ 分享：说一说请朋友到自己家做客还需要说哪些话、做哪些事。

观察指导要点

- 幼儿能否理解图片中小主人和小客人的行为。
- 引导幼儿先观察谁是小主人、谁是小客人，再来看看每幅图片上小主人和小客人都在做什么，然后分析哪些行为是对的、哪些是错的。

经验提升： 客人来了，小主人应热情地请客人进门，给客人递拖鞋，为客人端水。拿出自己的玩具和小朋友一起玩儿，一起阅读图书，还可以请爸爸妈妈帮忙招待。在招待客人的过程中我们可以使用“你好”“请”“欢迎再来”等礼貌用语。

二、谈话讨论，了解如何礼貌待客和礼貌做客

❶ 谈话：奇奇要到小美家做客，在做客时，小美要怎样做才是个称职的小主人呢？小客人奇奇又有哪些事情需要注意呢？

❷ 讨论：如果有好朋友到我们家做客，我们应该怎样做呢？如果我们去别人家做客，要怎么做才有礼貌呢？

观察指导要点

- 幼儿是否愿意或主动与同伴交流和分享自己对做客的理解。
- 幼儿能否在集体面前大胆地说出自己的观点。

经验提升： 到别人家做客要先敲门，要有礼貌地称呼主人，和同伴玩耍时要有合作、友好、友爱的氛围，学习互相谦让。

三、表演交流，感受与朋友交往的快乐

❶ 自由选择扮演小主人或小客人进行角色扮演，根据提供的“娃娃家”场景进行做客游戏。

❷ 交流：你刚才是怎样做小主人或小客人的？你用了哪些礼貌用语？

观察指导要点

- 幼儿能否自主根据小主人与小客人的角色扮演进行自由表演。

● 关注个别未参与活动的幼儿并适时给予引导。

经验提升：小朋友刚才的表演都表现出了如何做小主人或者小客人的情境。希望小朋友在生活中不论是做主人还是做客人，都要做到热情、礼貌地对待朋友。

★ 活动拓展

❶ 可在角色扮演区开设“娃娃家”场景，引导幼儿自选角色进行“做客”游戏。

❷ 在语言区中提供幼儿做客的照片或记录图等，引导幼儿介绍自己做客的过程。

★ 家园共育

家长可多带孩子到同伴家中做客，尝试与不同的对象进行交流。

子主题 朋友越多越快乐

打电话

★ 活动目标

❶ 体验与朋友交流的快乐。

❷ 尝试用动作表现歌曲内容。

❸ 学习打电话的基本方法和礼貌用语。

★ 活动准备

❶ 经验准备

幼儿有过打电话的经验。提前完成幼儿探究游戏活动材料“传声筒”的操作。

❷ 物质准备

配备材料：幼儿探究游戏活动材料“传声筒”；音频歌曲《打电话》；实物：

长绳。

自备材料： 纸杯、图钉若干。

★ 活动建议

一、谈话讨论，迁移已有打电话经验

❶ 谈话：你打过电话吗？平时喜欢给谁打电话？

❷ 讨论：打电话时，应该注意哪些问题？怎样礼貌地与人交谈？

观察指导要点

- 幼儿是否了解打电话的方法和礼貌用语。
- 可引导幼儿回忆父母长辈打电话时是怎样说、怎样做的。

经验提升： 打电话时要先报上自己的名字，并说明要找的人，通话中要表达关怀对方的心意，让接听方感受到关怀；接电话时要有问有答，回答问题时要大方，接打电话时，要学会说“你好”“请问”“请等一下”“再见”等礼貌用语。

二、感知欣赏，熟悉歌曲内容

❶ 完整欣赏歌曲《打电话》。

❷ 回答问题：歌曲的名字叫什么？歌曲里都唱了什么？歌曲里小娃娃是怎样打电话的？

❸ 学习演唱歌曲。

❹ 采用集体、分组、个别等多种形式练习演唱歌曲。

观察指导要点

- 幼儿能否在集体面前大胆地表现自己。
- 引导幼儿富有感情地演唱，表现出两个小朋友在打电话交流时的开心。

经验提升： 歌曲《打电话》，唱出了两个小娃娃打电话的情境，一个问：“喂，喂，喂，你在哪里呀？”一个回答：“哎，哎，哎，我在幼儿园。”唱出了我们生活中打电话的样子，很有趣。

三、创编歌词，表演歌曲

❶ 讨论：打电话时还可以说什么？跟好朋友一起模拟一下打电话时的对话。

❷ 创编歌词并进行演唱表演。

观察指导要点

- 幼儿在模拟打电话时能否进行流利的对话。
- 引导幼儿按照歌曲的节奏创编歌词并进行演唱。

经验提升：按照“×0 ×0 | ×－ | ×× ×× | ×－”的节奏创编打电话时一问一答的对话部分，如“喂喂喂，你在看什么？哎哎哎，我在看图书”等。

四、游戏体验，感受与朋友交流的快乐

❶ 取出提前完成的幼儿探究游戏活动材料“传声筒”，两人一组，利用“传声筒”模仿打电话的游戏，分角色对唱歌曲的内容。

❷ 请两名幼儿组成一组到集体面前利用“传声筒”表演对唱歌曲。

观察指导要点

- 幼儿能否利用道具边表演边唱歌曲，是否能理解电话一问一答的方式。
- 关注个别幼儿在歌曲的演唱中出现的问题，如节奏、音准、对唱等，并适时给予引导。

经验提升：我们利用自制的“传声筒”，模仿打电话演唱歌曲，这首歌唱出了我们日常打电话的基本内容。

★ 活动拓展

可以将制作好的“传声筒”投放到音乐表演区，让幼儿与同伴随音乐进行“打电话”游戏。

★ 家园共育

家长鼓励孩子给好朋友拨打电话，或主动接听电话，并使用礼貌用语。

★ 活动资源

歌 曲

打电话

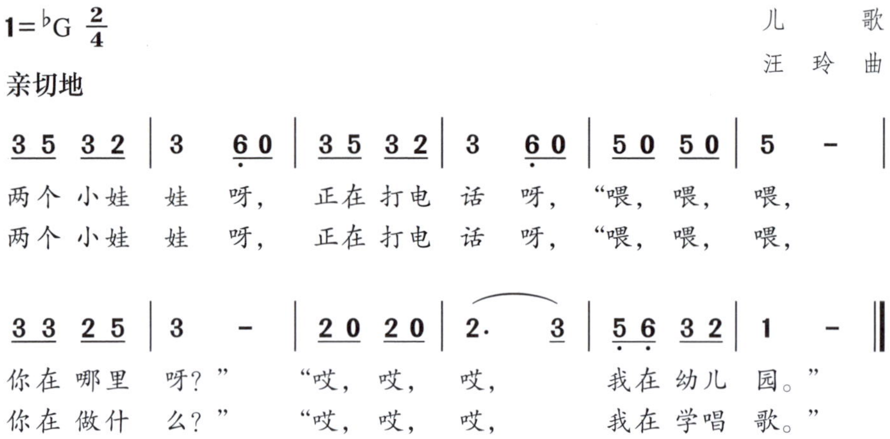

神奇的话

★ 活动目标

❶ 愿意使用礼貌用语。
❷ 能够正确使用礼貌用语。
❸ 知道有礼貌地说话能够产生神奇的作用。

★ 活动准备

● 物质准备

配备材料：电子图片“神奇的话情景图”“幼儿交往中出现的矛盾”。

★ 活动建议

一、观察谈话，初步感知礼貌用语的神奇作用

❶ 观察电子图片“神奇的话情景图”（内容提示见活动资源）。猜一猜，

图片中发生了什么事情？

❷ 谈话：

（1）老师送给新新什么神奇的话？冬冬把木马让给新新，新新说了一句什么话？冬冬又是怎样回答的？

（2）冬冬怎么哭了？新新对他说了一句什么神奇的话让冬冬原谅了新新？

观察指导要点

- 幼儿是否能够根据图片中的内容表述自己的见解。
- 教师在幼儿自由表达的基础上，引导幼儿初步了解一些礼貌用语。

经验提升：一句神奇的礼貌用语会帮助我们解决各种矛盾冲突，让我们顺利地达成心愿。

二、谈话交流，了解有礼貌的话能产生神奇的作用

谈话交流。你还知道哪些神奇的话？什么时候会说这些话？说有礼貌的话有什么作用？

观察指导要点

- 幼儿是否能够理解礼貌用语在日常生活中的作用。
- 追随幼儿的讲述进程，适时引导幼儿学习使用礼貌用语。

经验提升：小朋友在一起要玩得开心，应学会说这些神奇的话，这些神奇的话就是“请、对不起、请原谅、没关系……”这些礼貌用语。礼貌用语是指在语言交流中使用的能够表达尊重与友好的话语。使用礼貌用语是尊重他人的具体表现，是友好关系的敲门砖。

三、角色表演，体验“神奇的话”的效果

❶ 讨论：说一说我们生活中还有哪些“神奇的话”，想一想这些“神奇的话”能解决什么样的问题。

❷ 自选同伴开展角色表演，体验在多种情境下说“神奇的话”会有怎样的效果。

观察指导要点

- 幼儿能否正确使用礼貌用语。
- 关注个别幼儿，给需要帮助的幼儿提供适宜的支持，引导幼儿能大胆地进行表演。

经验提升：礼貌用语有很多，不同的情境中要用合适的礼貌用语，同一个礼貌用语也可以解决不同的问题，多神奇啊！这样的礼貌用语我们在生活中要会说、多说。

★ 活动拓展

❶ 在语言区投放图片“幼儿交往中出现的矛盾”，进一步拓展幼儿有关礼貌用语的认知。

❷ 评选出每周的“文明礼貌用语小明星”。

★ 家园共育

家长可以让孩子讲述自己平时与同伴之间发生误会的情景，和孩子一起讨论可以用哪些礼貌用语解决这些误会。

★ 活动资源

《神奇的话》内容提示

情景一：冬冬正在骑木马。新新说：“让我骑一下。”冬冬说：“不给。”新新生气了。老师说：“我送新新一句神奇的话。”（老师悄悄对新新说）新新又悄悄对冬冬说。冬冬马上将木马让给新新，两人开心地轮流玩。

情景二：新新在搬椅子时不小心碰到了冬冬，冬冬哭了起来。新新跟冬冬说了一句神奇的话，他们就拉起手笑了。

请你和我跳个舞

★ 活动目标

❶ 体验与朋友一起舞蹈的快乐。

❷ 掌握邀请舞的跳法，能够用动作表现歌词。

❸ 了解邀请舞的基本特点，知道在音乐间奏处找朋友。

★ 活动准备

● 物质准备

配备材料：幼儿探究游戏活动材料“会跳舞的小人”；音频歌曲《请你和我跳个舞》；实物：彩色折纸。

★ 活动建议

一、感知交流，初步了解歌词内容

❶ 播放音频《请你和我跳个舞》，欣赏歌曲。

❷ 交流：歌曲里唱了什么？歌曲中的小朋友是怎么跳舞的？做了哪些动作？

观察指导要点

● 幼儿能否理解歌词内容，大胆讲述自己的观点。

● 引导幼儿认真倾听音乐内容，回答问题时可尝试边模仿歌词中的动作边回答。

经验提升：“你的脚要踏踏踏，你的手要拍拍拍；伸右脚，伸左脚。”根据歌词的动作指令，一边说一边做出相应的动作。

二、欣赏模仿，尝试学跳邀请舞

❶ 欣赏教师邀请一名幼儿跳舞，完整感知舞蹈过程。提问：今天的舞蹈跟以前有什么不同？

❷ 再次欣赏教师与一名幼儿舞蹈，边欣赏边模仿动作。

❸ 幼儿两两结伴随音乐舞蹈。

观察指导要点

- 幼儿能否理解邀请舞的特点，能否在音乐间奏处找到朋友。
- 引导幼儿跳舞的时候应注意两两面对时左右的方位。

经验提升：邀请者应走到另一个人的面前，用动作告诉对方“我想邀请你跳舞”，另一个人也用动作回答对方“我愿意和你跳舞”。男孩动作：双腿并拢站直，左手放在胸前，右手放在背后，弯腰做邀请状。女孩动作：双臂自然垂于体侧做拉裙子状，右脚向后，脚尖点地，双腿屈膝半蹲。

三、集体舞蹈，体验与同伴共舞的乐趣

1. 好朋友两人一组面对面站好，围成内外两圈。
2. 随音乐集体舞蹈 1~2 次。
3. 讨论：应该怎么交换舞伴？
4. 尝试交换舞伴再次舞蹈。

观察指导要点

- 幼儿能否找准舞伴，能否在交换舞伴后随音乐继续舞蹈。
- 引导幼儿交换舞伴时外圈幼儿不动，内圈幼儿同时向一个方向移动到下一名幼儿对面，也可以按幼儿的想法进行交换。

经验提升：交换舞伴时，外圈幼儿不动，内圈幼儿同时朝着一个方向转，替换一个人，就能找到一位新的朋友。

★ 活动拓展

1. 将音乐《请你和我个跳舞》投放在表演区供幼儿进行表演。
2. 班级可以设立小舞台，幼儿可以利用游戏时间邀请自己的小伙伴进行表演。
3. 完成幼儿探究游戏活动材料“会跳舞的小人”操作卡，制作一个会跳舞的小人，随着音乐一起舞蹈吧。

★ 家园共育

家长可以和孩子一起随着音乐进行一次亲子舞蹈。

朋友越多越快乐

★ 活动目标

1. 体验与朋友在一起的快乐。
2. 能尝试用歌声表现轻松、愉快的情绪。
3. 初步学会演唱歌曲。

★ 活动准备

- 物质准备

配备材料：音频歌曲《朋友越多越快乐》。

自备材料：小鸟、小鸭、小羊的头饰。

★ 活动建议

一、感知欣赏，初步感受音乐轻松、愉悦的氛围

1. 谈话：我们一天天地长大，我们的朋友也越来越多了，朋友多了是什么感觉呢？
2. 完整欣赏歌曲《朋友越多越快乐》，提问：歌曲的名字叫什么？歌曲里都有哪些小动物？听完歌曲之后有什么感受？

观察指导要点

- 引导幼儿完整感受歌曲欢快的旋律，体会歌曲带来的愉悦感受。
- 幼儿能否理解歌曲内容，感受歌曲轻松、愉悦的氛围。

经验提升：歌曲中小鸟、小鸭、小羊都有很多好朋友，小朋友也有许多好朋友，从歌曲中感受朋友越多越快乐的情绪。

二、学唱歌曲，理解歌曲内容

1. 再次欣赏歌曲。
2. 交流：歌曲里都有哪些小动物？歌曲里的小鸟、小鸭和小羊唱的都是什么歌？

观察指导要点

- 幼儿能否理解歌词的内容。
- 引导幼儿理解歌词内容，听清楚歌曲中小动物的唱词。

经验提升：小鸟、小鸭、小羊快乐地唱着，表达了和朋友在一起的快乐。小朋友学习演唱歌曲，用愉快的曲调和演唱方式来表达自己开心、快乐的心情。

三、演唱表现，创编动作

1. 采用集体、分组等多种方式演唱和表现歌曲。
2. 选择自己喜欢的小动物头饰，边做动作边演唱歌曲。

观察指导要点

- 幼儿是否能够完整地演唱歌曲。
- 鼓励幼儿选择自己喜欢的小动物头饰，用表情及夸张的动作展示音乐中的愉快情绪。

经验提升：在表演唱中要大胆地表现，模仿小鸟、小鸭、小羊的动作，分段落表演唱。用动作和表情来表现歌曲的内容和情绪。

★ 活动拓展

1. 将活动中的动物头饰投放在表演区供幼儿自主选择进行歌曲表演。
2. 班级可以设立小舞台，幼儿可以利用小块时间跟着音乐进行演唱。

★ 家园共育

家长和孩子可以一起欣赏歌曲并进行演唱。

★ 活动资源

歌　曲

朋友越多越快乐

1=♭B $\frac{2}{4}$　　潘振声　词曲

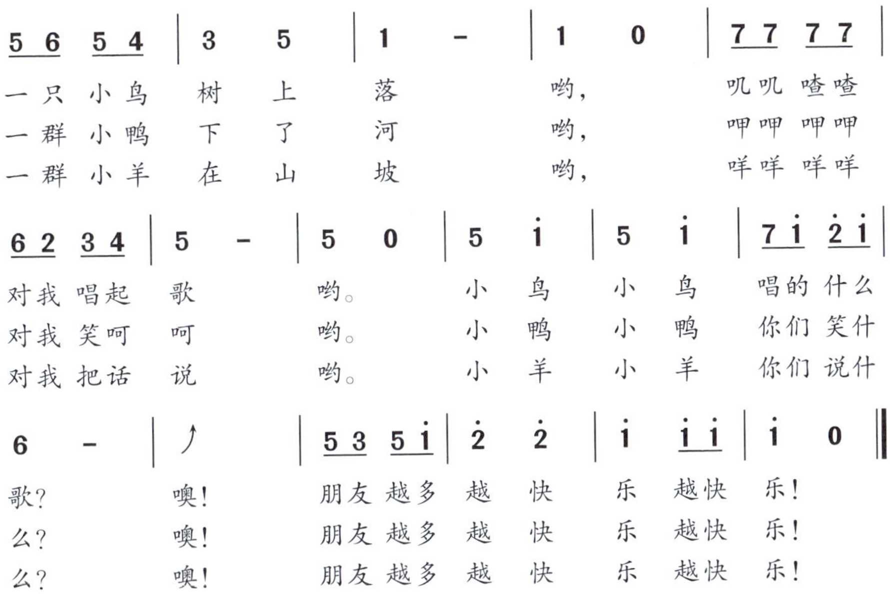

快乐交友

★ 活动目标

1. 乐于和同伴交流交朋友的方式，体验与朋友一起游戏的快乐。
2. 尝试用自己特有的方式去交朋友。
3. 学习与朋友交往的简单方法。

★ 活动准备

1. 经验准备

提前完成幼儿探究游戏活动材料“怎样交朋友”的内容。

❷ 物质准备

配备材料：幼儿探究游戏活动材料“我的新朋友”“怎样交朋友”；实物：连接扣、印泥。

★ 活动建议

一、谈话交流，初步了解交朋友的方法

❶ 谈话：你有朋友吗？他们是谁？你们是怎么认识的？你喜欢交朋友吗？你喜欢和什么样的人做朋友？

❷ 讨论：有什么方法可以交到好朋友？

观察指导要点

- 幼儿是否有交朋友的相关经验，是否愿意或主动与同伴交流和分享。
- 教师在幼儿自由表达的基础上，引导幼儿初步了解一些结交新朋友的方法。

经验提升：结交新朋友是从最初的相互不熟悉，经过不断地交流、游戏、合作、分享等活动，遇到自己喜欢的、欣赏的、亲近的或有共同爱好的人，然后成为好朋友。

二、活动体验，结交新朋友

取出提前完成的幼儿探究游戏活动材料“怎样交朋友”，尝试用不同的方式和好朋友一起来玩打招呼游戏。

观察指导要点

- 巡回观察幼儿的交友情况，适时进行指导。
- 鼓励没有交到朋友的幼儿主动去交流。

经验提升：交朋友可以通过主动介绍自己、向对方提出问题等方式先认识彼此，再通过交流、游戏等加深了解，逐步成为朋友，在后期更多的交往和相处后逐渐发展成为好朋友。

三、讨论交流，说说你的新朋友

❶ 取出并完成幼儿探究游戏活动材料“我的新朋友”，看一看谁的爱心指印最多。

② 说说自己认识了哪些新的好朋友，是用什么方法交到的。

③ 走进其他班级寻找、结交新朋友。

观察指导要点

- 幼儿能否有条理地讲述自己在交友过程中所发生的事。
- 鼓励幼儿积极和伙伴进行交往，一起玩游戏。

经验提升：幼儿应主动与同伴交往，结交新朋友，表达自己的交友愿望。幼儿之间也可以通过观察、模仿、亲身实践等方法获得交朋友的经验。

★ 活动拓展

① 可以为自己制作名片，用来认识新朋友。

② 语言区：粘贴幼儿和朋友共同游戏、活动的照片，鼓励幼儿向其他幼儿介绍自己的好朋友以及照片内容。

★ 家园共育

家长带孩子外出时，鼓励孩子主动结识同龄小朋友。

我和朋友的碰碰衫

★ 活动目标

① 体验与朋友一起创作的乐趣。

② 能够大胆想象，合理掌握作画布局，运用多种线条和图案装饰T恤衫。

③ 知道T恤衫是多种多样的，用不同的线条、图案、颜色可以装饰出漂亮的“碰碰衫”。

★ 活动准备

❶ 经验准备

了解 T 恤衫的基本结构，能合理运用线条、图案、颜色进行作画。

❷ 物质准备

配备材料：幼儿探究游戏活动材料“碰碰衫”；电子图片“T 恤画作品欣赏”。

自备材料：挂绳（毛线、塑料绳等）、彩笔。

★ 活动建议

一、感知欣赏，初步了解 T 恤画作品的色彩及布局

❶ 欣赏电子图片“T 恤画作品欣赏”，说一说 T 恤都有什么图案，是怎么画上去的。

❷ 你喜欢什么图案？你想设计一件好看的 T 恤衫吗？

观察指导要点

- 能否大胆想象和设计自己的T恤画作品。
- 引导幼儿感知和欣赏T恤画作品的色彩及布局，大胆想象并表达出自己的设计意图。

经验提升：T 恤上可以有多种多样的颜色和图案，可以由很多好看的线条、颜色、图案组成，这些好看的线条、颜色、图案将我们的 T 恤装饰得更加漂亮。生活中有很多亲子衫、情侣衫，它们在图案、设计上都有相同的地方，两个人穿起来会特别协调。

二、合作设计，体验与朋友一起创作的乐趣

❶ 幼儿自由分成两人一组，共同设计 T 恤上的图案。

❷ 讨论：如果设计你和朋友专属的“碰碰衫”，你会在 T 恤上装饰或画上什么样的图案？

❸ 操作：取出幼儿探究游戏活动材料“碰碰衫”，和好朋友一起商量并设计图案，按照两人的共同设计，从粘贴页上选择你们两人都喜欢的图案，设计出属于你们俩的碰碰衫，再串上毛线或塑料绳。

观察指导要点

- 幼儿能否与同伴互相理解并合作设计出专属的“碰碰衫”。
- 鼓励幼儿尝试设计有特点的图案，并尝试使用不同的美工材料来大胆创作。

三、作品展示，相互欣赏和评价

❶ 两人一起展示小组合作设计的“碰碰衫”。

❷ 两个好朋友分别把“碰碰衫”挂在胸前合影。再请大家自由欣赏和交流。引导幼儿从画面布局、色彩、内容及使用的材料等方面进行评价。

观察指导要点

- 幼儿是否能够清晰地说明自己创作的内容。
- 引导幼儿从画面布局、色彩、内容等方面进行相互评价。

经验提升：“碰碰衫”的设计可以采用相同图案或拼接图案。幼儿可以从创意、布局、色彩、内容及使用的材料等方面进行介绍和评价。

★ 活动拓展

❶ 可以增加美工区投放材料的种类，供幼儿继续用多种材料对“碰碰衫”进行设计。

❷ 可以和朋友一起穿上设计好的“碰碰衫”合影，将照片布置在作品墙上，供幼儿分享与交流。

★ 家园共育

将与朋友设计好的“碰碰衫”照片带回家中与家人一起欣赏，说说今天发生的事情。

书香伴成长

主题价值

读书对孩子的意义重大，有助于孩子形成良好品格、健全人格，可以给孩子提供拼搏的勇气和战胜困难的力量，可以让孩子懂得爱自己、爱他人、爱生命、爱世界。

预设“书香伴成长”主题活动，可以让幼儿通过叙述表达、绘制、参观和操作等多种方式，在分享、交流和体验活动中了解书籍的来源、历史、功能及作用，能通过一系列活动萌发热爱读书的情感、养成热爱读书的习惯。

主题讨论

主题实施前，围绕“书香伴我成长”主题预设开放性话题并组织幼儿进行谈话或讨论，了解幼儿对书籍的认知水平、与阅读相关的前期经验、阅读的习惯和兴趣等，以便灵活地运用主题案例，作出适宜的选择、整合园本化设计，如：

1. 书包括哪儿部分？你知道书对于人类生活有哪些用途？
2. 书有哪些演变过程？你知道纸张的发明人是谁？
3. 你知道图书馆有哪些规则？图书馆的书籍如何整理摆放？图书的借阅流程是什么？
4. 当图书有损坏时该如何修补？
5. 你知道书签的用途及种类吗？
6. 你知道纸张是如何生产出来的吗？
7. 你是否愿意制作一本属于自己的图书？

…………

主题目标

1. 知道书的用途和组成结构，能进行简单的图文编排。
2. 知道书的类别，不同类型的书有不同的作用和功能。
3. 了解书的演变历史，以及不同时期书的特点。

4 能够爱惜保护他人书本，共享资源，增进社会交往力。
5 喜欢看书，产生热爱读书的情感。
6 学习运用简单的文字、符号、涂画等形式提升记录能力。
7 愿意与同伴合作交流、体验合作的乐趣。

主题资源

活动资源一览表

子主题	活动名称	涉及领域	幼儿游戏资源			教师教学资源		
			实物材料	探究游戏活动材料	图画书	电子图片	音频	视频
书的故事	参观图书馆	社会/语言		参观图书馆 我的图书借阅卡				
	书的秘密	社会/语言				书的结构		
	书的演变	社会/科学		书的演变		布艺书、电子书、简牍、甲骨文、羊皮卷、帛书、纸书		书的历史
	造纸游戏	社会/语言	硬纱网	神奇的造纸				造纸术
	图书大集合	社会/科学		图书大搜罗				
	自制图书	艺术/语言		我的图画书				
书是我的好朋友	我喜欢的书	语言/社会		我喜欢的书		我喜欢书		
	看书好习惯	社会/健康		看书好习惯 读书打卡		图书哭泣	歌曲：小图书，你别哭	
	世界读书日	艺术/社会		“邀您共读”邀请函		阅读时刻		世界读书日的由来
	有趣的版画	艺术/社会	吹塑板、竹笔	有趣的版画		版画作品		什么是版画
	凿壁偷光	语言/科学			凿壁偷光	凿壁偷光	故事：凿壁偷光	
	漂亮的书签	艺术/语言		漂亮的书签		各种各样的书签		

主题环境

主题墙

❶ 与幼儿共同收集、记录书的演变历程，搜集不同的修补图书工具并展示。

❷ 将幼儿在主题活动中的记录单、绘画、手工作品，如自制图书“我喜欢的书”“有趣的版画”等以及幼儿在活动区游戏中的作品展示在主题墙上，供幼儿欣赏、讨论和学习。

❸ 收集与主题相关的图片、照片、实物等资源布置在主题墙上，如各种关于书类型的图片、有关古代名人的图片及介绍、帮助幼儿了解更多的中国传统文化、大力弘扬民族传统文化。

活动区

❶ 建构区：提供国内图书馆构造图，引导幼儿搭建创意图书馆。

❷ 表演区：根据幼儿感兴趣的故事提供表演道具和辅助材料，幼儿可以自由地表演和欣赏。

❸ 美工区：提供各种纸张、纸壳、木片、布料、贝壳、彩泥等材料，幼儿可以尝试用不同材料制作连环画，围绕故事内容进行绘画、纸工、泥工等美术创作。

❹ 科学区：提供造纸、吹塑纸版画的过程图和相关工具材料等，幼儿自主尝试进行造纸游戏。

❺ 阅读区：幼儿可以从家里带来喜欢的书放在阅读区与同伴分享。

家园共育

❶ 请家长每日抽取一定时间和孩子共同阅读，享受读书带给我们的乐趣。

❷ 家长和孩子一起制作属于亲子间回忆专属的连环画。

❸ 带孩子参观图书馆，了解图书馆里的规则及借阅流程，感受图书馆内的学习氛围。

子主题 书的故事

参观图书馆

活动目标

1. 喜欢参与参观图书馆的活动。
2. 能够初步了解图书馆中图书的分类和借阅图书的基本方法。
3. 知道图书馆是收藏书籍和人们看书、借书的地方。

活动准备

- 物质准备

配备材料：幼儿探究游戏活动材料“参观图书馆”“我的图书借阅卡”。

活动建议

一、谈话交流，了解参观秩序，萌发对图书馆的兴趣

谈话交流：参观图书馆时，我们应该注意什么？你到图书馆都想了解什么？到图书馆参观要遵守哪些规则？

观察指导要点

- 幼儿能否制定出参观图书馆时应当遵循的一些规则。
- 幼儿对于参观的目的是否明确。

经验提升：去图书馆的路上要注意安全，不能随便离开队伍。在图书馆内不能大声喧哗，要保持安静，仔细观察，对人有礼貌。

二、倾听理解，初步了解图书馆里图书的分类

1. 倾听图书馆管理员的介绍，初步了解图书馆的图书是如何进行分类和整理的。
2. 观察图书馆里的图书，找找图书上的分类标记。

观察指导要点

- 在管理员讲解时能否认真倾听，能否与管理员积极互动。
- 引导幼儿带着问题认真倾听管理员讲解，如：图书馆的图书是怎样分类的？图书馆里的图书跟家里的图书有什么不一样？找找图书馆里的图书上有哪些标记，这些标记是做什么用的？

经验提升：每本书都有属于自己的编号，图书馆的书要先分类，然后才能编号，根据书的类别，如文学类、历史类等，这些都是用英文字母来表示的，在编号的首位；然后找到这本书在这个类别中的属号，一般是用阿拉伯数字表示，在编号的2~4位；最后是册号，它是图书馆内同一种书籍的第几本，在编号的5~6位。一本书编好号后贴上编号纸和条形码纸，按顺序摆在书架上，扫描条形码记录进数据库，这样就可以出借了。

三、感受体验，体验安静的读书氛围

❶ 情境感受。观察图书馆中阅读者是怎样的阅读状态。在图书馆看书的时候应该注意些什么？

❷ 找到自己喜欢的图书进行阅读。

观察指导要点

- 观察幼儿能否安静地阅读，不影响别人。
- 启发幼儿感受阅览室安静的氛围，语言交流、走路、动作等都要轻轻的。

四、实践操作，学习借书的方法

❶ 出示图书馆借书卡，知道它的用处。

引导幼儿知道图书馆的书可以借阅，只要办理借书卡，就可以把图书带回家阅读后再归还。

❷ 观察图书馆的图书借阅卡，说说上面都有哪些信息。

观察指导要点

- 幼儿是否了解借阅卡的用途和借阅卡上的信息。

● 注意引导幼儿观察借阅卡上都有哪些内容和信息，引导幼儿用自己的方式设计借阅卡。

★ 活动拓展

❶ 引导幼儿取出幼儿探究游戏活动材料“我的图书借阅卡”，先取下图书借阅卡，试试到幼儿园图书室（或班级图书区）借阅图书并记录借阅的情况。再统计一下，每月一共借阅了几本书。

❷ 完成幼儿探究游戏活动材料“参观图书馆”，通过判断行为的对错，深度掌握在图书馆内的各项规则。

★ 家园共育

组织孩子进行参观后的谈话活动，休息日请家长带幼儿去图书馆借书、看书。

书的秘密

★ 活动目标

❶ 愿意与伙伴进行分享阅读，萌发阅读的兴趣。

❷ 能够了解书的组成结构。

❸ 知道书的种类是多种多样的，了解不同书籍的不同功能。

★ 活动准备

● 物质准备

配备材料：电子图片“书的结构”。

自备材料：各种类型的书籍。

★ 活动建议

一、观察书籍，激发探索图书结构的兴趣

❶ 观察讨论。观察教师提供的各种类型的书籍，自由翻阅并思考讨论：书籍都是由哪些部分组成的？分别是什么？找一找各种书籍结构的相同点和不同点。

❷ 讨论：书籍的内容都有什么？除了图画和文字还有什么？图书为什么要有页码呢？

观察指导要点

- 幼儿能否通过观察、翻阅图书并在教师的引导下，自主发现图书结构的相同点和不同点。
- 引导幼儿从书的封面到内容，一页一页仔细观察。

经验提升：书籍一般由封面、扉页、目录、正文、封底、页码等组成，每本图书都有页码，页码是为了让人们看书时能按照顺序一页一页地进行阅读。

二、观察分类，了解图书的不同种类

❶ 对比观察。把不同类别的书进行对比，说说它们都是什么书，自己知道哪些种类的图书。

❷ 观察电子图片，说说还有哪些类型的图书，如杂志、教材、音乐书、故事书，等等。

❸ 想一想，说一说：图书还可以怎样进行分类？

观察指导要点

- 观察幼儿是否对图书的不同种类有一定的了解。
- 引导幼儿从图书的不同特征，如用途、功能等多角度进行分类。

经验提升：图书有不同的分类方式，比如按学科划分可分为社会科学和自然科学图书，按文种可划分为中文图书和外文图书，按用途可划分为普通图书和工具书，按内容可划分为小说、儿童读物、非小说类、专业书、工具书、手册、书目、剧本、报告、日记、书集、摄影绘画集等。

三、阅读体验，提升阅读兴趣

1. 每人选取一本自己喜欢的书进行阅读。
2. 与同伴介绍分享自己阅读的图书。

观察指导要点

- 观察幼儿是否能安静的、一页一页地翻看图书；能否说出自己所看图书的类型和内容梗概。
- 指导幼儿养成良好的阅读习惯，并能分享自己阅读图书的名称、类型、大概内容等。

经验提升：图书的种类非常多，有工具书、故事书、科技类书、杂志等，阅读不同类型的图书，会让我们有不同的收获，希望小朋友喜欢多种类型的书，收获更多的知识和经验。

★ 活动拓展

引导幼儿在整理图书区时，可根据图书的不同种类进行分类摆放。

★ 家园共育

1. 在生活中寻找不同种类的图书，可带到幼儿园与同伴进行分享。
2. 请家长抽出时间与孩子共同阅读一本书，尝试进行亲子阅读。

书的演变

★ 活动目标

1. 喜欢探索书的发展历史。
2. 能够区分过去和现代书籍的不同。
3. 了解书的演变历史，以及不同时期书籍的特点。

★ 活动准备

❶ 经验准备

知道日常生活中书的种类特征。

❷ 物质准备

配备材料：幼儿探究游戏活动材料“书的演变”；电子图片“布艺书、电子书、简牍、甲骨文、羊皮卷、帛书、纸书”；视频《书的历史》。

自备材料：书每人1本、贝壳、布料、丝绸等。

★ 活动建议

一、交流探讨，感受现代书籍的用料特质

❶ 观察探究。自由看一看，摸一摸，说说我们常见的书是用什么材料做成的，正文用纸摸上去会有什么样的感觉。

❷ 思考讨论。除了纸质的书外，你还见过哪种材料的书？（引出布艺书、电子书等）出示多种类型书的图片等。

观察指导要点

- 幼儿是否能清楚地表达出用手触摸纸时所传达的触感，了解纸的性质。
- 观察幼儿的语言和行为，适当地参与幼儿的探索与交流。

经验提升：书籍的种类多种多样，纸质书籍价格低廉、用途广泛；布艺书结实、不易损坏；而电子书特别适合现在的生活，低碳环保、节约用纸。不同类型的书有不同的特点和优势，由于社会的发展，电子书和纸质书籍依然并肩前行，给人们的日常生活带来了很多的便捷。

二、观察比较，了解书籍的演变过程

❶ 思考交流。很久以前的书是什么样子的？

❷ 观察电子图片，逐一欣赏并感受不同材质的图书，如甲骨文、羊皮卷、简牍、帛书等，尝试说说它们的名称。

❸ 观看视频《书的历史》，感受书籍的演变过程。

❹ 比较现在的书和过去的书有什么不同。

观察指导要点

- 观察幼儿对书籍发展历史的兴趣与经验，是否有自己的想法和观点。
- 引导幼儿从书籍的材质来观察发现过去和现在书的不同之处。

经验提升：我国最早的书都是刻在骨头、龟甲上的，西方是写在羊皮上。后来，有一些人把文字写在丝绸上，被叫作帛书。但是丝绸太贵了，普通老百姓根本用不起。再后来有一位很伟大的人改进了造纸术，他叫蔡伦，从此人们就将文字写在纸张上，再装订成册，形成了当时的书。

三、操作练习，加深对书籍发展历史的印象

1. 取出幼儿探究游戏活动材料“书的演变”，从粘贴页中取下“书的演变”图片，按照正确的顺序粘贴在对应的空白框里，小伙伴讲讲图书是怎样演变成现在的样子的，了解书籍的演变历程。
2. 尝试用符号或文字在自备的贝壳、布料、竹简、纸等不同材料上进行书写和绘画，感受不同历史时期书籍的材质和书写特点。

观察指导要点

- 幼儿是否能说出自己所拿到的材料，是否可以说出自己想创作的是什么书籍。
- 鼓励幼儿大胆尝试，有自己的想法和设计。

经验提升：幼儿在贝壳、木片、丝绸等材料上写、画，感受不同材料的特质，体验现代纸质书籍的便捷，这都是人类科技不断进步的成果。

★ 活动拓展

1. 可以介绍从古至今书籍的种类和类别。
2. 可以介绍至今为何选择用纸来替代过去书籍的多种材质。

★ 家园共育

请家长和孩子共同查阅书籍的历史相关资料，帮助孩子收集一些可以进行写、画的材料，如木片、石片、绸布等，带到幼儿园。

造纸游戏

★ 活动目标

1. 感受造纸术的乐趣，懂得珍惜纸张。
2. 运用造纸术基础，制作出精美手工作品。
3. 了解我国古代四大发明之一的造纸术。

★ 活动准备

1. 经验准备

提前了解关于蔡伦造纸的故事。

2. 物质准备

配备材料：幼儿探究游戏活动材料“神奇的造纸”；实物：硬纱网；视频《造纸术》。

自备材料：造纸成品范例、餐巾纸、卫生纸；小花瓣、毛线、贴纸等多种装饰材料。

★ 活动建议

一、感知欣赏，知道造纸术是我国古代四大发明之一

1. 谈话交流。自由交流纸是怎样做出来的。
2. 观看视频《造纸术》，讨论：造纸都需要什么材料？采用了哪些方法？

观察指导要点

- 幼儿是否了解古代造纸的过程并对其感兴趣。
- 指导幼儿注意观察古代造纸需要的材料和造纸的过程。

经验提升：造纸术是我国古代四大发明之一。纸是由树皮、破渔网、麻头等制成的，造纸需要经过泡料、煮料、洗料、晒白、打料、捞纸、榨干、焙纸等过程。

二、观察讨论，进一步了解造纸的制作流程

❶ 展示造纸成品范例，请幼儿摸一摸、看一看。

❷ 出示造纸所需要的材料，讨论用这些材料造纸需要怎么做，有哪些流程。

观察指导要点

- 幼儿是否能够了解造纸的材料与基本步骤。
- 和幼儿一起回顾《造纸术》视频，进行讨论，必要时可重复观看视频。

经验提升：了解造纸的简易步骤：切料，蒸煮，打浆，抄纸，晒纸。

三、动手操作，尝试进行造纸的游戏

❶ 造纸体验。取出餐巾纸、卫生纸材料等，撕碎放在水中浸泡成糊浆状；用纱网捞出一部分纸浆，滤出水分、摊平。

❷ 尝试在摊平纸浆的过程中加入毛线、剪碎的毛线绒毛，摊平后进行晾晒，体验造纸的过程。

观察指导要点

- 观察幼儿能否使用材料，按照造纸流程进行造纸。
- 提示幼儿可以用毛线或花瓣进行点缀，使纸张变得更漂亮。

四、晾晒纸张，交流制作过程

❶ 和伙伴一起交流制作过程。

❷ 找到合适的地方，把自己的纸张进行晾晒，定期观察纸张的干湿程度。

★ 活动拓展

❶ 待纸张完全晾干以后，从纱网上轻轻取下纸张，可进行写画、染色等装饰。取出幼儿探究游戏活动材料“神奇的造纸”，将自己的纸艺作品粘贴在装饰框上，制作成好看的艺术品。

❷ 展示作品并分享交流。

★ 家园共育

请孩子回家后收集各种纸、纸盒、年历等，进行亲子版造纸，与家人一起感受造纸术的神奇。

图书大集合

★ 活动目标

1. 懂得爱护图书，愿意阅读图书。
2. 能够区分图书的种类和不同的作用。
3. 知道图书是人类获取知识的重要途径之一。

★ 活动准备

1. 经验准备

喜欢读书，通过多种方法了解图书的历史和演变过程。

2. 物质准备

配备材料：幼儿探究游戏活动材料“图书大搜罗”。

自备材料：各种各样的图书、自制书。

★ 活动建议

一、观察交流，了解各种各样书的类型及不同特征

1. 幼儿分组阅读，每组提供不同种类的书，幼儿自主阅读并交流，介绍一下自己阅读的书。

2. 小组交流这些书有什么不同，如果要给书分类，哪些书是一类的？为什么这么分？

观察指导要点

- 观察幼儿从哪个角度来介绍书籍，了解幼儿对于图书认知的已有经验。
- 引导幼儿观察自己阅读的图书与同伴的不同，从而尝试对图书进行分类。

经验提升：图书是多种多样的，按形状、材质、内容不同就会有不同的分类方法，图书可以按照多种方式进行分类，只要你能说清楚分类的标准就可以。

二、探索感知，进一步丰富对不同类型图书的了解

❶ 分享交流。除了这些书，你还知道哪些书？

❷ 观察自备图书或图片：电子书、立体书、盲文书等特殊书籍。探索讨论，说说这些书和刚才那些书有什么不同。

观察指导要点

- 幼儿是否对每种类型图书的作用都有所了解。
- 可引导幼儿先欣赏不同类型图书，进而了解图书类型的不同。

经验提升：特殊种类的书包括音乐书、电子书、有声书、盲文书等。

三、观察操作，了解多种多样的图书

❶ 说说你还知道或者见过哪些种类的图书，它有什么特征。

❷ 讨论：家里谁最喜欢读书？大人们喜欢读哪些书？小朋友喜欢读什么书？

❸ 取出幼儿探究游戏活动材料“图书大搜罗”，在粘贴页中取出各种书的图片，哪些是大人喜欢看的书，哪些是小朋友喜欢看的书，分别粘贴在不同的空格中，说说它们都是什么书。按照虚线反复地正反折叠，把它变成一本“图书大全”。

观察指导要点

- 幼儿对家人的阅读习惯是否了解。
- 引导幼儿了解书的多样性，建立对书的兴趣。

经验提升：成人阅读的书籍类型丰富，涵盖了文学、历史、科普、生活杂志类等，还有字典、词典等工具书。儿童类阅读的书籍主要包括认知启蒙、故事童话、绘本、科普等。大人的书有很多文字，小朋友长大后也会学会很多字，读很多书。

★ 活动拓展

将各种类型的书放入班级图书区，让幼儿进行阅读。

★ 家园共育

家长和孩子走进书店了解多种多样的书。

自制图书

★ 活动目标

1. 体验自制图书带来的乐趣和成就感。
2. 能够用折叠的方法制作图画书，并设计封面、封底，标注页码。
3. 尝试绘制情节连贯的故事内容，提高绘画表现力。

★ 活动准备

1. 经验准备

了解书的基本结构。

2. 物质准备

配备材料：幼儿探究游戏活动材料“我的图画书”。

自备材料：画笔；幼儿较熟悉、情节简单的故事图画书若干本。

★ 活动建议

一、观察感知，巩固对图书结构的了解

1. 教师和幼儿共读故事图书，观察图书的结构，有封面、扉页、正文、封底等。
2. 欣赏故事内容，通过书中的画面感知故事情节的连续性。

观察指导要点

- 幼儿是否能够通过观察说出图书的基本结构。
- 引导幼儿观察图书的画面，理解故事情节。

经验提升：了解故事书的基本结构，故事书正文的绘画要描绘故事的主要情节、场景，如人物的动作、表情、环境变化等。

二、设计制作，尝试自己绘制一本故事图画书

❶ 取出幼儿探究游戏活动材料“我的图画书”，按照操作步骤设计制作属于自己的图画书。

❷ 提供幼儿较熟悉、情节简单明了的故事书作为参考。幼儿简单绘画故事内容，并设计封面、封底，标注页码等。

观察指导要点

- 幼儿是否能够按步骤通过折叠的方法制作小图书。
- 引导幼儿根据制作步骤与提示，进行制作、绘画、并用数字（或点子）标上页码。

经验提升：按步骤图通过长边对齐对折、短边对折、翻折压平等方法折叠出一本简易的小图书。并逐页设计封面、故事内容（画面）、页码、封底等几部分。

三、展示欣赏，分享绘制的故事书

❶ 展示自己制作的图画书。介绍图画书的内容，以及书的结构。

❷ 将幼儿设计的故事图画书布置在“自制图书”展示墙上，让幼儿自由欣赏。

观察指导要点

- 幼儿是否能用完整清晰的语言介绍自己的图画书。
- 引导幼儿观察、欣赏其他人的作品，互相学习。

经验提升：幼儿互相欣赏制作的图画书，从设计想法、绘画手法、颜色运用、情景的展现等方面互相学习，提升经验。

★ 活动拓展

❶ 幼儿可以小组合作绘制图画书。

❷ 带着自己绘制的图画书到其他班级去给小朋友们讲故事。

★ 家园共育

❶ 将自己制作的故事图画书带回家，给家人们讲一讲。

❷ 尝试和家人们一起通过不同的方法制作图画书。

子主题 书是我的好朋友

我喜欢的书

★ 活动目标

1. 感受书的多样性，对各种各样的书籍感兴趣。
2. 能用完整的语言描述自己喜欢的书籍。
3. 愿意与同伴分享喜欢的书籍。

★ 活动准备

- 物质准备

配备材料：幼儿探究游戏活动材料“我喜欢的书”；电子图片“我喜欢书”。

自备材料：各种图书。

★ 活动建议

一、欣赏绘本，理解故事主要内容

1. 逐幅出示电子图片“我喜欢书”，仔细观察图片细节。
2. 欣赏故事：猜猜猩猩喜欢什么，它都喜欢什么样的书。幼儿观察图片回答提问。

观察指导要点

- 幼儿是否能大胆地讲述自己的猜测，用语言描述画面。
- 引导幼儿通过观察图片的细节猜出猩猩喜欢的图书。

经验提升：观察图片中猩猩阅读时的表情、服装、动作等细节，可以帮助幼儿猜测出它喜欢什么书。猩猩喜欢不同种类、内容的书籍，这让读书变得有趣。

二、回顾讨论，喜欢什么书

❶ 回顾故事内容：猩猩喜欢各种各样的书，这些书你喜欢吗？你看过它喜欢的书吗？

❷ 讨论：说一说，你喜欢什么书？喜欢的理由是什么？

观察指导要点

- 幼儿是否感受到书的多样性。
- 引导幼儿讲述自己喜欢的书和喜欢的理由。

经验提升：该绘本从读书的感受、书的内容、书的外观、书的用途等向幼儿展示了一个神奇、丰富、有趣的书的世界。让幼儿喜欢看书，感受书世界的奇妙。

三、操作活动，推荐喜欢的书

❶ 取出幼儿探究游戏活动材料“我喜欢的书”，画出自己喜欢和推荐的书，并说出理由。

❷ 互相分享，介绍自己喜欢哪些图书。

观察指导要点

- 幼儿是否能够介绍自己喜欢的图书。
- 引导幼儿用清晰的语言大概说明图书的内容以及自己喜欢的理由。

经验提升：在向别人推荐书时，自己要仔细阅读这本书，了解书的内容。在推荐时可以介绍书名、作者、书的内容、自己读书的感受、喜欢的理由等。

★ 活动拓展

幼儿将自己喜欢的书带到幼儿园，将完成的幼儿探究游戏活动材料“我喜欢的书”贴在阅读区，向其他幼儿进行推荐，邀请好朋友一起共读。

★ 家园共育

❶ 回家把猩猩喜欢书的故事讲给家人听。

❷ 了解一下家人喜欢的书有哪些。

看书好习惯

★ 活动目标

1. 喜欢看书，有爱护图书的意识。
2. 了解班级图书管理员的职责。
3. 知道正确看书的方法，能轻拿轻放、轻轻地翻阅等。

★ 活动准备

- 物质准备

配备材料：幼儿探究游戏活动材料“看书好习惯”“读书打卡”；音频歌曲《小图书，你别哭》；电子图片“图书哭泣”。

★ 活动建议

一、分析交流，探讨书本哭泣的原因

1. 出示“图书哭泣”的电子图片，看一看图书怎么了。
2. 讨论：这些图书为什么哭了？

观察指导要点

- 幼儿是否能够说出小图书“哭泣”的原因。
- 引导幼儿对于造成图书“哭泣”的行为进行分析猜测。

经验提升：图书“伤心哭泣”的原因可能是小主人没有好好保护它，看完没有放回原处，好长时间也不看它等。

二、讨论分享，怎样保护图书

1. 讨论：怎样做才能让图书“不伤心”？
2. 分享保护图书的好办法。
3. 欣赏歌曲音频《小图书，你别哭》。

观察指导要点

- 幼儿是否能够说出保护图书的方法。
- 引导幼儿尝试与同伴分享保护图书、正确看书的方法。

经验提升：我们要跟书做朋友，喜欢看书，看书时要正确地翻书，一页一页地轻轻翻阅，轻拿轻放。小朋友要轮流阅读，不争抢图书，看完后要放回原处，图书破了要及时修补等。

三、操作分析，哪些是看书的好习惯

1. 取出幼儿探究游戏活动材料“看书好习惯”，在粘贴页找到对的做法，粘贴在笑脸小书上，不对的做法贴在哭脸小书上并说一说理由。
2. 推选出班级的小小图书管理员，共同讨论制定图书管理员的职责。

观察指导要点

- 幼儿是否能准确分辨出正确和不正确的看书行为。
- 和幼儿共同制定出图书管理员的职责。

经验提升：图书管理员的职责：指导小朋友正确地看书和保护好班级里的图书、整理图书区、图书破损及时修补、班级图书借阅等。

★ 活动拓展

1. 图书管理员组织班级小朋友一起修补破损的图书。
2. 班级开展“最佳阅读者”评选活动。

★ 家园共育

在家中养成坚持阅读、亲子共读的好习惯。家长协助完成幼儿探究游戏活动材料“读书打卡”，在家完成一本书的阅读就请家长在粘贴页的图书贴纸上写上书名，贴在打卡表的方格里，定期与老师和小朋友分享，说说自己都阅读了哪些图书，比一比看看谁读的书多。

世界读书日

★ 活动目标

❶ 知道世界图书日的由来和意义。

❷ 体验分享阅读、亲子共读的快乐。

❸ 大胆表达自己的想法，说出自己的意愿。

★ 活动准备

❶ 经验准备

喜欢阅读，有共读体验。

❷ 物质准备

配备材料：幼儿探究游戏活动材料“‘邀您共读’邀请函”；视频《世界读书日的由来》；电子图片“阅读时刻”。

自备材料：幼儿日常阅读时的照片、彩色画笔、剪刀。

★ 活动建议

一、交流了解“世界读书日”的意义

❶ 交流分享。在小组内自由说说自己是否喜欢看书、多读书有什么好处等。

❷ 欣赏讨论。观看视频《世界读书日的由来》。讨论为什么要设立世界读书日。

观察指导要点

- 能否用语言表述出多读书的好处。
- 能否初步了解世界读书日的意义。

经验提升：世界读书日的全称是“世界图书与版权日”，又称“世界图书日”。1995 年，联合国教育、科学及文化组织把每年 4 月 23 日确定为“世界读书日”。目的是推动全球文化的普及，希望人们都能享受阅读的乐趣。

二、讨论分享，阅读的收获和快乐

❶ 观察交流。观察电子图片“阅读时刻”。说一说人们阅读的场所、阅读的方式、阅读时的心情等。

❷ 小组讨论。在小组内说说自己喜欢阅读什么书、喜欢在哪里和谁一起阅读等。在世界读书日我们可以做些什么？

观察指导要点

- 幼儿能否交流自己喜欢阅读的书籍，是否对世界读书日的活动有自己的想法。
- 与幼儿一起交流，引发幼儿对世界读书日活动的想法。

经验提升：我们在生活中都经历过独立阅读、亲子共读、朋友共读等方式，感受到阅读的快乐。我们围绕世界读书日，可以开展邀您共读、图书漂流、字宝宝游戏、朗读分享会、好书推荐、图书互赠等多种活动。

三、谈话分享，了解“邀您共读”活动方案

❶ 教师与幼儿谈话，交流开展“邀您共读”活动的设想，邀请小朋友的亲人或朋友来幼儿园与小朋友一起阅读。

❷ 讨论邀请方式。确定制作“邀请卡”并向别人发出邀请。

观察指导要点

- 幼儿是否对活动感兴趣，对邀人共读活动有期待。
- 教师引导幼儿表达自己的想法，知道如何向他人发出邀请。

经验提升：向别人发出邀请要讲出邀请参与的活动内容，活动的地点、时间和要求等，同时也要表达出期待受邀人来参与的心情。

四、操作活动，设计“邀您共读”邀请卡

❶ 取出幼儿探究游戏活动材料“‘邀您共读’邀请函”，在邀请卡空白处绘制自己的创意和想法。

❷ 展示设计好的邀请函，说一说希望邀请谁来阅读，希望阅读什么内容。

观察指导要点

- 幼儿是否了解邀请函的作用。
- 教师引导幼儿在邀请函上用图案、符号或简单的文字表达自己的想法。

经验提升：我们利用图案、符号或简单的文字设计绘制了邀请函，邀请函的内容包括邀请人是谁、邀请他们做什么事情等。再把邀请函送给我们的家人或朋友，受邀人和幼儿一起在邀请函回执处填上名字、阅读书目以及应邀时间等。

★ 活动拓展

❶ 幼儿向家人或朋友发出邀请，参与“邀您共读”活动，受邀人和幼儿一起填回执，带回幼儿园。

❷ 教师根据邀请函回执协调好时间，请受邀人来到幼儿园与幼儿一起阅读。

★ 家园共育

❶ 请家长积极参与“邀您共读”活动，和孩子一起感受书籍的魅力。

❷ 幼儿园按照家长的回执的时间与内容，有计划地安排家长到幼儿园参与共读活动。

有趣的版画

★ 活动目标

❶ 对版画感兴趣，欣赏版画作品的美。

❷ 学习用吹塑板创作版画作品的基本方法。

❸ 能够按自己的想法设计图案。

★ 活动准备

- 物质准备

配备材料：幼儿探究游戏活动材料“有趣的版画”；实物材料：吹塑板、竹笔；

电子图片“版画作品”；视频《什么是版画》。

自备材料：刷子、丙烯颜料、纸。

★ 活动建议

一、观察欣赏，对版画感兴趣

❶ 观察欣赏电子图片“版画作品”，猜一猜这些作品是怎么制作的。

❷ 观看视频《什么是版画》，初步了解版画以及版画的制作过程。

观察指导要点

- 幼儿是否对版画感兴趣，有探究的意愿。
- 引导幼儿了解版画是如何制作的。

经验提升：版画是一种通过制版和印刷创作的艺术作品，主要分为木版画、石版画、铜版画等。

二、感受吹塑板的特性，设计版画图案

❶ 取出实物材料中的吹塑板，看一看、摸一摸。

❷ 教师演示在吹塑板上画出痕迹的方法，用力要均匀，根据纸板的厚度画出下凹的痕迹。

❸ 幼儿按照自己的想法设计图案，用竹笔在吹塑板上画出图案。

观察指导要点

- 幼儿按自己的意愿设计版画图案。
- 在吹塑板上画图案时需要控制好力度，不要把吹塑板弄坏了。

经验提升：吹塑板有一定厚度和弹性，容易划出痕迹，用有硬度的笔可以在板上划出明显的下凹痕迹。

三、探索操作，印制版画作品

❶ 在制作好的图版上均匀地涂上颜色，取出幼儿探究游戏活动材料“有趣的版画”操作单，把图版压在操作单的装饰框内，用手轻轻均匀按压。

❷ 取下图版，等待染料晾干。

观察指导要点

- 按步骤涂色、印制、轻压。
- 引导幼儿涂色时要均匀，涂满整个版面。按压时不要移动纸面。

经验提升：吹塑版画在整幅版面上涂色，用竹笔刻画出的下凹痕迹无着色，版面印制在纸上，图案就显现出来了。

四、展示欣赏

1. 幼儿介绍自己的作品，互相欣赏版画。
2. 幼儿可互相交换吹塑板，再进行印制。

观察指导要点

- 幼儿的版画作品图案是否清晰。
- 引导幼儿总结作品图案明显、清晰的制作方法。

经验提升：版画的图案效果与制版刻画的痕迹以及涂色、印制按压力度、纸和版面分离的方法都有关，让幼儿进行多次尝试，掌握技巧。

★ 活动拓展

可以将版画制作工具填充在美工区，幼儿可在区域活动中进行创作。

★ 家园共育

将版画作品带回家让家人欣赏，和家人一起寻找、欣赏生活中的版画艺术品。

凿壁偷光

★ 活动目标

1. 愿意学习成语，对成语故事感兴趣。

❷ 能够讲述故事的基本内容，丰富幼儿的词汇“凿”“补丁”。

❸ 了解成语“凿壁偷光”的教育意义。

★ 活动准备

❶ 经验准备

了解成语大部分由四个字组成。

❷ 物质准备

配备材料：图画书《凿壁偷光》；电子图片“凿壁偷光”；音频故事《凿壁偷光》。

★ 活动建议

一、倾听欣赏，了解故事“凿壁偷光”的内容

❶ 倾听故事。初步理解故事的内容，向幼儿介绍这是一个成语故事。

❷ 回答问题：故事的名字叫什么？故事的主人公是谁？他做了一件什么事？他为什么要这么做？

观察指导要点

- 观察幼儿倾听故事时是否专注，是否理解了故事的基本内容。
- 引导幼儿理解故事内容，学习成语“凿壁偷光”。

经验提升：匡衡是我国西汉时期的学者。他家里很穷，没有油灯，靠凿穿墙壁引邻居家的灯光读书。“凿壁偷光”是成语，用来形容家贫而读书刻苦。

二、讨论交流，进一步理解故事内容

❶ 观察电子图片“凿壁偷光”，进一步熟悉故事内容。

❷ 回答问题：

（1）匡衡的家境怎么样？你是从哪里看出来的？

（2）一天晚上，匡衡发现了什么？亮光是从哪里来的？

（3）匡衡是怎样借到邻居家灯光的？“凿”是什么意思？用动作表示出来。

观察指导要点

- 观察幼儿通过教师提问的方式能否回忆出故事内容；幼儿是否在回答的过程中思路清晰，语言流畅。
- 引导幼儿用原文语句回答问题，进一步理解故事内容。

经验提升："凿壁偷光"讲述了西汉时期的匡衡凿穿墙壁引邻居家灯光读书的故事。"凿"是打孔或挖掘的意思。

三、自主阅读，分享故事内容

1. 取出图画书《凿壁偷光》，自主阅读图画书，讲述故事内容。
2. 思考交流：为什么凿穿了墙壁光就会透过来？

观察指导要点

- 观察幼儿是否能正确翻阅图画书，不跳页，并能根据连续画面讲述故事内容。
- 引导幼儿说明凿壁能偷光的原理。

经验提升：凿壁偷光是光的直线传播现象。光沿着直线传播，使光能穿过洞口，照到另一个房间内。

★ 活动拓展

将图画书投放到图书区，请班级图书管理员将书进行入库，为幼儿提供阅读支持。

★ 家园共育

请家长和孩子共同阅读能体现良好品质的成语故事，也可带到幼儿园进行分享。

★ 活动资源

故　事

凿壁偷光

西汉时期，有一个少年叫匡衡，他特别希望能像学堂里的孩子那样跟着老师读书。可是他家里很穷，实在没有钱供他上学堂。他经常一个人在学堂外面，听着里面的读书声。一位邻居看见他这么爱读书，就抽空教他认字。他终于可以自己读书了。

匡衡买不起书，就想办法借书来读。那个时候的书都是十分贵重的，只有有钱人家才有。为了能读到书，匡衡想出了一个好办法。村子里有个大户人家，家里有很多藏书。一天，他跑到那户人家，见到主人后，一边作揖，一边恳求说:“请您收留我吧，我给您家干活。我不要工钱，只求您能把家里的书借给我看看。我保证不会耽误干活。”主人看到匡衡彬彬有礼，眼睛里充满了渴求，就收留了他。匡衡终于如愿以偿地读到了书。

寒来暑往，匡衡每天从早到晚都在地里干活，只有中午休息吃饭的工夫才能看一会儿书。晚上回到家里，因为没钱，没有油灯，也不能看书。所以一卷书经常要用十天半个月的时间才能读完。匡衡心里难过极了，却没有办法。一天晚上，匡衡从外面回家，只见邻居家的窗户透着光亮。匡衡忽然想到了一个主意，回到家，他就在自己与邻居家共用的那面墙上摸来摸去，终于找到一处墙壁有破损的地方。他找来一把小刀，沿着破损的墙壁轻轻地抠，抠了一会儿，一道弱弱的光线就从墙缝里透射过来。匡衡兴奋极了，不敢再往大了抠，担心影响到邻居。于是，便借着这一点点光线看起书来。光线太暗了，看一会儿，眼睛就酸困酸困的，他就稍稍休息一下，接着再看。

就凭着凿壁偷光这样的毅力，匡衡博览群书，终于成为西汉有名的学者。

漂亮的书签

★ 活动目标

1. 乐于设计制作自己的书签。
2. 能尝试制作有自己特色的书签。
3. 知道书签的作用和功能。

★ 活动准备

1. 经验准备

喜欢看书，知道按照书的页码进行阅读。

2. 物质准备

配备材料：幼儿探究游戏活动材料“漂亮的书签”；电子图片“各种各

样的书签”。

自备材料：记号笔、水彩笔。

★ 活动建议

一、谈话讨论，了解书签的作用

❶ 谈话交流。当你正在阅读一本书时，有其他事情要做需要暂停阅读，下次想接着阅读时，怎样能快速找到当前的页面？

❷ 讨论书签是用来做什么的。

观察指导要点

- 观察幼儿在表述过程中是否能说出自己的方法，是否能清晰地表达想法。
- 鼓励幼儿积极想办法，乐于分享、介绍自己的想法。

经验提升：小朋友想到了很多快速找到阅读页的方法，如折痕、放置东西、把书扣放在这一页等。放置东西，可以用书签，它可以帮助人们在读过的地方做上标记，下次很快找到继续读，而且还可以保护我们的图书避免折损。

二、欣赏表达，能流畅地说出书签上画面的内容

❶ 欣赏电子图片“各种各样的书签”，说说书签的样子，上面有什么图案。

❷ 交流分享。说一说喜欢哪个书签以及喜欢的原因。

观察指导要点

- 观察幼儿是否能发现书签的特点，是否有自己的选择并说明喜欢的原因。
- 引导幼儿观察书签的形状、图案等，了解书签的主要特点。

经验提升：书签有很多种类型，可以是树叶书签、花朵书签、贴片工艺品书签、钩编的书签、羽毛书签等，不局限于纸质类型的书签。

三、操作展示，大胆创设自己的书签

❶ 取出幼儿探究游戏活动材料“漂亮的书签”，了解制作步骤，制作属于自己的小书签。

❷ 展示分享自己制作的书签，交流制作方法和步骤。

观察指导要点

- 幼儿是否能够根据主题绘制出相对应的图案。
- 积极引导幼儿选取多种材料，设计、装饰独特的书签。

经验提升：小朋友都亲自制作了自己的小书签，我们在看书时就可以用上自己制作的书签了。

★ 活动拓展

可将制作好的书签放到自己最喜欢的书籍中。

★ 家园共育

1. 鼓励家长利用空闲时间和孩子共同动手制作亲子书签。
2. 到书店、博物馆等处欣赏各种各样的书签。

幻彩光影秀

主题价值

光影是生活中常见的自然现象，普遍却充满着神秘。光是大自然赐予的礼物，当它照射到物体上时就会留下影，展现出多样的形式和状态。作为对大自然的回报，神奇的光影为幼儿进行游戏活动提供了无限可能，可以通过投影和反射来探索黑暗中的世界，发现光影中的奇妙景象。

预设“幻彩光影秀”主题活动，乐于观察与实践，通过大自然赋予的光影，幼儿将在主动体验中认识光影、了解光影、提高科学认识。创造光影游戏，在创造性的游戏中激发幼儿的探索欲望，促进幼儿的主动参与和积极体验。让教师和幼儿的创造为幼儿提供新思路、创造新玩法，在实践中感受光影的神奇和趣味。

主题讨论

主题实施前，围绕“光影与镜子”的主题预设开放性话题并组织幼儿进行谈话或讨论，引起幼儿对主题的兴趣和探索的欲望，如：

1. 你知道光是从哪里来的吗？有哪些种类？
2. 光是什么颜色的？有什么用途？
3. 你知道影子是怎么形成的吗？
4. 你最喜欢玩的影子游戏有哪些？你知道皮影是怎么制作的吗？
5. 不同的镜子产生的影像有什么变化？

……

主题目标

1. 愿意探究光影的秘密，能够清楚地说出自己的发现。
2. 喜欢和同伴一起玩光影游戏，运用多种形式表征在游戏中的发现。
3. 了解光的来源、种类以及用途。
4. 知道影子是怎么产生的，发现影子的变化与光的关系。
5. 了解中国传统艺术——皮影戏，感受民间艺术的魅力。

主题资源

活动资源一览表

子主题	活动名称	涉及领域	幼儿游戏资源			教师教学资源		
			实物材料	探究游戏活动材料	图画书	电子图片	音频	视频
有趣的光影	奇妙的光	科学/社会		奇妙的光		各种各样的光		
	我和影子做游戏	科学/艺术		找影子、影子画		动物图片以及对应影子图片		
	形影不离	科学/语言		太阳在哪里				
	影子是我的好朋友	语言/科学			影子是我的好朋友	影子是我的好朋友	故事：影子是我的好朋友	
	影子歌	艺术/科学				影子	歌曲：影子	
	皮影戏	社会/艺术	塑料子母扣	制作皮影				三只老鼠、皮影的制作过程
	多彩的影子	科学/语言	玻璃纸	多彩的影子				
镜子探秘	有趣的镜子	社会/科学	软镜、放大镜	镜像探秘、趣味放大镜（一）、趣味放大镜（二）				
	魔术方盒	艺术/科学		魔术方盒				魔术方盒
	镜子游戏	艺术/语言		镜子里的发现				
	小狮子照哈哈镜	科学/语言			小狮子照哈哈镜	小狮子照哈哈镜	故事：小狮子照哈哈镜	
	多变的万花筒	艺术/语言	万花筒材料包	多变的万花筒		万花筒成像图		

主题环境

主题墙

❶ 随时关注幼儿在主题实施过程中的问题与困惑，将幼儿在探索不同阶段的理解用语言记录，绘画表达等形式进行展示。

❷ 将幼儿在主题活动中的操作单、绘画、手工作品，如“奇妙的光”“太阳在哪里”“多变的万花筒”等以及幼儿在活动区游戏中的作品展示在主题墙上，供幼儿欣赏、讨论和学习。

❸ 收集与主题相关的图片、照片、实物等资源布置在主题墙上，如各种关于影子的发现，皮影的制作流程图片等。

活动区

❶ 建构区：提供建构材料、手电筒等，引导幼儿自主搭建并利用光照让搭建的物体投射到地面或者墙面上，感受影子变大变小的状态。

❷ 表演区：提供皮影戏的道具，引导幼儿进行自主创编表演；投放手影示范图与多种音乐，鼓励幼儿进行音乐动作的创编，喜欢并大胆地进行表演。

❸ 美工区：提供吸管、订书机、彩纸、白纸、塑封膜，引导幼儿自由进行涂色，制作皮影戏道具；提供实物材料，引导幼儿制作万花筒；提供画纸、彩笔、超轻黏土等，引导幼儿设计、制作自画像。

❹ 科学区：提供手电筒、投影仪、凹凸镜、平面镜等感受光影特性。

❺ 语言区：提供图画书《影子是我的好朋友》《小狮子照哈哈镜》等，供幼儿进行自主阅读。

家园共育

❶ 家长与孩子共同观察记录影子的变化，加深孩子对影子变化特点的进一步了解。

❷ 家长可以与孩子一起进行亲子手影互动游戏，尝试用不同的手影创设情境与对话，除了可以跟着音乐进行大胆的创编动作外，还可以讲述手影故事。

❸ 家长可以带孩子去观看光影秀，参观镜子展览馆，激发孩子的探究兴趣，扩大孩子的知识经验。

子主题 有趣的光影

奇妙的光

活动目标

1. 喜欢参与科学探究活动。
2. 能够进行操作实验，感受光的特性。
3. 了解光的用途，知道光有自然光和人造光两种。

活动准备

1. 经验准备

幼儿对生活中的光有初步的认知，对光的用途有一定了解。

2. 物质准备

配备材料：幼儿探究游戏活动材料“奇妙的光”；电子图片“各种各样的光”。

活动建议

一、感受分享，借助经验说一说见到过的光

1. 情境感知。拉上窗帘，关闭灯光，将教室变成暗的，说说教室为什么暗了。
2. 思考推测。如果开灯会出现什么变化？并验证猜想。
3. 分享交流。说一说光有什么作用。

观察指导要点

- 幼儿是否能根据经验分享自己的想法，愿意积极回答教师提出的问题。
- 提示幼儿相关的生活经验并迁移到问题中。

二、观察交流，了解图片上的光

观察电子图片“各种各样的光”其中的一部分图片，说说是否见到过这些光，

在哪儿见到的，有什么用处。

观察指导要点

- 幼儿是否能够识别并正确说出图片中是什么光。
- 引导幼儿用完整流畅的语言回答问题。

经验提升：我们见过太阳光、灯光、电暖气的光、探照灯发出的光等。光能够为人们照明，还会让我们的身体变得暖和。

三、操作讨论，进行光的分类

❶ 取出幼儿探究游戏活动材料“奇妙的光”，将粘贴中的图片按照自然光和人造光进行分类。

❷ 讨论：

（1）这些光你见过吗？在哪儿见过？

（2）它们有什么不一样？

观察指导要点

- 幼儿是否了解自然光和人造光的不同之处。
- 幼儿能否正确地按要求进行分类。

经验提升：根据光源的不同，人们把光分成自然光和人造光。太阳光、月光、星光、火光、闪电光、萤火虫的光是自然界产生的光，叫自然光。灯光、激光、X 光、荧光棒的光是人们制造出来的光，叫人造光。

★ 活动拓展

区角投入有关光的图书，让幼儿有机会对光进行深入的探索。

★ 家园共育

家长与孩子共同收集生活中光的用途，并进行记录。

我和影子做游戏

★ 活动目标

1. 感受影子形成的乐趣，愿意讲述自己的小发现。
2. 能够观察物体的形状特征并找出对应关系。
3. 感知影子的特点，发现影子大小、形状与物体有关。

★ 活动准备

1. 经验准备

幼儿有探究影子的经验。

2. 物质准备

配备材料：幼儿探究游戏活动材料“找影子”“影子画”；电子图片“动物图片及对应影子图片”。

★ 活动建议

一、探索发现，感受手影游戏乐趣

1. 游戏感知：玩手影游戏，感受影子的形成和变化。
2. 讨论影子是怎样形成的，影子是怎样变化的。

观察指导要点

- 观察幼儿能否变化出各种手影。
- 引导幼儿关注手影是怎样变大、变小的。

经验提升：手影游戏的原理基于光的直线传播特性，当手挡住光线时，形成影子，通过手部动作的变化，可以创造出不同的影像。

二、影子配对，找出小动物的影子

1. 观察动物影子的电子图片，说一说都有哪些小动物，说出它们的特征。
2. 取出幼儿探究游戏活动材料“找影子”，看一看前面的小动物，说说它的样子。在后面找到它的影子，圈出来。

观察指导要点

- 幼儿是否能够猜出小动物对应的影子。
- 引导幼儿从上到下、从左到右进行有序的对比观察。

经验提升：观察、比较根据动物影子的不同特征，寻找相应的动物。

三、操作活动，创作影子画

❶ 取出幼儿探究游戏活动材料“影子画”，将动物或人物等玩具模型放在操作单上，拿到阳光下观察一下影子的形成。变化一下摆放的位置，影子有什么变化？

❷ 沿着影子的轮廓把它画下来涂上颜色，完成一幅影子画。

❸ 小朋友互相欣赏影子画作品，猜一猜都是什么影子。

观察指导要点

- 幼儿是否对影子画感兴趣。
- 引导幼儿观察影子的变化。
- 教师要用照相机记录下幼儿的创作。

经验提升：影子变化与光和物体的位置有关，调整物体的摆放位置和角度，影子会随之发生变化。

★ 活动拓展

❶ 将物体任意组合观察影子的变化，也可以观察同一物品一天中在相同位置影子的变化。

❷ 提供小动物配对材料，让幼儿继续进行影子配对游戏。

★ 家园共育

家长与孩子一起到户外玩影子游戏。

形影不离

★ 活动目标

❶ 体会影子变化带来的乐趣。

❷ 尝试对影子出现的不同方位进行探究，并能做简单的记录。

❸ 知道影子会随着太阳位置和自己身体的移动而变化。

★ 活动准备

❶ 经验准备

幼儿在生活中看到过影子。

❷ 物质准备

配备材料：幼儿探究游戏活动材料“太阳在哪里”。

自备材料：笔若干。

★ 活动建议

一、谜语导入，引出影子的秘密

❶ 猜谜：“我有一个好朋友，我去哪里它去哪儿，永远跟在我身边。”猜猜这是什么。

❷ 交流：生活中我们会经常看到影子，你发现它有什么变化？

观察指导要点

- 幼儿是否能够根据谜语内容，大胆地联想和猜测出谜底。
- 引发幼儿思考的同时，关注幼儿参与话题的状态。

二、影子游戏，感受影子和太阳光的关系

❶ 游戏《踩影子》：幼儿在场地中央四散地跑，一名幼儿去踩他们的影子，其他幼儿躲避并想办法不让自己的影子被踩到。被踩到影子的幼儿离开场地，没被踩到影子的幼儿获胜。

❷ 分享：说一说玩游戏的感受，请获胜者分享自己的获胜原因。

观察指导要点

- 幼儿是否能够遵守游戏规则并安全地进行游戏。
- 幼儿是否能够通过游戏感知影子和光的关系，并能大胆分享。

经验提升： 影子是光直射在不透明物体上产生的，不透明的物体在有光的地方才会出现影子。

三、探索思考，发现身边的影子

分享交流。说一说你在哪里看到过影子，自己的影子在哪里，小朋友们的影子有什么不同。

观察指导要点

- 幼儿是否能够细致观察周围的事物，找到更多的影子，并能大胆地表达出来。
- 教师可以提供积木帮助幼儿找到物体的影子，注意引导幼儿思考，并积极关注幼儿的发现。

经验提升： 光直射的位置影响影子的形成。

四、操作交流，发现光与影子的变化

❶ 取出并完成幼儿探究游戏活动材料“太阳在哪里”，根据影子的样子，将粘贴页中的太阳粘贴到相应的位置上。

❷ 交流：幼儿间相互交流，看一看每个人粘贴的位置是否一样，说一说自己发现的规律是什么。

观察指导要点

- 幼儿能否用语言完整地表达出影子位置发生的变化及原因。
- 引导幼儿发现影子的变化与太阳的位置关系。

经验提升： 物体的影子根据太阳位置的变化会产生变化，太阳的位置和高度，

决定了影子的方向和长短。在阳光下，上午的影子由长变短，下午的影子由短逐渐变长，方向由西逐渐转向东，影子的方向总是和太阳的方向相反，太阳高照时，影子最短。

★ 活动拓展

❶ 在教室中选择一块阳光充足的位置创设科学区，放置各种不同的玩教具，引发幼儿对影子的兴趣。

❷ 将幼儿的操作单布置在主题墙上，供幼儿继续讨论、丰富和讲述。在户外继续探索自己的影子与太阳所处位置的关系。

★ 家园共育

请家长带孩子参加户外活动的时候多多关注物体的影子变化，引发孩子的好奇心和探究愿望。

影子是我的好朋友

★ 活动目标

❶ 感受故事内容的趣味性，使幼儿产生对影子的好奇心和探索欲望。

❷ 能够大胆地进行叙述并尝试表演故事。

❸ 理解故事内容，知道调整影子造型的方法。

★ 活动准备

❶ 经验准备

有初步的看图复述故事的能力，手指灵活。

❷ 物质准备

配备材料：图画书《影子是我的好朋友》；电子图片“影子是我的好朋友”；音频故事《影子是我的好朋友》。

★ 活动建议

一、倾听表达，初步理解故事内容

❶ 出示电子图片，教师完整讲述故事《影子是我的好朋友》，幼儿倾听。

❷ 交流分享。故事中的朋友是谁？发生了什么事情？在什么情况下影子会消失不见？

观察指导要点

- 观察幼儿对故事内容的理解，幼儿是否理解影子能成为好朋友的原因。
- 鼓励幼儿根据故事内容回顾自己的生活经验并进行迁移、对比。

经验提升：影子与我们形影不离。只要阳光照射到我们的身体就会有影子出现；当光被遮住时，影子就会消失；影子总会出现在人或物体的背光一侧；离光源的远近还能影响影子的大小、长短。

二、探索发现，根据图画书内容探索影子的秘密

❶ 教师讲述故事内容，演示故事情节。故事情节中的各种现象，通过操作来验证。如，把足球、椅子、积木、图书等放在阳光下，看看是否都有影子出现，它们的影子有什么不同。

❷ 回答问题：影子能否被我们甩掉？什么时候能够没有了影子？猜测什么东西没有影子？

观察指导要点

- 幼儿能否根据故事内容，用实验来验证影子的形成。
- 在验证的过程中，幼儿是否能够大胆地说出自己的发现。

经验提升：所有不透明的物体都有影子，影子的大小、位置与物体的大小、距离光源的远近有关系，光源位置的不同也影响影子的大小及形状。

三、表演故事，用表演的方式创意出影子的不同变化

❶ 采用分组及个人表演等形式创造表演出各种影子，讲讲有趣的故事。

❷ 合作有序，一人用身体动作变换各种姿态，创意出更多的影子变化；另一人用粉笔等描画出影子的轮廓，进行想象，创编有趣的故事。

观察指导要点

- 幼儿在分组表演的时候是否能变换身体姿态让影子发生变化。是否愿意大胆地在小朋友们面前表演。
- 鼓励幼儿做出各种身体姿态，变换影子的形态，可以引导幼儿用大的纸张，或是用粉笔在地上描画出同伴创意出的各种影子形态，并能够创编在故事中进行讲述。

经验提升：影子与我们形影不离，是我们的好朋友。我们的变化会让影子产生相应的变化，这种变化莫测的影子，像各种魔幻的事物，我们可以创编出有趣的故事。

★ 活动拓展

1. 图书区里投放图画书《影子是我的好朋友》。
2. 科学区自制一个暗箱，供幼儿继续进行创意影子，创编故事，分享讲述。

★ 家园共育

家长与孩子共同阅读图画书，在生活中继续寻找跟影子相关的现象，并用照相机进行收集，来园后分享给小朋友。

★ 活动资源

故　事

影子是我的好朋友

“躲猫猫，躲猫猫，数到三，不能跑。”一二三！哈哈，看见影子了，你根本躲不了！

不管去哪里，我的影子总是跟着我。

当然，不只是我有影子，哥哥、足球、椅子……大家都有自己的影子。

无论何时何地，影子都紧紧地跟在我们身后。难道就没有办法把影子甩掉吗？

不过，即使甩不掉影子，也有办法让它消失一会儿呢。比如躲在更大的影子里，因为光被遮住了，影子就会暂时消失。可是，只要被阳光照射到，影子就又会出现了。

原来，只要能遮挡阳光的东西，都会有影子。光能透过玻璃之类透明的物体，但是无法透过人体或相框之类不透明的物体。光不会拐弯，只会直来直去。所以只要有不透明的物体遮挡了它，光就过不去了。于是，影子就出现了。我的影子就是自己的身体遮挡了光而产生的。

影子总是出现在人或物体背光的一侧。太阳公公在这一侧，影子就在那一侧。太阳公公缓缓挪，影子也会跟着移。

还有，光源照射的位置不同，影子的形状和长度也不一样。它能变成又圆又扁的，也能变成又细又长的。影子没有颜色，也没有表情。可是，只要认真地观察影子，我们就可以知道，老爷爷、小猫咪和蛇，他们分别在哪里。

当然，有时候我们也会上影子的当。嘻嘻……这次，影子又在耍什么花招儿呢？小猫咪的影子变得巨大无比，而我的影子还是那么小。原来是小猫咪靠近光源，而我远离光源的缘故。

“该睡觉了。”只要妈妈一关灯，我的影子朋友们就全部消失了。

可是，还有月光或星光呢。只要有光的地方，就会有我的影子朋友们出现。

影子歌

★ 活动目标

1. 对音乐感兴趣，体会歌曲中的欢快意境。
2. 了解歌曲的主题和情感，能够掌握节奏、音高、力度等音乐技巧。
3. 学会正确演唱歌曲《影子》，理解歌词和旋律。

★ 活动准备

1. 经验准备

幼儿已具备一定的音乐欣赏和歌唱基础。

2. 物质准备

配备材料：电子图片“影子”；音频歌曲《影子》。

★ 活动建议

一、欣赏歌曲《影子》，初步感知歌曲旋律和歌词内容

❶ 倾听歌曲《影子》，回答问题：是否听过这首歌，你们觉得这首歌是关于什么的？

❷ 思考：为什么会有影子呢？思考并表达对影子的认识。

❸ 分享：说一说为什么会有影子。

观察指导要点

- 幼儿是否愿意积极回答教师提出的问题。
- 关注幼儿是否能够运用经验来回答教师的问题。

经验提升：在日常生活中，影子随处可见，例如在阳光下的人、树木和建筑物等都有影子。同时，影子也可以被应用到各种领域中，例如电影、戏剧、摄影、艺术创作等。

二、学习歌曲《影子》，初步学唱歌曲

❶ 观察《影子》歌词图片，一起说说歌词内容。

❷ 听音乐，感受歌曲的旋律和节奏，采用多种方式练习学说歌词，熟悉歌曲旋律。

❸ 播放歌曲《影子》音频，完整倾听歌曲，分享听后的感受。

观察指导要点

- 观察幼儿能否理解歌词内容并按节奏说歌词。
- 注意纠正幼儿的发音和节奏，指导他们按节奏诵读歌词。

经验提升：体会歌曲的主题和情感，帮助幼儿深入理解歌曲。

三、演唱歌曲《影子》，熟练掌握歌曲

❶ 分组进行练习，每组轮流演唱，开展小组音乐会。

❷ 讨论：你们觉得这首歌为什么叫作《影子》呢？讨论并理解歌曲中“我”与影子的关系。

观察指导要点

- 观察幼儿的练习过程，注意他们是否能够正确地演唱歌曲，是否能够理解歌曲的情感和意义。
- 教师可通过多种形式引导幼儿练习演唱歌曲。

★ 活动拓展

❶ 在区角活动中，鼓励幼儿以歌曲《影子》为主题，创作和表演自己的影子戏剧。这不仅能提高他们的艺术创作能力，还可以增强他们的表演技巧和团队协作能力。

❷ 在区角活动中组织幼儿利用打击乐器为歌曲《影子》伴奏。

★ 家园共育

邀请家长参与到本次的活动中，让他们与孩子一起探索影子的奥秘，增加亲子间的互动。

★ 活动资源

歌 曲

影 子

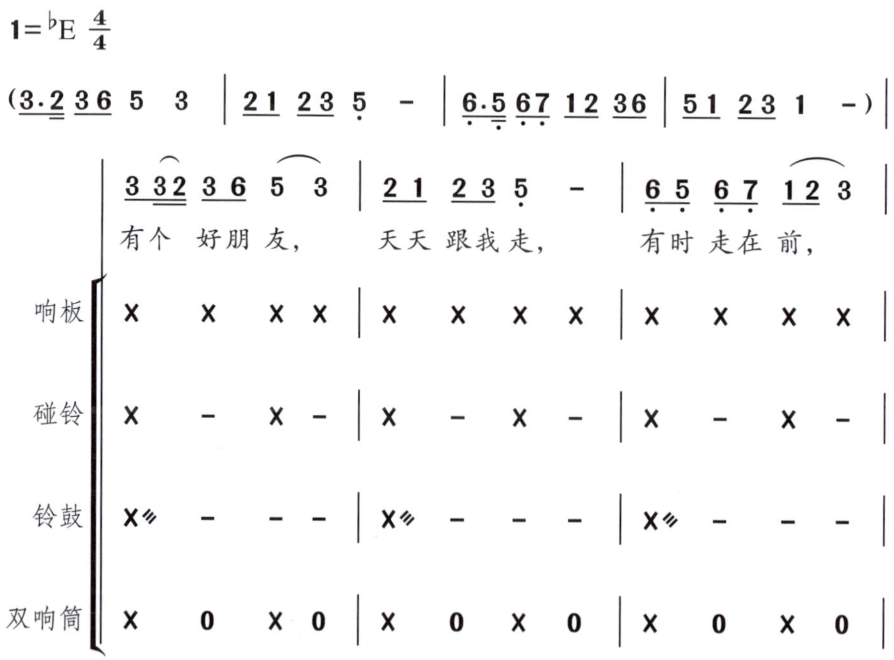

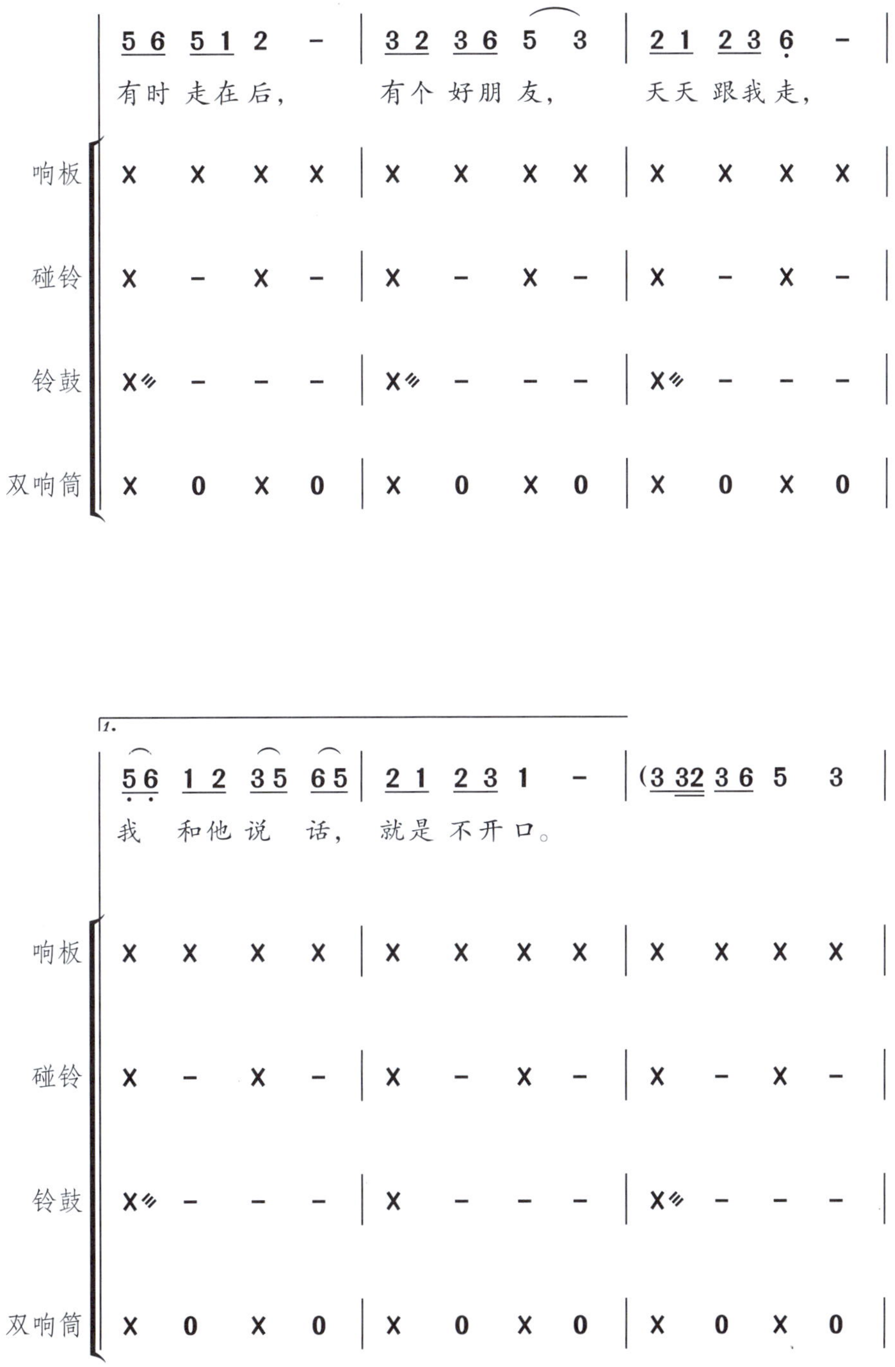
有时 走在后，有个 好朋 友，天天 跟我 走，
响板
碰铃
铃鼓
双响筒
1.
我 和他 说 话，就是 不开 口。
响板
碰铃
铃鼓
双响筒

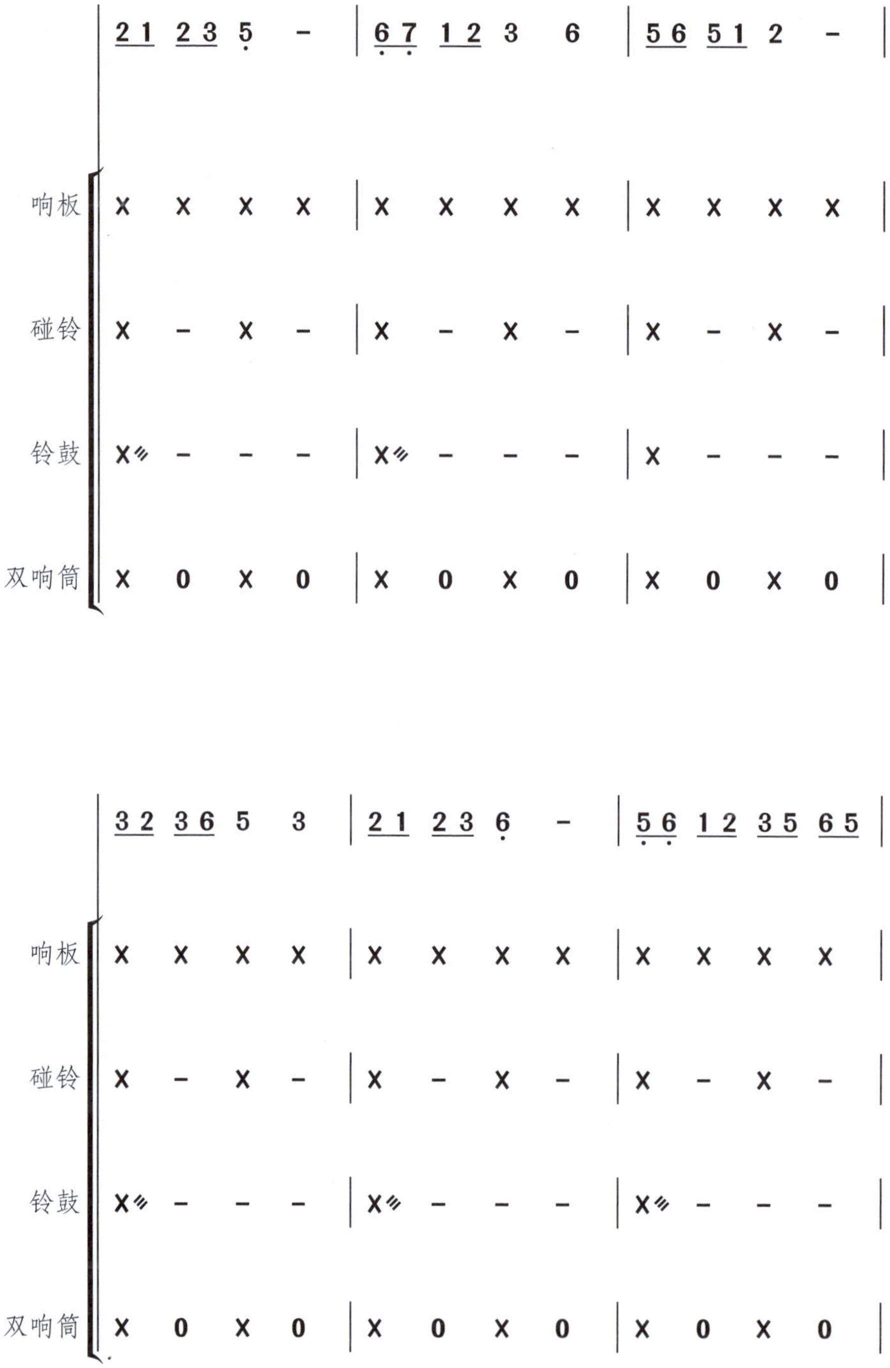
响板
碰铃
铃鼓
双响筒
响板
碰铃
铃鼓
双响筒

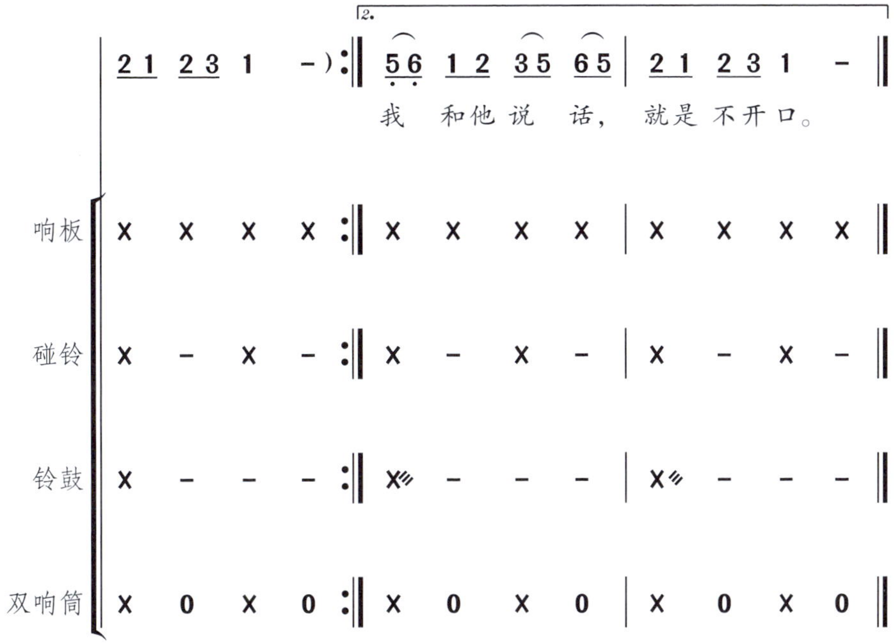

皮影戏

★ 活动目标

1. 欣赏传统皮影艺术，感受传统民间艺术的魅力。
2. 尝试制作简单的皮影人物，并能够和同伴进行合作表演。
3. 了解皮影戏知识，知道皮影戏是中国的传统艺术。

★ 活动准备

1. 经验准备

幼儿可以熟练地使用剪刀。

2. 物质准备

配备材料：幼儿探究游戏活动材料“制作皮影”；实物：塑料子母扣；

视频《三只老鼠》《皮影的制作过程》。

自备材料：皮影 1 个、自制暗箱 1 个、水彩笔。

★ 活动建议

一、欣赏皮影，了解什么是皮影戏

❶ 观看视频皮影戏《三只老鼠》。

❷ 说一说你看到了什么，它有什么特点，和我们平时看到的表演有什么不一样的地方。

观察指导要点

- 幼儿是否对视频感兴趣，并能认真观看视频。
- 观看视频后，幼儿是否能够找到皮影戏和其他表演的不同之处。

经验提升：我们今天看的这段表演叫作皮影戏，它是利用光照物体产生影子的原理来实现的一种表演，是我国的传统民间艺术。皮影戏的剧目有很多，小朋友也可以利用皮影创造出更多的剧目供大家欣赏。

二、认识皮影，了解制作过程

❶ 观察皮影，说说皮影是什么样子的，皮影有哪些特点。

❷ 分享：说一说皮影是怎么制作的，皮影为什么会活动，皮影的哪些部位在动。

观察指导要点

- 幼儿是否对皮影充满好奇，并愿意积极与同伴交流。
- 鼓励幼儿积极大胆地表达自己的想法。

经验提升：皮影是皮影戏所用的人物形象。最初用厚纸雕刻，后采用驴皮或牛羊皮，将其刮薄再行雕刻，并施以彩绘。风格类似剪纸。手、腿等分别雕制后用线连缀在一起，表演时能活动自如。

三、制作皮影，在教师的指导下尝试制作简单的皮影

❶ 观看视频《皮影的制作过程》，了解皮影制作步骤及方法。

❷ 操作活动。取出幼儿探究游戏活动材料“制作皮影”，取下孙悟空身体

的各部位，在桌面上将各部位摆放好，将各关节部位用子母扣连接在一起。

③ 操作皮影进行游戏，感受皮影的动作特点。

观察指导要点

- 幼儿能否将皮影部位正确摆放，并使用子母扣组装，最后将孙悟空的手部固定在雪糕棒上。
- 引导幼儿说说子母扣摆放的位置，拉动雪糕棒使肢体进行运动，体验皮影活动的原理。

经验提升：先摆出皮影的造型，再使用连接扣和雪糕棒连接各个关节部位，皮影就做成了。

四、尝试表演，感受皮影人物的灵动特点

① 用自己制作的皮影，发挥想象进行操作表演。

② 分组进行灯箱内表演，完成自己创编的故事内容与情节。

观察指导要点

- 幼儿在表演时，是否会操作皮影人物，是否能够通过动作和语言的结合讲述故事。
- 幼儿是否能够找到两种表演的本质不同是与灯光有关。
- 可以引导幼儿根据《西游记》的片段表演讲述，也可以自创故事情节讲述小猴子的各种有趣故事。

经验提升：我们制作的简易皮影人物，在表演时能看到颜色，到灯箱表演时，就看不到颜色了，说明我们用的卡纸是不透明的。

★ 活动拓展

① 美工区里提供人物、物品的轮廓画或空白的塑封膜，供幼儿自主选择难易程度，并通过涂色和拆解肢体进行皮影制作。

② 将表演皮影戏的灯箱投入表演区里，供幼儿自主创编表演。

★ 家园共育

家长与孩子共同收集皮影戏制作材料，相互交流，将知识经验进行整合，

提倡家长和孩子共同进行皮影戏表演。

★ 活动资源

皮影戏又称“影戏”“灯影戏”“土影戏”。用灯光照射兽皮或纸板做成的人物剪影以表演故事的戏剧。表演时，艺人们在白色幕布后面，一边操纵皮影，一边用当地流行的曲调讲述故事，同时配以打击乐器和弦乐，具有浓厚的乡土气息。其流行范围极为广泛，并因各地所演的声腔不同而形成多种多样的皮影戏。

多彩的影子

★ 活动目标

❶ 对光影现象产生好奇，感受色彩的美丽与多样。

❷ 尝试抠出镂空的图形，并能够进行简单的拼摆操作。

❸ 感知和认识影子的颜色，在光影探索中进行色彩的认知。

★ 活动准备

❶ 经验准备

手部能够完成较为精细的动作。

❷ 物质准备

配备材料：幼儿探究游戏活动材料“多彩的影子”；实物：玻璃纸。

自备材料：剪刀、胶水、手电筒、白色幕布。

★ 活动建议

一、观察体验，感知影子的变化

❶ 用手电筒照一照幼儿探究游戏活动材料“多彩的影子”，观察影子，说一说影子是什么颜色的。

❷ 贴上实物玻璃纸，观察影子的颜色有什么变化。

观察指导要点

- 幼儿能否观察和描述影子的产生和色彩的变化。
- 引导幼儿理解并说出影子的颜色产生的原因。

经验提升：光透过有颜色的材料形成的影子，影子的颜色会发生相应的变化。

二、制作表达，感受彩色的影子

❶ 再次取出幼儿探究游戏活动材料“多彩的影子”，取下操作卡上轮廓卡片，按照虚线进行抠图，抠出镂空部分，并贴上彩色玻璃纸。

❷ 表达：说一说制作过程中有什么样的体验和发现，描述自己的创作过程和想法。

观察指导要点

- 观察幼儿是否能够在操作中感知玻璃纸的特性。
- 鼓励幼儿用合适的词语说出玻璃纸的特点。

经验提升：玻璃纸有不同的颜色，而且是透明的，所以手电筒的光不仅可以透过玻璃纸，还会变成不同的颜色；相反，不透明的纸，光透不过去，就不会照出有颜色的光。

三、讨论交流，玩影子游戏

❶ 观察：带着自己制作的彩色影子卡片到阳光下进行拼摆，创造不同的图案。

❷ 讨论：说一说你的发现是什么，影子为什么会有变化。

观察指导要点

- 幼儿能否观察不同图案和颜色的物体产生的影子特点。
- 教师可以给出一些创意拼摆的提示或建议。提醒幼儿注意光线的方向对影子颜色的影响。

经验提升：用彩色玻璃纸制作出彩色影子，我们还可以在家里寻找不同形状和颜色的物体进行影子游戏，继续探索有趣的光影现象。

★ 活动拓展

区角投入有关彩色影子的百科全书，让幼儿有机会对影子进行更加深入的探索。

★ 家园共育

建议家长在家中提供相关材料，与孩子一起进行影子游戏，进一步拓展他们的探索和学习。同时提醒家长注意在活动中培养孩子的观察力、思考力和动手能力。

子主题 镜子探秘

有趣的镜子

★ 活动目标

1. 对光影现象感兴趣，愿意在光影活动中不断探索，体会影子的艺术美。
2. 尝试使用放大镜观察物体，能描述出观察到的影子特点。
3. 了解影子形成的原理，知道影子的多样性变化。

★ 活动准备

1. 经验准备

幼儿在生活中有照镜子的经历，对镜子中呈现的物像有一定认知。

2. 物质准备

配备材料：幼儿探究游戏活动材料“镜像探秘”“趣味放大镜（一）”“趣味放大镜（二）”；实物：软镜（用后指导幼儿收存，在“魔术方盒”活动中继续使用）；放大镜。

自备材料：动物图片。

★ 活动建议

一、感知探索，初步了解镜子的成像

❶ 拿出镜子照一照，说一说在镜子里看到了什么。

❷ 拿出动物图片将镜子平面摆放，说一说看到了什么。

❸ 两人合作操作两面镜子，说一说不同的照射方式会有哪些不同的变化。

观察指导要点

- 幼儿是否能探索不同的镜子摆放方式，说出观察到的镜子成像的变化。
- 教师根据观察，适时引导幼儿改变镜子的摆放方式及角度，观察并描述图像。

经验提升：我们把镜子变换不同的角度，镜子中会出现不同的影像。

二、探究操作，发现镜子成像

❶ 取出幼儿探究游戏活动材料“镜像探秘”，取出实物软镜子，两个人一组，按照要求摆一摆，选取一个喜欢的玩具，放在镜子前，数一数不同的摆放方式中你分别看到了几个玩具，再记录下来。

❷ 与小朋友互相交流一下，你们的操作与发现的结果是否一样。

观察指导要点

- 幼儿是否能够根据提供的图示摆放两个软镜的位置，是否能发现镜子的夹角不同，玩具在成像数量上的变化与规律。
- 引导幼儿观察镜子的夹角大小不同，点数物体在镜子中数量上的变化。

经验提升：在操作中我们发现，两面镜子的夹角越大，能看到的物体在镜子里的成像越少；两面镜子的夹角越小，物体在镜子中呈现出的数量就越多。

三、拓展延伸，激发深度探究兴趣

❶ 取出幼儿探究游戏活动材料“趣味放大镜（一）”“趣味放大镜（二）”，拿出实物放大镜，观察“趣味放大镜（一）”，看看每个格子里的图案是什么样子的。取下“趣味放大镜（二）”中的图卡，对应放在与“趣味放大镜（一）”图案一样的格子里。

❷ 与同伴对照一下，放置图卡的位置一样吗？如果不一样，重新用放大镜观察一下，调整到正确位置。

观察指导要点

- 会使用放大镜。
- 提示幼儿掌握好眼睛与放大镜之间的距离。

经验提升：放大镜能够帮助看清较小的物体，但当物体离眼睛太近时则无法看清。

★ 活动拓展

投放多面软镜、不同的记录卡和记录单，让幼儿进一步探究镜子的成像变化。

★ 家园共育

以“还在哪里看见过镜子里的神奇图像”为问题，在生活中找一找、看一看。

魔术方盒

★ 活动目标

❶ 喜欢探究魔术表演背后那些神秘的科学原理。

❷ 能够做出魔术方盒，并能正确使用魔术方盒。

❸ 知道魔术方盒的原理，了解平面镜成像。

★ 活动准备

❶ 经验准备

能够动手操作和使用双面胶。

❷ 物质准备

配备材料：幼儿探究游戏活动材料“魔术方盒”；实物：软镜（“有趣

的镜子”活动中的软镜再次利用）；视频《魔术方盒》。

自备材料：雪花片若干、双面胶。

★ 活动建议

一、操作活动，尝试自制魔术方盒

❶ 操作活动。取出幼儿探究游戏活动材料“魔术方盒”，折叠和粘贴出一个魔术方盒，同时将平面软镜斜着插入盒中，最后封上盒的盖子。

❷ 将自己的魔术方盒装饰得更加漂亮和有趣。

观察指导要点

- 观察幼儿是否能独立完成操作，对于个别有困难的幼儿进行适当的提示与指导。
- 提示幼儿将平面镜斜着插入盒子中。

经验提升：制作魔术方盒时，软镜片一定要斜着插入盒子中，让镜片把盒子分成两个空间。

二、消失的雪花片，探索平面镜反射的原理

❶ 拿出魔术方盒，自主观察魔术方盒，说一说看到的里面的图案。

❷ 变魔术：将雪花片投入魔术方盒，说一说发生了什么现象，谁不见了，为什么会不见。

观察指导要点

- 教师吸引幼儿仔细观察并能够观察到雪花片消失了。
- 鼓励幼儿思考，引导幼儿发现我们看见的是平面镜呈现的画面。

经验提升：平面镜将盒子分成两个空间，我们通过透明窗只看见了一半的空间，但平面镜反射呈对称像，让我们感觉看见了整个盒子的空间。把物品放入盒子里其实是正好掉入我们看不见的另一半空间，就产生了放入魔术方盒里的物品消失了的视觉效果。

三、观看视频，了解平面镜成像原理

❶ 观看视频《魔术方盒》，自由表达，说说自己对视频内容的理解。

❷ 交流“魔术方盒中的物品消失不见了”是利用了什么原理。

观察指导要点

- 观察幼儿是否理解视频中小实验的内容，理解镜子成像的特点与光的反射科学原理。
- 对于无法说清的幼儿，教师要及时进行语言引导与操作感知。

经验提升：平面镜成像就像我们照镜子时，在镜子中看到了自己，这个自己的形象，就是成像。光照在镜子上，镜子像一堵墙挡住了光的直射，被反弹回来，就是光的反射。神奇的魔术盒子的原理就是镜子成像与光的反射的科学现象。

★ 活动拓展

将成品魔术方盒投放在科学区内，供幼儿继续探索有趣的科学原理。

★ 家园共育

在家中与家人一起制作魔术方盒，并和家人讲解魔术方盒的神秘原理。

镜子游戏

★ 活动目标

❶ 愿意积极探索，体验用平面镜补全图案的成就感。
❷ 能将平面镜另一面的图案绘画出来。
❸ 了解平面镜照出另一半图案的方法，初步理解“对称”。

★ 活动准备

❶ 经验准备

幼儿有照镜子的经验，知道照镜子时镜子里的像与自己一样。

❷ 物质准备

配备材料：幼儿探究游戏活动材料“镜子里的发现”。

自备材料：班级提供一面大的镜子。

★ 活动建议

一、情境体验“照镜子”，唤醒镜像经验

❶ 情境体验。幼儿分别到一面大的镜子前面照一照，做一做各种动作。说说镜子里的你是什么样子的。

❷ 游戏：照镜子

玩法：播放音乐，教师在教室中间，幼儿围绕教师跟随音乐随意做动作，当音乐节奏发生变化时，教师做出动作，幼儿停止走动并原地模仿镜子中教师的动作。

观察指导要点

- 幼儿能够发现镜子里自己的成像与自己的样子、动作是一样的。观察幼儿在游戏中是否能积极地跟随音乐做出与教师一样的动作。
- 教师引导幼儿观察镜子里的自己与自己的样子和动作是否一致，说说一致的原因。初步感知镜面成像的特点。

经验提升：我们照镜子的时候，镜子里就会有你的样子，这个镜子里的你就是“像”，这种现象就是“平面镜成像”。我们在游戏中老师是镜子，你们都是我镜子里的像，镜子中的你们应该和我的动作方向是一致的，这样才是镜子中的你，我们叫这种成像为镜面成像。

二、镜子游戏，感知镜面成像特点

❶ 操作活动。取出幼儿探究游戏活动材料“镜子里的发现”，拿出镜子，把镜子直立并紧贴图案一侧的虚线，照一照，说说图片有什么变化，整个图案是什么样的。

❷ 讨论交流。镜子应该怎么摆放，镜子中的图案才会与操作单上的图案一模一样？镜子需要放在图案的哪里？

观察指导要点

- 能够正确观察出镜子另一半的成像。
- 教师随机指导，提示幼儿观察镜子中的图像与原来的图片有什么关系。

经验提升：镜子竖着朝向图案，直直地立在图案的一条边上，这样就能够照出一样的图案了。照出的图案大小、长短、宽窄与纸面的图案是一样的，这样的图形两边是对称的。

三、画出另一半成像的图，进一步理解镜子成像与图形的对称

❶ 取出幼儿探究游戏活动材料“镜子里的发现”，把镜子里看到的另一半图案画下来。

❷ 分享交流。怎样才能使画出的另一面图案与原来的图案一模一样？

观察指导要点

- 观察幼儿是否能看出并画出镜子里另一半的图像。
- 教师随机指导，提示幼儿观察镜子中的图像与原来的图片有什么关系。

经验提升：镜子中的另一半图像就是图片的对称图形，它的大小、长短、宽窄与原来的图形是一模一样的。画好之后我们可以沿着中间线对折一下，然后把纸放在有光线的玻璃上，对折后描一描，比较一下你哪些地方画得准确。

★ 活动拓展

❶ 在美工区里投放只有一半图案的纸张，供幼儿补全图案。

❷ 在科学区内投放小镜子和“镜子里发现”操作单，供幼儿继续探索镜子的成像。

★ 家园共育

跟家人一起玩“镜子成像”游戏，请家人设计一侧的图案，孩子来观察，和家人一起补全图案。

小狮子照哈哈镜

★ 活动目标

❶ 喜欢听故事，并愿意表现故事内容。

❷ 能够感受小猫的机智和勇敢。

❸ 理解故事，了解故事逻辑，理解凹面镜和凸面镜的成像特点。

★ 活动准备

❶ 经验准备

知道不同的镜子有不同的成像特点。

❷ 物质准备

配备材料：图画书《小狮子照哈哈镜》；电子图片“小狮子照哈哈镜”；音频故事《小狮子照哈哈镜》。

自备材料：凸面镜、凹面镜、不锈钢汤勺若干（有条件的可以人手一把）。

★ 活动建议

一、提问导入，引出故事内容

自由交流。在小组内互相说说自己是否见过小猫和小狮子，它们长什么样子，是小猫大还是小狮子大。

二、倾听故事，理解故事内容

❶ 倾听故事。倾听教师完整讲述故事，初步感知故事主要内容。

❷ 回答问题。说一说：故事里发生了什么？小狮子为什么会上当，小狮子知道镜子里的奥秘吗？

观察指导要点

- 幼儿能否理解故事内容，并说出故事中的主要对话内容。
- 引导幼儿用完整流畅的语言回答问题。

三、分析故事，体验了解哈哈镜的特点

❶ 倾听音频故事《小狮子照哈哈镜》，回答问题：小狮子照了什么镜子，它变成什么样了？小猫照了什么镜子，它变成什么样子了？

❷ 讨论分享。小猫用了什么方法救了自己？你们觉得小猫是一只怎样的小猫？

观察指导要点

- 幼儿是否能理解故事情境与内容，是否对凸面镜、凹面镜成像的特点

有所了解。

- 教师参与幼儿的讨论，了解幼儿对哈哈镜原理的经验与认知情况。

经验提升：故事里的小猫很聪明，遇到事情不慌张，开动脑筋想办法。想到利用凹面镜让自己变大，用凸面镜将小狮子变小的办法战胜了小狮子。小朋友在生活中也要学习小猫，遇到事情要多动脑筋。

四、熟悉故事内容，了解凸面镜和凹面镜在生活中的应用

1. 阅读图书讲故事。取出图画书《小狮子照哈哈镜》，回忆故事的发展情节，逐页翻书讲述故事内容。
2. 观察教师出示的凸面镜和凹面镜，说说凸面镜和凹面镜的区别。尝试照一照，观察镜子中自己的变化。
3. 用不锈钢汤勺的正反面分别照照自己，说说自己在汤勺的不同面，成像的变化，如果故事中的小猫和小狮子照汤勺，它们分别照的是汤勺的那一面。
4. 说说生活中都有哪些物品用到了凸面镜或凹面镜。

观察指导要点

- 幼儿是否能看着图画书讲述出故事内容，是否能发现并说出自己在不锈钢汤勺正反面成像的变化。
- 教师参与幼儿的讨论，引导幼儿话题，如引出生活中常见的物品近视镜、放大镜、照相机镜头等话题，引发幼儿了解凸面镜和凹面镜在生活中的应用。

经验提升：不锈钢汤勺的正面（凹面）相当于凹面镜，成像是放大的；背面（凸面）相当于凸面镜，成像是缩小的。生活中到处都有哈哈镜的存在，如近视镜镜片、门镜是凹透镜，老花镜、汽车后视镜、显微镜是凸透镜，我们要善于发现生活里的哈哈镜。

★ 活动拓展

1. 图书区投放图画书《小狮子照哈哈镜》，进一步阅读，巩固知识。
2. 将凸面镜和凹面镜投放到科学区，继续探索哈哈镜的秘密。
3. 在生活中继续寻找凸面镜和凹面镜在生活中的应用。

★ 家园共育

孩子回家把故事讲给家人听，并且和家人一起查阅一下哈哈镜除了能把人变大和变小，还会出现什么有趣的现象。

★ 活动资源

故　事

小狮子照哈哈镜

有件事情真好笑，有一天，小狮子抓住小猫，想把他一口吞下去。小猫喵呜喵呜叫：“你为什么吃我呀？”小狮子听了哈哈大笑：“那还用问，因为我大，你小。”小猫说：“什么，什么，你大，我小？你一定是眼睛花了，明明是我大，你小。”小狮子听小猫这么一说，糊涂起来了。小猫说：“你呀，眼睛只能看见自己的爪子，你看不见自己的身子，怎么知道自己有多大呢？”“对呀，”小狮子想了想说，“我看不见自己的身子，怎么知道自己有多大呢？”小猫说：“我家有面镜子，你照一照，就知道自己有多大了。”小狮子从来没有照过镜子，他想照镜子一定很有趣，就跟着小猫走，走呀走，一直走到小猫的家。

小猫家的镜子可奇怪了，正面可以照，反面也可以照，正面鼓起来，反面凹进去，电钮一按就转一转。小狮子走进屋子，在镜子面前一站，正好鼓起来的一面朝向他。他往镜子里一看，看见自己又矮又小，像只小老鼠。小猫说：“你看明白了吧，你的个儿有多大？现在你站到旁边去，让我来照镜子。”小猫偷偷地把电钮一按，镜子转了一转，凹进去的一面朝向他。嗬！不得了，这镜子里的小猫比小狮子还大呢。小狮子站在旁边偷偷地瞧了一眼，看见镜子里的小猫这么大，这么高，嘴巴一张一张的真吓人。小狮子以为小猫要来吃他了，转过身子就跑，一直跑到树林里，再也不敢出来了。你们见过小猫家的镜子吗？这种镜子叫作哈哈镜。你们在凹进去的一面照一照，就会变成个巨人，可是在鼓起来的一面照一照，恐怕要变成一只小跳蚤了。

哈哈镜凹镜

哈哈镜就是因为镜面各部分凸凹不同，因而所成的像有的被放大，有的被缩小。比如当你对着一个上部是凹镜的哈哈镜时，你的头就会被放大，而且因为鼻子在脸部突出，离镜面更近，所以鼻子的像放大的倍数比脸上其他任何部分都大，结果就照出大鼻子。

哈哈镜凸镜

如果你对着一个上部是凸面镜的哈哈镜，因为镜子在竖直方向上并没有弯曲，所以在竖直方向上像与物长度相同，但在水平方向上由于是凸镜，像是缩小的，因此，脸在镜中的像就变成细长的了。同样道理，如果用凹面镜照你的脸，你会看到一个短胖的脸。如果把镜面做成上凸下凹的，照出来的人就头小身体大；如果把镜面做成上凹下凸的，照出来的人就头大身体小。要是将镜面做成各部分凹凸不平的，照出的像就是歪七扭八的“丑八怪”了。

多变的万花筒

★ 活动目标

1. 感受万花筒的神奇，体会探究活动的乐趣。
2. 能够自制万花筒，体会万花筒的成像特点。
3. 了解万花筒的基本构造，知道影像变化的原理。

★ 活动准备

1. 经验准备

有过使用万花筒的经历。

2. 物质准备

配备材料：幼儿探究游戏活动材料“多变的万花筒”；实物：万花筒材料包；电子图片“万花筒成像图”。

自备材料：大万花筒。

★ 活动建议

一、观察交流，知道万花筒的特征

1. 观察万花筒，说一说万花筒有什么特点。

❷ 观察图片“万花筒成像图”，看一看这些图案，说一说你发现了什么。

观察指导要点

- 幼儿是否对万花筒感兴趣。
- 幼儿能否说出万花筒形成图案的特点。

经验提升：万花筒中的图案都呈现出六边形的形状，每个图案都由六个三角形组成，并且每个三角形的图案都是一模一样的，它们都围绕着中心点对称。

二、操作分享，知道万花筒图案的规律特点

❶ 取出幼儿探究游戏活动材料“多变的万花筒”和实物万花筒材料包，观察材料包和制作步骤，了解操作方法。

❷ 根据制作步骤和方法，制作万花筒。

❸ 观察万花筒内形成的图案，说说发现了什么。

观察指导要点

- 幼儿是否能够根据步骤图了解万花筒的制作方法。
- 引导幼儿观察并找到万花筒成像的规律特点。

经验提升：转动万花筒时，筒内的彩色颗粒在不规律地滚动排列，通过镜子反射到眼睛里的图案也会千变万化。

三、展示分享，欣赏多样的万花筒

❶ 同伴互相交换作品，感受不同的万花筒。说一说你看到的万花筒有什么不一样。

❷ 尝试画一画自己看到的万花筒中的图案，说说它们的样子。

观察指导要点

- 幼儿能否与同伴互相分享交流自己制作的万花筒。
- 引导幼儿观察万花筒中的图案有什么特点，鼓励幼儿用彩笔表征出看到的图案，逐步了解万花筒的成像特点。

经验提升：每一个人对于自己的万花筒内的材料及色彩都有各自不同的创意，不同的创意形成的就是不同的效果。在万花筒里我们能看到不同色彩的图案，未来我们还可以创意更多的万花筒，不但可以改变其中的色彩材料，还可以改变其中的成像镜子的多少。这个世界有很多奇妙的现象等待着我们去创造去发现。

★ 活动拓展

❶ 在区角投放万花筒等玩具，引导幼儿探究万花筒的镜像原理，引发幼儿对生活中镜子成像的关注。

❷ 科学区中提供组装万花筒的材料，鼓励幼儿大胆装配万花筒。

★ 家园共育

家长与孩子共同制作万花筒，交流探索万花筒的成像特点。

★ 活动资源

万花筒是一种光学玩具，将颜色鲜艳的实物放于筒内的一端，筒内中间放置三棱镜，另一端用开孔的玻璃密封，由孔向内看，即可观测到对称的美丽图像。

安全加油站

主题价值

幼儿年龄较小，缺乏日常生活经验，对周围事物缺乏全面的认知，而身体各器官、系统尚未发育完善，自我保护意识薄弱，且他们又活泼好动，极易发生意外伤害事故。因此，对幼儿进行初步的安全知识教育和安全自救能力培养极为重要。

主题活动围绕“身边的安全”和“保护自己”两个子主题，从幼儿的生活经验和年龄特点出发，通过感知、体验与表达等方式，在说说、画画、唱唱等过程中，帮助幼儿获取一定的安全知识和自我保护方法，树立安全和自我保护意识。

主题讨论

主题实施前，围绕“安全”的主题预设开放性的话题并组织幼儿进行谈话或讨论，了解幼儿对自我保护的已有经验以及想了解的安全常识的内容，以便灵活运用主题案例，做适宜的选择、调整。如：

1. 在生活中我们身边有哪些危险？我们应该注意什么？
2. 你知道的消防安全常识有哪些？
3. 我们如何才能远离危险？发现危险的时候你会怎么做？
4. 你会拨打求助电话吗？
5. 你都认识哪些安全标识？

…………

主题目标

1. 能掌握不同情境下自我保护的方法，了解一些基本的安全常识。
2. 了解一些危险行为会导致的后果，知道简单的自救方法。
3. 愿意用感知、操作、游戏等方法了解掌握有关安全方面的常识。

主题资源

活动资源一览表

子主题	活动名称	涉及领域	幼儿游戏资源			教师教学资源		
			实物材料	探究游戏活动材料	图画书	电子图片	音频	视频
身边的安全	安全用电我知道	社会/健康		用电安全我知道		生活中用电的场所		
	我不玩火	社会/健康		着火了怎么办（一）、着火了怎么办（二）				火灾案例录像
	火灾逃生演练	社会/健康					火灾声和（火灾警报声）	
	旋转的危险	社会/健康		危险的转转				危险的旋转门
	落水的小猫	语言/健康		小猫落水		防溺水三字经		
	安全小卫士	艺术/社会		设计安全标识				安全标识
	交通标识作用大	社会/健康		交通游戏		无序的交通、生活中常见的交通标识		
	安全第一	语言/艺术					歌曲：安全第一	
保护自己	吃的安全	健康/社会		食品安全		食品、绿色食品标识、绿色食品		
	我的小隐私	健康/语言		我的隐私部位		隐私部位		
	特殊的电话号码	社会/语言		紧急电话		紧急状况、紧急求助电话我知道		
	参观消防队	社会/语言		我眼中的消防队、消防车里有什么				

主题环境

主题墙

❶ 创设“安全加油站”主题墙。结合各子主题的开展，分阶段分类展示与主题相关的图片、照片、实物等资源布置在主题墙上，如健康食品和垃圾食品，将幼儿收集或绘画的食物图片，贴在相应的分类处；展示交通安全标识、用电安全、消防安全（防火标识、安全通道）等方面的图片，不断拓展和丰富幼儿的安全意识。

❷ 将幼儿在主题活动中的操作内容、绘画作品等材料，如“设计安全标识”“危险的转转”等及幼儿区域游戏中的作品展示在主题墙上，供幼儿欣赏、讨论、学习。

活动区

❶ 建构区：投放不同材质的积木、废旧纸盒、雪糕棒、吸管等，运用多种组合方式搭建消防队、建筑物等。

❷ 表演区：投放动物头像、多种音效、小音箱等，供幼儿模仿、表演相关的安全演练、消防游戏等角色扮演。

❸ 科学区：投放生活中能转动的物品，如小陀螺、小风车等，探究旋转的秘密。

❹ 语言区：投放各种安全标识的图片供幼儿讲述其名称及意义，巩固对这些安全标识的认识。

家园共育

❶ 帮助孩子牢记家长的电话号码，会打各种报警电话，还要记住回家的路线。

❷ 在家中要告诉孩子自觉远离带电插座、明火、热水等危险物品，共同提高幼儿的自我保护意识。

❸ 外出游玩时，找一找场所里的安全标识，和孩子交流这些安全标识所表达的含义。

子主题 身边的安全

安全用电我知道

★ 活动目标

❶ 感受用电安全的重要性。

❷ 掌握日常生活中电的用处，以及安全用电的常识。

❸ 认识“有电危险”的标识，了解电的危险。

★ 活动准备

❶ 经验准备

幼儿认识插座，初步了解电是有危险的。

❷ 物质准备

配备材料：幼儿探究游戏活动材料“用电安全我知道”；电子图片“生活中用电的场所”。

★ 活动建议

一、统计交流

❶ 自主观察。自由在教室里找一找哪里有插座，并记录统计。

❷ 讨论交流。互相分享自己找到了几个插座，在哪里找到的，插座有什么用途，电还有什么作用。

观察指导要点

- 观察幼儿是否了解插座的用途。
- 可根据幼儿交流的情况适当引导，唤醒幼儿对生活中的用电经验。鼓励幼儿清楚、连贯、有条理地表达自己的发现与经验。

经验提升：将其他电路、电器（如冰箱、电视等）的导线插到插座上，电器在通电的情况下就可以正常工作了。

二、观察讨论，了解安全用电常识

观察讨论。观察电子图片“生活中用电的场所”，说说这些地方有什么，哪些电器用到这里的插座。

观察指导要点

- 观察幼儿是否了解常用的电器设备与电的关系，是否意识到了用电的地方存在安全隐患。
- 参与幼儿的交流，引导幼儿了解只要有电的地方，都有可能发生触电的危险。

经验提升：电器都是在通电的情况下才能工作，人在触到“电”以后就会被电“攻击”，发生危险，甚至死亡。小朋友不能触碰电源，尤其是湿手时不可以触摸电器及有电的地方。有的插座的使用时间过长本身已经老化，也会容易发生触电危险。

三、操作巩固，掌握防止触电的安全常识

❶ 操作活动。取出幼儿探究游戏活动材料“用电安全我知道”。说说图中的小朋友分别在做什么，哪些是不安全的做法；在图片中不安全的做法下面画“×”，再说说为什么不能这样做。

❷ 交流讨论。自由交流自己还知道哪些预防触电的方法，互相说一说。

观察指导要点

- 幼儿是否能够正确地完成游戏材料的操作，掌握用电的安全常识。
- 引导幼儿用语言描述如何防止用电安全隐患，说说日常生活中应该怎样做。

经验提升：不要用湿手、湿布触摸或擦拭电器外壳，如果电线破损或受潮漏电，外壳会带电，就可能发生触电危险；不要用手、金属物或铅笔芯等东西去拨弄开关，也不要把它们插到插座孔里；不要乱动电线、灯头、插座，因为带电部分也许已暴露在外，接触它们都有触电的危险。

四、设计防电安全标识，做预防触电安全小能手

❶ 讨论。你想用什么办法告诉其他人哪里有电？

❷ 设计预防触电标识，并粘贴到你认为需要提示人们的地方。

观察指导要点

- 观察幼儿是否有自己的想法并能用自己喜欢的方式进行自主表达。
- 鼓励幼儿用图画、符号或简单文字的方式表达自己的想法。

经验提升：在存在用电安全隐患的地方，用别人能看得懂的方式提示他们，就会减少危险，我们小朋友设计的安全标识，也会帮助他人避免危险，我们都是安全宣传员。

★ 活动拓展

鼓励幼儿在美工区继续绘制防电安全标识。

★ 家园共育

请孩子回家寻找家中的插座，提醒家人安全用电，并将自制的防电安全标识粘贴到插座旁。

我不玩火

★ 活动目标

❶ 感受火灾危害性，产生防火意识。
❷ 能够掌握防止火灾的方法，以及逃生的技巧。
❸ 了解火在生活中的作用和危害。

★ 活动准备

- 物质准备

配备材料：幼儿探究游戏活动材料“着火了怎么办（一）”“着火了怎么办（二）”；视频《火灾案例录像》。

★ 活动建议

一、交流表达，了解火的作用

❶ 讨论交流。在小组内互相说说你在什么地方见到过火，火有什么用，生活中什么时候需要用到火。

❷ 分享。请各组代表分享自己小组讨论的结果。

观察指导要点

- 观察幼儿是否了解火的用途，对“火”是否有相应的生活经验。
- 指导幼儿结合已有经验讲述，并在相互交流借鉴中提升经验，了解火的用途。

经验提升：火是很重要的能源之一，火可以给我们带来光明和温暖。在日常生活中，人们用火做饭、取暖、照明、燃放美丽的烟花等，我们的生活中离不开火。运用在工业生产中火还可以发电、冶炼等。

二、观察讨论，感受火的危害

❶ 观看视频《火灾案例录像》。

❷ 讨论：为什么会着火？火灾都造成了哪些危害？

观察指导要点

- 幼儿了解火灾后产生了哪些情绪和感想。
- 引导幼儿的情绪，对火要有敬畏之心，激发幼儿的防火意识。

经验提升：火灾不仅会毁坏物质财产，造成社会秩序的混乱，还直接或间接危害生命，给人们的心灵造成极大的危害，小朋友在日常生活中一定不要玩火。

三、操作巩固，掌握火灾的处理方法

❶ 取出幼儿探究游戏活动材料“着火了怎么办（一）”“着火了怎么办（二）”，想一想，着火了应该怎么办？取下“着火了怎么办（二）”上的图片，按顺序放在“着火了怎么办（一）”的空格内。

❷ 交流：生活中有哪些物品容易引发火灾？和同伴们一起说说着火时逃生的好办法。

观察指导要点

- 幼儿是否能按顺序操作游戏材料，掌握火灾逃生顺序。
- 指导幼儿结合操作材料完整地讲述火灾逃生的方法。

经验提升：当我们遇到火灾时，应迅速拨打“119”报警电话，报警后用湿毛巾捂住口鼻，寻找安全通道。不要慌张害怕，快速离开现场。

四、设计标识，做预防火灾安全小能手

1. 讨论：你想用什么办法告诉其他人用火安全？
2. 设计防火安全标识，并粘贴到认为需要提示人们的地方。

观察指导要点

- 观察幼儿是否有自己的想法并能用自己喜欢的方式进行自主表达。
- 鼓励幼儿用图画、符号或简单的文字等方式表达自己的想法。

经验提升：在有用火安全隐患的地方，用别人能看得懂的方式，提示他们，就会减少危险。我们小朋友设计的安全标识，也会帮助他人避免危险，我们都是安全宣传员。

★ 活动拓展

在美工区投放画笔和画纸，鼓励幼儿设计各种防火标识。

★ 家园共育

家长可与孩子共同了解更多火灾逃生知识，如在高楼发生火灾时如何自救等，丰富孩子的相关经验。

火灾逃生演练

★ 活动目标

1. 萌发火灾自我保护的意识。
2. 能够掌握火灾逃生的方法及自我保护的方法。
3. 认识逃生标识，获得逃生经验。

★ 活动准备

1. 经验准备

幼儿已有简单的逃生自救的经验。

2. 物质准备

配备材料：音频：《火灾声和（火灾警报声）》。

自备材料：每名幼儿一条毛巾、幼儿园班级位置图。

★ 活动建议

一、谈话讨论，初步了解火灾时逃生的方法

1. 谈话：自由说说遇到火灾时该怎么办，在不同的场合遇到火灾应该怎么办。
2. 讨论：在逃生过程中会遇到哪些问题？应该怎么避免？

观察指导要点

- 观察幼儿对火灾认知的前期经验以及对火灾逃生的掌握情况；幼儿是否能对在逃生中遇到的问题有预判。
- 倾听幼儿交流，了解幼儿对火灾的认知与生活经验。

经验提升：发生火灾时，我们要将毛巾沾湿，对折三次，捂住口鼻。在逃生过程中一定不能让湿毛巾离开口鼻，否则很容易吸进烟雾，使我们咳嗽、呼吸困难；逃生时，要弯腰、低头，避免吸入烟雾。禁止乘坐电梯，走楼梯时不能推挤，要一个跟着一个才能更快地从安全出口撤离。

二、观察设计，掌握幼儿园逃生的路线

❶ 观察幼儿园平面图，了解幼儿园的安全出口和通道。
❷ 根据自己所在位置设计火灾最佳逃生路线。

观察指导要点

- 幼儿设计的火灾逃生线路是否合理。
- 观察对比设计，选择最佳方案。

经验提升：火灾逃生线路要确保通畅，并能够以最快的速度撤离火灾现场。

三、实践演练，熟悉幼儿园火灾逃生过程

播放音频《火灾声和（火灾警报声）》，根据设计好的逃生路线，有序撤离。

观察指导要点

- 幼儿的逃生方法是否正确，撤离中出现的问题有哪些。
- 引导幼儿冷静、有序、快速地撤离。

经验提升：听到火灾警报声后要保持冷静，不要大声喊叫，要听从老师的指挥。熟悉逃生路线，以最短的时间撤离现场。

四、表征表达，回顾逃生方法和路线

用绘画的形式记录演习的过程，与同伴分享交流。

★ 活动拓展

❶ 教师用视频和照片的形式记录演习过程和时间，与幼儿共同回顾、梳理火灾逃生演习过程中的问题，巩固幼儿园火灾逃生的方法。
❷ 幼儿作为逃生安全宣讲员，向其他班级小朋友介绍消防逃生常识。

★ 家园共育

家长可与孩子共同了解更多火灾逃生知识，如在高楼发生火灾时如何自救等，丰富孩子的相关经验。

旋转的危险

★ 活动目标

1. 共情受伤者的痛苦情绪，提升自我保护意识。
2. 能够发现身边危险的“旋转”，对安全隐患有预判。
3. 掌握应对旋转危险的方法。

★ 活动准备

1. 经验准备

见过或使用过旋转门。

2. 物质准备

配备材料：幼儿探究游戏活动材料“危险的转转”；视频《危险的旋转门》。

自备材料：教师和幼儿提前收集可以旋转的物品照片带到幼儿园。

★ 活动建议

一、观看视频，初步了解旋转门的危险

1. 谈话：说一说你在哪里见到过旋转门，怎么做能够安全通过旋转门。
2. 观看视频《危险的旋转门》，了解旋转门容易发生的危险。

观察指导要点

- 幼儿是否有通过旋转门的经验，能否认识到旋转门的危险。
- 引导幼儿结合自己的经验以及视频讲述旋转门的危险。

经验提升：在旋转门里玩耍容易撞伤、夹伤自己和他人，十分危险。使用旋转门前要先观察门旋转的速度，选择门洞大的时候进入；一个门洞不要进入太多人；不要用力推挤旋转门，以免会撞伤自己和他人，幼儿要在大人的带领下通过。

二、讨论分析，了解旋转物品存在的安全隐患

❶ 分组讨论哪些物品可以旋转，展示自己带来的旋转物品的图片。

❷ 分析这些可旋转物品存在哪些安全隐患，应该如何避免安全事故发生。

观察指导要点

- 幼儿是否能通过讨论和分析了解可旋转物品存在的安全隐患。
- 引导幼儿根据不同物品旋转的速度和力度，从而判断隐患的存在点。

经验提升： 转动的电风扇、打蛋机、榨汁机、空调的外挂机、快速行驶的轮子、旋转饭桌等，这些旋转会为我们服务，但有时也会产生危险，小朋友们不能随便玩、随便碰，应该尽量远离这些危险的旋转。

三、操作活动，掌握自我保护的方法

❶ 取出幼儿探究游戏活动材料“危险的转转”。看图说说这些物品的名称，它们旋转时哪些会产生危险，在相应的圆圈内贴上安全警示小贴纸。

❷ 找找生活中还有哪些危险的旋转物品，添画在空格里，说说它们旋转时我们应该怎么做。

观察指导要点

- 幼儿是否能够做出正确的判断完成操作材料。
- 引导幼儿简单明确地用语言总结出如何远离“旋转”的危险，掌握自我保护的方法。

经验提升： 旋转的物品存在一些安全隐患，我们不要随意摆弄旋转的物品，远离高速旋转的物品，不能将手、脚等伸入旋转的物品中，更要防止头发、衣服等随身物品卷入其中。

★ 家园共育

请家长在日常生活中提示孩子关于旋转的危险，帮助孩子树立自我保护的意识。

落水的小猫

★ 活动目标

1. 喜欢讲述故事，并愿意与同伴交流。
2. 能通过观察图片来分析故事情节的顺序并进行排列。
3. 初步了解防溺水安全的有关内容。

★ 活动准备

● 物质准备

配备材料：幼儿探究游戏活动材料“小猫落水”；电子图片“防溺水三字经”。

★ 活动建议

一、观察排序，分析故事情节

1. 取出幼儿探究游戏活动材料“小猫落水”，观察图片，说一说每幅图片的地点、图中都有谁，它们在干什么。

2. 取下每张图片，你想怎样排列图片，按照自己的想法排列图片，讲个有趣的故事吧。

3. 还能按照怎样的顺序排列图片，故事情节有什么变化，重新排列图片再讲一个新的故事吧。

观察指导要点

- 幼儿能否根据图片内容分析出故事情节的发生顺序。
- 引导幼儿观察图片细节，让幼儿按不同的顺序排列图片，讲出不一样的故事情节。

经验提升：图片内容是小猫和小鸭子在小河边发生的故事，是以小猫不小心落水，小鸭子将小猫救上来为主线展开的。

二、分享交流，完整讲述故事的大意

自由讲述，说一说自己有几种排列图片的方法，分别是如何排列的，并尝试完整地讲述不一样的故事。

观察指导要点

- 幼儿能否根据图片的内容排列出不一样的顺序，使故事的开头、结尾或故事情节不一样，是否能按图片的排列顺序，完整地描述出故事内容。
- 幼儿有几种不同的排序方式，排列方式是否合理。

经验提升：图片排列的顺序不一样，故事的情节也就发生了变化，我们根据不同排列顺序的图片，就可以讲述不一样的故事了。

三、展示分享，完整地讲述不同的故事

个别幼儿展示自己对图片的排列顺序，并给小伙伴们讲述不同的故事了，互相学习运用的词汇和语句。

观察指导要点

- 幼儿能否敢于展示，在大家面前用好听的声音讲故事。
- 引导幼儿仔细倾听、学习同伴在讲述时用到的词句和对不同细节的描述。

经验提升：我们通过排列图片顺序的变化，讲述不一样的故事，而且能用生动的语言、词汇来描述小猫落水之后的害怕和着急，以及获救后的心情。

四、交流讨论，玩水的快乐与危险

❶ 谈话：夏天到了，小朋友喜欢玩水吗？都在哪里玩水，有哪些快乐？

❷ 讨论：玩水会发生哪些危险？我们应该做些什么避免发生溺水事故，远离危险？

观察指导要点

- 幼儿是否有防溺水的相关常识，并能用语言表述。
- 引导幼儿在交流中能倾听他人讲述，并结合自己的经验提升认知。

经验提升：在河边一般都会有警示牌，上面写着“水深危险，请勿戏水”等，用来提醒人们注意安全，小心溺水。不要靠近这些危险的水边，不在水库、池塘、小河、小溪边玩水或逗留、打闹，也不要靠近无盖的水井，更不能去河边、沟边洗手洗脚，以免滑落水中。小朋友应该在大人的陪伴下，去安全的地方玩水，如正规的游泳池、水上乐园等。

★ 活动拓展

在语言区投放儿歌图片《防溺水三字经》，引导幼儿巩固防溺水的安全知识。

★ 家园共育

我国大部分地区在每年3—10月的降水都较为充沛，致使水位线高涨，是溺水事故的高发期。当去水边游玩时，请家长看护好孩子，提醒孩子不要离开大人私自下水。

★ 活动资源

儿 歌

防溺水三字经

防溺水，我知道，危险区，不要去。
要玩水，大人陪，同伴邀，不跟随。
落水了，不惊慌，大声喊，求帮忙。
见落水，不冲动，看周围，找大人。

安全小卫士

★ 活动目标

1. 懂得排查熟悉场所的安全隐患，有安全意识。
2. 能够利用颜色、符号、图形等表达设计意图。
3. 认识常见的安全标识，理解安全标识所代表的含义。

★ 活动准备

❶ 经验准备

幼儿在生活中已见过一些安全标识。

❷ 物质准备

配备材料：幼儿探究游戏活动材料“设计安全标识”；视频《安全标识》。

自备材料：幼儿与家长共同收集常见的安全标识图片、画笔。

★ 活动建议

一、收集展示，认识各种安全标识

分享交流。在小组内互相交流提前收集到的各种安全标识，展示交流标识的内容与表达的意思。说说这些标识有什么作用，在哪里见到过这些标识。

观察指导要点

- 观察幼儿是否认识安全标识并了解它们的用途。
- 引导幼儿结合自己的认知经验讲述出对标识的认知与经验。

经验提升：生活中有很多常见的安全标识，我们要留意观察，知道这些安全标识在提示我们要注意什么，表达哪些安全信息，见到这些安全标识我们应该怎么做。

二、分组讨论，给常见的安全标识进行分类

❶ 观看视频《安全标识》。观看后交流讨论：安全标识上有哪些颜色、哪些形状？它们有哪些用途？

❷ 标识分类。小组合作尝试将收集来的安全标识进行分类。

观察指导要点

- 观察幼儿能否理解安全标识的意义。
- 引导幼儿根据自己的了解进行合理的分类，并能说明分类的标准。

经验提升：安全标识的颜色主要有四种，分别是红色、黄色、蓝色、绿色。红色表示禁止，黄色表示警告，蓝色表示指令，绿色表示通行、安全。安全标识的图形多数为圆形、三角形和方形，它们组合起来可以表示不同的安全标识类型，

分为禁止标识、警告标识、指令标识、提示标识四类。

三、安全排查，我是安全小卫士

1. 安全大排查：作为安全小卫士排查班级教室，以及幼儿园各个区域的安全隐患，可以进行简单的记录，也可以请老师用相机帮助拍照记录。
2. 分析讨论：排查到了几处安全隐患，我们应该怎样提示其他人注意安全？

观察指导要点

- 幼儿能否找到安全隐患和需要安全提示的场所。
- 了解幼儿的安全常识，引导幼儿关注在园安全，增加自我保护意识。

经验提升：幼儿园中的安全非常重要，教室里、卫生间、走廊、楼梯、户外都有需要注意的安全事项，我们在存在安全隐患的地方放上标识，就可以提醒大家小心，保护自己的同时也要提醒其他小朋友注意安全。

四、操作活动，设计安全标识

1. 取出幼儿探究游戏活动材料“设计安全标识”，为班级、幼儿园存在安全隐患的地方设计安全标识，说一说设计的想法，并用图画、符号、文字等绘制出来。
2. 将设计好的安全标识粘贴在合适的位置。

观察指导要点

- 观察幼儿是否有自己的想法并能用自己喜欢的方式进行自主表达。
- 鼓励幼儿用图画、符号及简单的文字表达自己的想法。

经验提升：在存在安全隐患的地方，用别人能看得懂的方式提示他们，就会减少危险，我们小朋友设计的安全标识，也会帮助他人避免危险，我们都是安全宣传员。

★ 活动拓展

将设计好的标识粘贴在幼儿园的合适位置。

★ 家园共育

请家长共同配合，在生活中继续引导孩子认识接触到的安全标识，加强孩子的安全意识。

★ 活动资源

1. 禁止标识是带斜杠的红色圆圈，表示不可以做的事情。
2. 警告标识是黄色的三角形，用来警告人们可能发生的危险。
3. 指令标识是蓝色的圆形，表示必须遵守。
4. 提示标识是绿色的方形，能提示人们关键的信息。

交通标识作用大

★ 活动目标

1. 体验遵守交通规则的重要，有交通安全意识。
2. 养成看信号标识的习惯，能够主动按提示遵守规则。
3. 认识常见的交通标识，知道交通标识的作用。

★ 活动准备

● 物质准备

配备材料：幼儿探究游戏活动材料“交通游戏”；电子图片“无序的交通”“生活中常见的交通标识”。

★ 活动建议

一、观察交流，初步感知交通标识的用途

1. 观察电子图片“无序的交通”，说说两张图有哪些不一样的地方。
2. 交流：为什么第二张图的车辆是井然有序的？

观察指导要点

- 观察幼儿对交通标识的前期经验。
- 引导幼儿通过图片的对比，了解交通标识的重要性。

经验提升：为了预防事故的发生，交通管理部门设计了很多交通标识，提醒

大家要注意交通安全。

二、细考讨论，了解交通标识

❶ 观察电子图片“生活中常见的交通标识”，说说这些标识是什么样子的、表达了什么意思，初步了解交通标识。

❷ 讨论：在马路上设置交通标识有什么用途？

观察指导要点

- 观察幼儿是否认识常见的交通标识，并知道它们的作用。
- 引导幼儿了解交通标识与交通环境以及安全行为的关联性。

经验提升：这些交通标识分别是“人行横道”“步行”“禁止鸣笛”“禁止停车”“慢行”“注意儿童”。有了这些标识，马路上的车辆和行人就不会随意乱行，减少了交通事故的发生。小朋友出门的时候要观察交通标识，遵守交通规则，注意交通安全。

三、操作活动，巩固对交通标识的认识

❶ 取出幼儿探究游戏活动材料“交通游戏”，说说马路上这些地方需要哪些标识，取下交通标识贴在相应的粘贴处。再取下小人儿、小车和同伴玩交通小游戏，要遵守交通规则哟。

❷ 互相对照，与同伴对比一下，各组交通标识选择的位置是否一致，是否有不同的地方，为什么。

观察指导要点

- 观察幼儿能否判断不同场景的规则要求并选择正确的标识。
- 引导幼儿在交流中互相学习，正确辨识不同的交通标识。

经验提升：不同的场景、路况需要的交通标识也不同，例如在学校旁会有“注意行人”“减速慢行”等标识。在人行横道会有指示灯、步行标识等。

★ 活动拓展

在角色区和建构区投放街道、马路、交通标识、汽车等材料，让幼儿模拟马路上的通行过程。

★ 家园共育

请家长在日常生活中遇见交通标识时继续向孩子介绍，并提醒孩子注意交通安全。

安全第一

★ 活动目标

❶ 愿意学唱歌曲。
❷ 能用自然的声音跟随乐曲节奏演唱歌曲。
❸ 理解歌词内容，喜欢学唱歌曲。

★ 活动准备

❶ 经验准备
了解安全标识的几种类型。
❷ 物质准备
配备材料：音频歌曲《安全第一》。

★ 活动建议

一、谈话交流，交通规则有什么

交流分享。结合上一次活动的“交通游戏”操作卡片，说一说自己都知道哪些交通规则。

观察指导要点

- 幼儿对交通规则的认知与经验。
- 幼儿是否重视交通规则，有遵守交通规则的意识。

经验提升：我们要掌握基本的交通规则才能很好地保证我们的交通安全，如靠右侧通行、看交通信号灯过马路、不在马路上玩耍、横穿马路需要走斑马线等。

二、欣赏歌曲，了解、掌握歌词内容

1. 倾听音频歌曲《安全第一》，初步欣赏歌曲，理解歌词内容。
2. 倾听乐曲，跟着乐曲的节奏说歌词。

观察指导要点

- 幼儿是否理解歌词内容。
- 引导幼儿感受节拍长短的变化，按照歌曲的节奏说歌词。

经验提升：这首歌曲让我们了解了一些交通安全的常识，歌词告诉我们：汽车来了我让道，走路要走人行道，过马路要走横道线，玩耍不上马路跑，来往车辆仔细瞧。

三、学唱歌曲，大胆表现歌曲内容

1. 通过整首跟唱、重点学唱、分组轮唱等多种方式演唱歌曲。
2. 边扮演边演唱。尝试用简单的肢体动作表现歌曲内容。

观察指导要点

- 观察幼儿演唱的节奏、音准是否准确，是否喜欢演唱并表现歌曲。
- 提示幼儿用合适的音量，有节奏地演唱歌曲，针对演唱存在的节奏、音准等问题及时进行纠正。

经验提升：歌曲曲调轻快、富有节奏变化，歌曲结尾用“× 0 × 0 | × − −|”的节奏强调和表达了“安全第一我知道”。

★ 活动拓展

将音频投放到表演区，供幼儿继续演唱。

★ 家园共育

请孩子将歌曲唱给家人听，继续巩固安全常识。

★ 活动资源

歌 曲

安全第一

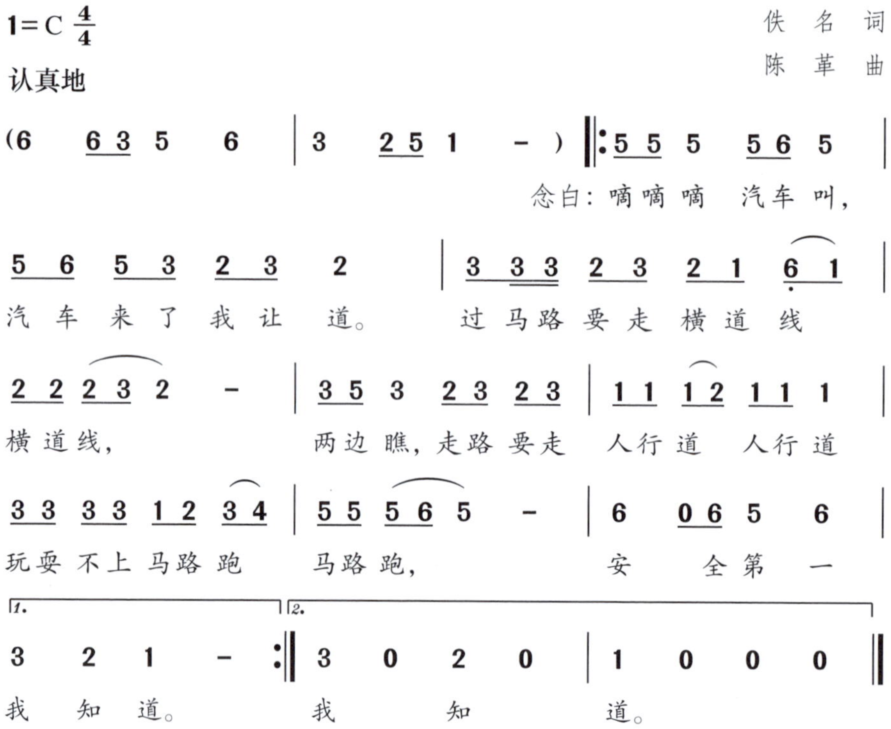

子主题 保护自己

吃的安全

★ 活动目标

1. 建立健康饮食的意识。
2. 能区分哪些是健康的食品，应该多吃；哪些是不健康的食品，应该少吃。
3. 初步了解“三无”食品，认识食品包装上的安全信息。

★ 活动准备

● 物质准备

配备材料：幼儿探究游戏活动材料“食品安全”；电子图片“食品、绿色食品标识、绿色食品”。

自备材料：幼儿与家长共同收集正规食品的包装袋。

★ 活动建议

一、谈话交流，初步了解饮食安全常识

交流分享。互相分享自己最喜欢吃的食物是什么，我们在饮食方面要注意什么。

观察指导要点

- 观察幼儿对饮食的兴趣爱好、对食品安全的前期经验等情况。
- 参与幼儿的分享交流，通过共同谈话引发幼儿对食品安全的话题。

经验提升：小朋友都有自己喜欢吃的食物，但是，有些食物对我们的健康不利，如路边售卖的那些不干净的小食品、油炸食品等大部分都是一些对身体有害的食品。我们要多吃水果、蔬菜和健康安全的食品，保护自己的身体健康。

二、收集观察，了解食品包装上的健康、安全信息

❶ 分组观察交流食品包装上的各种信息。互相观察、交流自己提前收集的各种食品包装袋，说说袋子里分别是什么食品、自己为什么喜欢这种食品等。

❷ 找找包装袋上的生产日期、绿色食品标识等，了解什么是“三无”产品。

❸ 观察电子图片“食品、绿色食品标识、绿色食品”。说说图片上有什么，绿色食品标识的图案上有什么，它们分别代表什么意思。

观察指导要点

- 幼儿能否发现食品包装上的相关信息，是否能准确辨别包装上面的安全信息。
- 参与幼儿对包装袋的观察交流，共同发现包装上的名称、生产日期、保质期、安全标识等信息，了解袋内的食品是否安全。

经验提升：食品的包装上有很多有用的信息，如生产日期、保质期等时间信息，添加剂等成分信息。还有绿色食品标识，这种标识由三部分组成，即上方是太阳、中间是蓓蕾、下方是叶片，有绿底白图和白底绿图两种，表示绿色食品是出自优良生态环境的安全无污染食品。

“三无”产品是指无生产日期、无质量合格证以及无生产厂家的产品，缺乏必要信息的产品。这些产品通常没有经过严格的质量检验和监管，具有一定的安全隐患。

三、操作检测，进一步了解食品安全常识

1. 取出幼儿探究游戏活动材料“食品安全”，先将下面的图片进行分类，安全食品放在小孩的嘴巴里，不安全的食品放到垃圾桶里。
2. 和同伴说一说如何辨别安全食品。

观察指导要点

- 幼儿是否能够根据图片内容做出正确的判断，是否能独立完成操作。
- 鼓励幼儿互相商量、分享、回顾相关经验，协助进行操作。

经验提升：为了保证我们健康的饮食，除了购买正规的、在保质期内的食物，在吃食物之前，我们要确定食物是不是安全的，可以先用眼睛仔细地观察一下有没有霉点、是不是变色了，还可以用鼻子闻闻有没有奇怪的味道，比如酸味或者臭味。如果颜色和味道改变，就说明这个食物坏掉了，不能吃了。

四、交流总结，养成安全饮食好习惯

交流分享，说一说安全饮食的好习惯有哪些。

观察指导要点

- 幼儿能否用简单明确的语言说出安全饮食的好习惯。
- 参与幼儿的交流，引导幼儿梳理前面了解的食品安全的相关知识经验，回顾日常生活中有关饮食习惯等内容。

经验提升：安全饮食的好习惯包括以下几方面：

1. 学会判断哪些是健康食品，多吃健康食品。
2. 均衡饮食。养成不挑食、不偏食、不剩饭的好习惯，也不能暴饮暴食。

③ 讲究卫生。做到饭前洗手，保持“四净”，饭后擦嘴漱口。
④ 细嚼慢咽。每餐吃饭的持续时间宜为 20~30 分钟，不要吃得过快或过慢。
⑤ 礼貌用餐。咀嚼时不出声，口中含食物时不说话。

★ 活动拓展

和同伴共同设计食品安全小海报。

★ 家园共育

家长可以带领孩子去超市，鼓励孩子自己挑选绿色食品。

我的小隐私

★ 活动目标

① 萌发保护自己身体隐私部位的意识。
② 学会尊重、保护自己的身体。
③ 了解男孩和女孩身体的差别，知道身体的隐私部位。

★ 活动准备

① 经验准备
知道男孩和女孩在身体上是有差别的。
② 物质准备
配备材料：幼儿探究游戏活动材料“我的隐私部位”；电子图片“隐私部位”。

★ 活动建议

一、经验分享，了解男孩和女孩身体的差别

谈话交流。互相说一说男孩和女孩有什么不一样的地方，如何区分。
男生和女生在外面上厕所和洗浴为什么要分开？

观察指导要点

- 可根据幼儿交流的情况适当引导，更正错误的性别刻板印象。
- 鼓励幼儿清楚、连贯、有条理地表达自己的想法。

经验提升：男女身体器官是有所不同的，有着生理差异。区别男女厕所和洗浴的意义在于保护个人的隐私和尊严，维护社会公共秩序，这样做有助于避免尴尬的情况发生。

二、观察讨论，了解自己身体的隐私部位

❶ 观察电子图片“隐私部位”，了解自己身上是有隐私部位的。

❷ 讨论：我们身上哪些隐私部位是不能随便让别人看见和触摸的？

观察指导要点

- 观察幼儿是否知道自己的隐私部位。
- 参与幼儿的交流，引导幼儿了解自己的隐私部位不能暴露出来。

经验提升：我们的身体由很多部分组成，有些地方不仅不能让别人触摸，也不能让别人看到，同时也不能去触摸别人、看别人的这些地方。夏天同学们游泳时穿泳衣被遮住的地方，就是我们的隐私部位。

三、操作巩固，萌发保护隐私部位的意识

❶ 取出幼儿探究游戏活动材料“我的隐私部位”。指出图片中小朋友哪些身体部位是不应该露出来的隐私部位。取下粘贴页中的小衣服遮挡在娃娃的私密部位，说一说这些部位为什么不能让别人触摸。

❷ 互相对照、交流分享操作结果。

观察指导要点

- 观察幼儿是否能够识别隐私部位，并合理遮挡。
- 引导幼儿理解将隐私部位暴露出来的行为是错误的。

经验提升：隐私部位指人的胸部、臀部、生殖器等部位，都是小朋友们的隐私部位，把隐私部位遮挡起来既是保护我们自己，同时又是尊重别人。

四、讨论交流，了解保护自己隐私部位的方法

1. 讨论交流。在日常活动中怎样保护好自己的隐私部位？
2. 当遇到不友善的触摸时，应该怎么做？

观察指导要点

- 观察幼儿是否有自我保护的意识，是否掌握自我防范的方法。
- 参与幼儿的交流，引导幼儿掌握保护自己的方法。

经验提升：隐私部位同我们身体其他部位一样，例如我们的鼻子、嘴巴、手与隐私部位同等重要，都是我们身体的一部分，但隐私部位需要我们更加用心地呵护和照顾。如果有人有意触碰我们的隐私部位，一定要进行躲闪或阻止，并尽快告诉老师和家长，这样我们才能保护好自己，才能更加安全、健康地成长。

★ 活动拓展

活动后阅读绘本《不要随便亲我》《我们的身体》等。

★ 家园共育

在日常生活中提醒孩子不能随便暴露自己的隐私部位，注意保护自己的人身安全。

特殊的电话号码

★ 活动目标

1. 懂得在紧急情况下拨打求助电话求助，有安全意识。
2. 能正确拨打紧急求助电话，较清楚地讲述相关情况。
3. 知道“110”“119”“120”三个紧急求助电话号码及其作用。

★ 活动准备

❶ 经验准备

幼儿知道父母的电话号码，并对常见的特殊号码有初步的认识。

❷ 物质准备

配备材料：幼儿探究游戏活动材料“紧急电话”；电子图片“紧急状况”“紧急求助电话我知道”。

自备材料：电话模型。

★ 活动建议

一、谈话交流，回顾已有经验

❶ 谈话分享。说说自己是否知道爸爸妈妈的手机号码。

❷ 当我们遇到危险时，除了可以拨打爸爸妈妈的电话，还可以拨打哪些电话号码进行求助？

观察指导要点

- 幼儿是否能准确快速地说出爸爸妈妈的电话号码，是否了解一些特殊的电话号码。
- 参与幼儿的分享，了解幼儿前期经验，引导幼儿了解一些紧急电话号码。

经验提升：我们在日常生活中遇到一些危险和困难时，可以拨打一些特殊的电话号码。遇到坏人时，应拨打“110”电话找警察叔叔；有人生病或受伤时，应拨打“120”电话找医护人员；发生火灾时，应拨打“119”电话找消防员叔叔；被困在电梯或遇到其他需要社会性抢险救援时，也可以拨打“119”电话找消防员叔叔。

二、交流体验，了解拨打急救电话的方法

❶ 观察电子图片“紧急求助电话我知道”，说说紧急求助电话有哪些，都有什么作用。

❷ 交流：遇到紧急情况我们应该怎么打电话？

❸ 模拟体验：出示“紧急状况”图片，根据场景需要，模拟拨打紧急电话。

观察指导要点

- 观察幼儿能否在紧急情况下拨打相应的求助电话求助，并准确而简单地说出报警信息。
- 指导幼儿在报警时准确、有序地说出关键信息。

经验提升：当我们需要救助时，按手机或电话上的数字按钮和通话键，拨打对应的电话号码，电话拨通后要说清自己的姓名、所在的位置和发生了什么事情，说清楚相关状况，才能得到及时有效的救助。

三、操作巩固，了解紧急求助电话的重要性

① 取出幼儿探究游戏活动材料“紧急电话”，观察图片，说一说图中发生了什么事情。连一连每种情境应该拨打哪个电话号码，请把电话上相应的数字涂上颜色。和小朋友互相对照你们的连线是否一样，说说这些紧急电话还可以在什么情况下拨打。

② 讨论：为什么不能随意拨打救助电话？

观察指导要点

- 幼儿能否正确完成操作材料的内容。
- 参与幼儿讨论，引导幼儿了解为什么不能随意拨打求助电话。

经验提升：当我们遇到危险的时候，可以拨打这些特殊的电话进行求救，但平时不能随意拨打这些号码，因为这种行为属于滥用公共资源，会扰乱正常的公共秩序，同时自己也会受到相应的惩罚，害人害己。

★ 活动拓展

将电话模型投放到表演区，鼓励幼儿继续模拟拨打求救电话的情景。

★ 家园共育

请家长和孩子一起找一找生活中还有哪些特殊的电话号码，让孩子感受、了解生活中一些特殊的电话号码带来的便利。

参观消防队

★ 活动目标

1. 敬佩、热爱消防员。
2. 能够理解消防员叔叔的工作和训练，有防火意识。
3. 认识常见消防工具，知道名称和用途，懂得基本的消防常识。

★ 活动准备

1. 经验准备

（1）教师和幼儿共同制定参观当天的规则、注意事项以及参观准备等。

（2）提前考察路线、环境、安全等情况，做好与消防队相关事宜的沟通。

2. 物质准备

配备材料：幼儿探究游戏活动材料“我眼中的消防队”“消防车里有什么”。

★ 活动建议

一、谈话交流，做好出发前动员和准备

1. 了解外出参观的要求，自主准备和检查自己外出需要携带的物品。
2. 交流分享。外出参观时需要注意什么？

观察指导要点

- 幼儿是否对参观消防队感兴趣，携带的物品是否齐全。
- 通过交流，了解幼儿对外出参观时注意事项的掌握情况。

经验提升：参观途中要注意交通安全，要始终遵守交通规则，听从老师的指引；环境安全上要尽量保持在指定区域活动，避免靠近危险区域，不能随意离开集体活动或离群单独行动。

二、参观感知，初步了解消防员的生活和工作情况

1. 在消防员叔叔的带领下参观他们生活、训练、工作的地方。
2. 倾听消防员叔叔讲解消防安全知识，认识各种消防工具的名称、用途等。

③ 主动向消防员叔叔提出有关消防安全的问题。

观察指导要点

- 观察幼儿在参观过程中的表现、遇到的问题等情况。
- 引导幼儿积极和消防员叔叔互动交流，主动提出自己感兴趣的问题。

经验提升：我们在参观中观察了消防车，了解了消防车的构造与功能（泵车、云梯车、抢救车、指挥车等）、器材和装备（各种灭火器、消防水带、消防栓、消防梯、消防斧以及其他一些特殊工具）；了解了各种消防器材的用途和操作方法，知道了各类消防车的用途。

同时也了解了防止火灾的方法，如：保持室内外整洁，清除可燃杂物，不在室内使用液化石油气罐做燃料，不玩火等。

三、操作巩固，加深对消防知识的了解

① 取出幼儿探究游戏活动材料“我眼中的消防队”，说说消防队是做什么的，你在参观过程中印象最深刻的是什么。画出你眼中的消防队。

② 交流分享。根据自己的记录结果，互相讲讲消防队的故事。

观察指导要点

- 幼儿能否把在消防队参观到的事物通过图画、符号及文字表征出来。
- 鼓励幼儿分享交流自己的收获，有序、清晰地讲述观察的经历与感受。

经验提升：我们在参观消防队的活动中，认识了消防器材、各种消防用车，学到了安全防火知识。懂得了发生火灾时不要慌，要镇定，选择科学的逃生方法，这样才能安全逃离火灾现场。

★ 活动拓展

① 利用区域活动时间，引导幼儿完成幼儿探究游戏活动材料“消防车里有什么”，将粘贴页中属于消防设施及工具的图片粘贴到消防车上，再讲讲这些工具有什么作用。

② 在建构区拼插消防车，进行搭建消防队等建构游戏。

★ 家园共育

请孩子给家长讲一讲参观消防队的收获。

探秘水世界

主题价值

玩水是孩子的天性，哗哗的流水声，沙沙的小雨声，大自然中千姿百态的水，带给孩子们无限的欢乐。幼儿在大自然、日常生活与水的亲密接触中，有了关于水的粗浅经验，水最能引发幼儿的遐想和亲近。幼儿运用多种感官在玩水的过程中发现水、感受水、了解水，同时获得积极经验，萌发了幼儿对大自然的好奇和探索欲望。

本主题围绕“生活中的水”“大自然中的水”两个子主题，让幼儿通过观察大自然和生活中的水，鼓励幼儿通过感知、操作、记录等方式，了解水的特性，获得有关经验，体会人们的生活离不开水，从而关心周围的环境，珍惜水资源，养成节约用水的好习惯。盛夏来临之际，不妨让我们和幼儿一起聆听雨声，探秘有趣的水世界吧！

主题讨论

主题实施前，围绕“水”的主题预设开放性话题并组织幼儿进行谈话或讨论，了解幼儿对水已有的生活经验以及感兴趣的内容，以便灵活地运用主题案例，作适宜的选择，整合园本化设计，如：

1. 生活中的水有什么用处？
2. 水从哪里来？你知道自然界中都有什么样的水吗？
3. 你能说说水的特性吗？
4. 你了解雨吗？
5. 你知道多喝水有什么好处？饮料可以多喝吗？
6. 我们为什么要节约用水？我们可以怎样节约用水呢？为了让更多的人知道要节约用水，我们可以做些什么？
7. 关于水，你还想知道什么？

…………

主题目标

1. 对生活中的水感兴趣，喜欢玩水的游戏。
2. 在探究活动中了解水的特性。
3. 在游戏中感知溶解现象，知道使用搅拌棒可以加速溶解。
4. 喜欢喝白开水，知道少喝饮料有益健康。
5. 了解不同物体的吸水现象。
6. 能够大胆猜想并尝试记录发现，学会验证结果的方法。
7. 对大自然中的水循环感兴趣，了解自然界中的水。
8. 爱护水资源，养成节约用水的好习惯。

主题资源

活动资源一览表

子主题	活动名称	涉及领域	幼儿游戏资源			教师教学资源		
			实物材料	探究游戏活动材料	图画书	电子图片	音频	视频
生活中的水	水的本领大	科学/健康		“水”的调查 一起来喝水				
	节水小能手	社会/语言		节水好习惯 珍爱每一滴水				地球的“渴”望
	水变干净了	科学/语言	石英砂	自制净水器				水污染，对我们生活造成哪些影响?
	水画画	艺术/科学	滴管	彩虹水滴				
	饮品店	科学/健康		奇妙的溶解				
	染手帕	艺术/科学	棉布、橡皮筋			中国传统扎染作品		扎染
	吸水神器	科学/语言		水中花				

续表

子主题	活动名称	涉及领域	幼儿游戏资源			教师教学资源		
			实物材料	探究游戏活动材料	图画书	电子图片	音频	视频
大自然中的水	小水滴旅行记	语言/科学	透明塑料片、两脚钉	小水滴的旅行	小水滴旅行记		故事：小水滴旅行记	
	雨中的世界	科学/艺术		雨中的倒影				
	雨天的危害	科学/语言		雨天的安全		雷雨天气		雷雨天气
	保护水资源	社会/语言		保护海洋				海底世界、海洋的污染
	小水花	艺术/语言					歌曲：小水花	小水花

主题环境

主题墙

❶ 随时关注幼儿在主题实施过程中提出的疑惑问题，积极引导幼儿探索并寻找答案，鼓励幼儿将答案的图片、绘制的记录等在主题墙上进行展示、交流。

❷ 将幼儿在主题活动中的记录单、绘画、手工作品，如“水的本领大”“奇妙的溶解”等，以及幼儿在活动区游戏中的作品，展示在主题墙上供幼儿讨论和学习。

❸ 收集与主题相关的图片、照片、实物等资源布置在主题墙上，如各种关于水资源等方面的图片；各种节约用水的好方法；“美丽的手帕”作品展；各种有关水的探究实验步骤图。不断拓展和丰富幼儿的主题目标。

活动区

❶ 建构区：提供中国有代表性的大坝图片、水上游乐园设施图片供幼儿建

构时提供参考。

② 表演区：提供“小水洼”道具和《小水花》音频供幼儿表演舞蹈。

③ 美工区：提供各种废旧布料，各色的颜料、托盘、棉棒、纸巾等绘画辅助材料，让幼儿继续进行扎染创作。

④ 科学区：提供水、食用油、回形针、塑料纸、海绵块、圆木片、螺丝、石子；不同形状的装水容器；纯净水、奶粉、果汁粉、食盐、砂糖、沙子、黄豆等，进行沉浮、吸水、溶解等实验探究。

⑤ 语言区：投放图画书《小水滴旅行记》等，引导幼儿继续探索水的奥秘。

家园共育

① 请家长带着孩子用多种感官去寻找、观察、感知、体验生活中和大自然中的水，引导孩子了解不同地方的水有不同的用途，懂得节约用水，保护水资源。

② 请家长提示孩子关注天气预报，有意识地引导孩子观察下雨前后的变化，允许孩子在适宜的雨天外出和游戏。

③ 请家长在家里为孩子提供玩水的材料和机会，如家长和孩子一起做溶解、沉浮实验，一起观察食物中的水和油，让孩子在游戏中体验、感知水的特性。

④ 请家长引导孩子多喝白开水，少喝饮料，从小养成良好的饮食习惯。

⑤ 在家中带领孩子寻找一些容易吸水的物品，并进行记录。

⑥ 请家长引导孩子观察记录生活中浪费水资源的不当行为，与孩子一起寻找一些节约用水的好方法。

子主题 生活中的水

水的本领大

★ 活动目标

① 对生活中的水感兴趣，喜欢玩和水有关的游戏。

② 能够感知水的特性。

③ 了解水的用途以及科学饮水的方法。

★ 活动准备

❶ 经验准备

幼儿对于水的特性有一定的生活经验，提前完成幼儿探究游戏活动材料“‘水’的调查”记录单的内容。

❷ 物质准备

配备材料：幼儿探究游戏活动材料“‘水’的调查”“一起来喝水”。

自备材料：生活用水、饮用水、形状不同的装水容器或水杯、水枪、水车等与水有关的玩具。

★ 活动建议

一、分享交流，感受生活中的水及作用

❶ 分享交流。在小组内互相说一说幼儿探究游戏活动材料“‘水’的调查”的内容，说一说生活中哪些地方有水，这些水有什么作用。

❷ 想象交流。如果没有水，我们的生活会变得怎样？

观察指导要点

- 观察幼儿是否对生活中的水有一定的了解。
- 唤醒幼儿对生活中有关水的经验，了解生活中丰富的水资源。

经验提升：江河湖海、家里的自来水、水井等都有水，水是我们生活的重要资源。我们的日常生活、动植物的生长都离不开水，如果没有水，人和动物会渴死，植物也会干旱而死。

二、观察交流，了解水的特点与用途

❶ 观察水的特点。用透明的水杯装干净的水，透过水杯来看东西，为什么透过水杯还可以看到物品呢？

❷ 用不同形状的容器装水，观察水的形状变化，了解水会根据容器形状的变化而变化，没有固定的形状。

❸ 品尝饮用水，说说水是什么味道的。

观察指导要点

- 观察幼儿是否对水的特点有一定的了解。
- 唤醒幼儿对水的经验，引导幼儿在颜色、味道、流动性等方面总结水的特点。

经验提升：常温下水是液态的，无固定形状，会流动。纯净的水是无色、无味、透明的，有一定体积，加热会变成水蒸气，冷冻会凝结成冰块。

三、游戏活动，体验水游戏的快乐

① 分享交流。说一说“我喜欢的水游戏”。

② 使用自己带来的水游戏玩具，玩一玩有趣的水游戏。

③ 收拾整理材料。

观察指导要点

- 幼儿是否能够根据水能流动这一特性进行多样性游戏。
- 教师引导幼儿结合生活场景发散思维说一说水的用途，引导幼儿说完整话。

经验提升：水也是小朋友的游戏资源，我们可以利用水来游泳、打水仗、玩水枪等。

四、谈话交流，了解科学饮水的方法

① 自由交流。在幼儿园我们是怎样喝水的？

② 取出幼儿探究游戏活动材料“一起来喝水”，说说多喝水有哪些好处。取下图片，排一排、讲一讲，你每天在幼儿园是怎样喝水的。

③ 分享交流，什么时候需要多喝水？

观察指导要点

- 幼儿是否能掌握正确的喝水方法，知道喝水的重要性。
- 提示幼儿结合实际生活，感受根据不同情境调节喝水量的重要性。

经验提升：健康饮水：①水量充足，幼儿喝水应按照其年龄、体重和活动水平适量地给予，饮用水选用白开水最佳。②分次适量，少量多次补充水分，身体才能真正吸收。③以水为主，其他饮品是不能代替水的。④别等到渴了才喝，口渴时身体已经处于缺水状态。记得随时补充水分，尤其是天气炎热出汗多和感冒发烧时，可以多补充水分。

★ 家园共育

❶ 请家长关注孩子的饮水情况，适当带孩子开展与水相关的游戏，如游泳、去水上乐园玩等。

❷ 请家长协助孩子进行“水的调查”，了解生活中哪些地方有水，水有哪些作用，如果没有水生活会变得怎样。

节水小能手

★ 活动目标

❶ 懂得节约用水从我做起，养成节约用水的好习惯。

❷ 能掌握生活中节约用水的好方法。

❸ 了解水资源的重要性，制作雨水收集器。

★ 活动准备

❶ 经验准备

幼儿对生活中水的用途已有了解，知道水与人类生活有着密不可分的关系。

幼儿观察了解过生活中浪费水资源的不当行为，思考过一些节约用水的好方法。

❷ 物质准备

配备材料：幼儿探究游戏活动材料“节水好习惯”“珍爱每一滴水”；视频《地球的“渴”望》。

自备材料：彩笔、剪刀、塑料饮料瓶每人 2 个。

★ 活动建议

一、谈话活动，了解水资源的重要性

❶ 谈话分享。在小组内互相说一说水有哪些用途。如果世界上没有了水，猜一猜会怎么样。

❷ 观看视频《地球的“渴”望》，说一说看到了什么。

观察指导要点

- 幼儿是否能说出水的主要用途，是否能够想象没有水的世界会是怎样的，是否萌发保护水资源的意识。
- 教师可以通过话题引领，引导幼儿感受水资源与人类生活息息相关。

经验提升：没有水，人类就无法生存，小动物也需要喝水，花草和树木都需要水来生长，不然都会枯死。水是生命的源泉，是重要的资源。

二、操作交流，制作《节水好习惯》宣传册

❶ 自由交流：讨论生活中节约用水的好方法。

❷ 取出幼儿探究游戏活动材料“节水好习惯”，说一说节约用水的好习惯有哪些。你还知道哪些节约用水的方法，请画下来。沿着虚线正面折、实线反面折的方法折叠，制作成《节水好习惯》宣传册。

❸ 互相自由交流，分享自己画册的内容。

观察指导要点

- 幼儿能否根据自己生活中的用水经验，用喜欢的方式表达出节约用水的建议。
- 引导幼儿根据宣传册，结合生活经验设计图片内容，表达自己对节约用水的经验。

经验提升：生活中我们节约用水的好方法很多，如：

❶ 用洗衣服的水拖地、冲厕所，洗青菜和洗手的水可以浇花。

❷ 随时关紧水龙头，不让它滴水。

❸ 洗手的时候水不要开得太大，用完后要关紧水龙头。

❹ 下雨的时候可以把雨水用盆和桶接着，留存用来浇花等。

三、操作活动，养成节水好习惯

❶ 取出幼儿探究游戏活动材料“珍爱每一滴水”，说一说水可以用来做什么，把水的用处画在小水滴上。想想节约用水有什么好方法，也画在小水滴上。

❷ 和伙伴们一起把小水滴串挂在一起，装饰节水宣传角。

观察指导要点

- 观察幼儿是否掌握了节水的好办法。
- 引导幼儿自己将小水滴串起来悬挂，作为提示、宣传，节约生活中的每一滴水。

四、讨论设计，制作雨水收集器

❶ 说一说雨水的用处，交流讨论如何收集雨水。

❷ 合作尝试制作雨水收集器。

观察指导要点

- 幼儿是否能够积极思考雨水在生活中的用处。
- 引导幼儿探索制作雨水收集器的方法，知道收集器的开口越大收集的范围就越大，收集的雨水也就越多。

经验提升：可以使用生活中其他的废旧材料自制雨水收集器，如倒放的雨伞、塑料布、废旧的桶等，还可以为雨水收集器设计管道便于收集储存。

★ 活动拓展

❶ 在幼儿园户外安置雨水收集器。

❷ 将收集到的雨水使用到生活中，并进行记录。

★ 家园共育

❶ 请家长引导孩子观察记录生活中浪费水资源的不当行为，与孩子一起寻找一些节约用水的好方法。

❷ 请家长与孩子共同收集制作雨水收集器的废旧材料。

水变干净了

★ 活动目标

1. 愿意探究过滤脏水的方法。
2. 能够根据实验结果进行比较判断。
3. 了解水污染的现状和原因，知道珍惜水资源。

★ 活动准备

1. 经验准备

幼儿在家长的引导下了解水污染的现状。

2. 物质准备

配备材料：幼儿探究游戏活动材料“自制净水器”；视频《水污染，对我们生活造成哪些影响？》；实物：石英砂。

自备材料：透明饮料瓶、脏水、旧布、海绵、纸巾、小石子等多样材料。

★ 活动建议

一、探究操作，尝试使用多种材料过滤脏水

1. 观察脏水，说一说你见过生活中有哪些脏水。
2. 认识过滤材料，讨论如何使用这些材料才能让水变干净。
3. 观察幼儿探究游戏活动材料“自制净水器”，按照步骤制作一个净水器。

观察指导要点

- 幼儿是否能够独自完成净水器的制作，了解不同材料的特点。
- 教师针对个别幼儿进行巡回指导，操作过程中提示幼儿注意桌面和个人卫生。

经验提升：脏水过滤主要分为普通过滤和微孔过滤。拿普通过滤来说，也可以称之为粗过滤，采用这种方法能够将水中的一些杂质和灰尘过滤掉，但是不能过滤一些非常细小的杂质，同时水里面很多微小的细菌也是不能被过

滤掉的。

二、分享交流，比较不同材料的过滤效果

1. 尝试分别用石头、沙子、纱布过滤脏水，观察发现不同的操作结果。
2. 根据自己的操作，将不同材料过滤后的水放在一起进行比较，并将过滤效果进行排序。

观察指导要点

- 观察幼儿是否能够使用不同的材料过滤脏水，并用恰当的语言介绍自己的操作过程和结果。
- 引导幼儿了解不同材料的过滤效果，可以使用数字记录过滤水的过程和水的过滤程度。

经验提升：过滤水时，石头过滤效果是最粗糙的。材料越细腻、密度越大，过滤水的效果越好。还可以使用滤纸、滤网、滤布、活性炭、石英砂等，也可以通过叠加多样过滤材料和增加过滤次数提高过滤效率。

三、观看讨论，了解水污染，爱护水资源

1. 观看视频《水污染，对我们生活造成哪些影响？》。
2. 说一说我们生活中的水污染现象。
3. 交流讨论爱护水资源的方法。

观察指导要点

- 幼儿是否能够感知水污染对环境的危害。
- 引导幼儿爱护水资源应该从生活中的小事做起，如不乱倒脏水、不向河水中扔垃圾等。

经验提升：我们生活中产生的污水，沿着下水道被送往污水处理厂，通过多道的污水处理工序达到排放标准后才排放到大自然的江河中。

★ 家园共育

请家长带领孩子观察生活中的水污染现象，感受水污染对环境的危害。

水画画

★ 活动目标

1. 喜欢进行户外水画画的探索，愿意欣赏他人的作品。
2. 能够自己设计绘画内容并尝试完成。
3. 知道水消失的现象叫作蒸发，了解生活中常见的蒸发现象。

★ 活动准备

1. 经验准备

知道生活中水遇热会被蒸发消失的现象，如晾衣服等。

2. 物质准备

配备材料：幼儿探究游戏活动材料“彩虹水滴”；实物：滴管。

自备材料：棉签若干、小水桶、大毛刷画笔、水粉、水、寻找一块可以供幼儿作画的户外空地。

★ 活动建议

一、走到户外，在户外环境创作水画画

1. 观察水桶和大毛刷画笔，猜一猜这两样东西可以做什么。
2. 了解水画画的方法和工具，说一说自己想画什么。
3. 自由选取工具，如毛笔、刷子、海绵等能蘸水的工具，在幼儿园户外操场自由进行水画画创作。
4. 观察自己画的水画有什么变化，自由交流画出的水画痕迹为什么会逐渐变浅了或不见了。

观察指导要点

- 观察幼儿是否能利用不同材料蘸水在地面上自由涂涂画画，是否能根据水的特点绘制出画面。
- 使用相机帮助幼儿记录下画面，提示幼儿注意用水卫生，保持衣物干爽。

经验提升：我们用水在地面上画的水画，过一段时间会变浅，最后消失不见。这是因为水被蒸发了，地面干了，水的痕迹也就不见了。

二、创作表达，绘画彩虹水滴

❶ 观察了解制作材料滴管、棉签、水粉，说说这些材料的名称和使用的方法。

❷ 取出幼儿探究游戏活动材料“彩虹水滴”，用实物滴管在纸上滴落一些水滴，再用刷子蘸取水粉点在每个水滴上，等晾干后，美丽的彩虹水滴画就完成了。

观察指导要点

- 幼儿能否正确使用滴管等工具制作彩虹水滴画。
- 引导幼儿水滴不要过大，蘸取颜料后要轻轻地点，注意颜料的使用卫生。

经验提升：水滴尽量多滴一些，可有大有小、有疏有密；颜料要点在水滴上。

三、观察探究，了解蒸发现象

❶ 水滴作画后观察一段时间，看看有什么变化。

❷ 猜一猜作品中的小水滴为什么会一点点消失，为什么有的消失得快、有的消失得慢。

❸ 分享交流生活中的蒸发现象。

观察指导要点

- 幼儿能否发现水滴画中的水正在逐渐消失。
- 引导幼儿感受有阳光的地方更温暖，水分蒸发的速度也更快。
- 引导幼儿发现，水使用得越少，蒸发的速度也会越快。

经验提升：在阳光的照射下，水滴会慢慢变为水蒸气飞散到空中，纸面上只留下了融入水中的颜料。

四、讨论交流，了解生活中的蒸发现象

在小组内互相交流：下完雨天晴后，落在地面的水哪里去了？湿毛巾、湿衣服为什么会变干？

观察指导要点

- 观察幼儿是否对生活中水的蒸发现象有所了解。
- 引导幼儿回顾下完雨出太阳后地面是否能看到水汽，蔬菜、水果经过晾晒会变成什么样子等，了解生活中的蒸发现象。

经验提升：蒸发是水由液态转化为气态的过程。水面或土壤里的水，逐渐被太阳加热并蒸发到空气中。温度越高，蒸发速度越快。湿的毛巾和衣服的水分被蒸发掉了就变干了；出汗后感觉皮肤凉爽是因为汗液蒸发时带走了身体的热量；面包放久后变硬是因为水分蒸发，脱水导致的；新鲜蔬菜放一段时间后会萎蔫是因为其表面水分蒸发导致的；夏天给地面洒水很快就干了也是因为水分被蒸发掉了。

★ 活动拓展

幼儿继续在生活和自然界中寻找有关蒸发的自然现象。

★ 家园共育

请家长引导孩子观察生活中的蒸发现象，如晾衣服、擦地后地面变干等。

饮品店

★ 活动目标

1. 喜欢探究活动，体验成功的喜悦。
2. 能够尝试用搅拌的方法加速溶解过程。
3. 了解感知溶解现象，知道饮料中含有糖等多种成分，应少喝饮料、多喝白开水。

★ 活动准备

1. 经验准备

幼儿在生活中去过饮品店，喝过各种味道的水和饮品，知道一些常见味道的来源。

❷ 物质准备

配备材料：幼儿探究游戏活动材料“奇妙的溶解”。

自备材料：吸管、筷子、勺子等搅拌工具、幼儿水杯、透明杯子、纯净水、奶粉、果汁粉、食盐、白砂糖、沙子、黄豆。

★ 活动建议

一、谈话操作，感知水的溶解

❶ 交流分享。说说你去过的饮品店，你喝过哪些饮品，都是什么颜色、什么口味的。

❷ 使用自己的水杯品尝纯净水，说一说这是什么水，喝起来的味道怎么样。

❸ 将纯净水倒入透明杯子中，水里放入糖，观察糖的变化，猜一猜糖到哪儿去了。

观察指导要点

- 幼儿是否对糖溶解的现象感兴趣。
- 鼓励幼儿根据自己已有的生活经验对糖消失的现象进行猜想。

二、交流讨论，了解水溶解的特性

❶ 品尝。品尝自制的糖水，说一说它是什么味道的。

❷ 讨论：水为什么变甜了，放在水里的糖去哪儿了？饮料为什么是甜的？

观察指导要点

- 幼儿能否根据已有生活经验猜测出甜的水里有糖。
- 根据幼儿的交流，引导幼儿了解糖并没有消失，只是溶解在了水中。

经验提升：糖进入水里慢慢地不见了，是因为它们溶解在了水里，所以水变甜了。饮料中含有大量的糖，对小朋友的牙齿有破坏作用，我们要减少喝饮料，避免糖分摄入过多影响身体健康。

三、探究实验，了解水中的溶解现象

❶ 操作讨论。在纯净水中放入糖，观察糖会马上溶解吗？怎么做才能让糖更快地溶解？你还知道哪些东西是可以溶解在水里的？

❷ 操作实验。说说桌上都有什么物品（纯净水、奶粉、果汁粉、食盐、白砂糖、沙子、黄豆），取出幼儿探究游戏活动材料“奇妙的溶解”，猜测这些物品哪些能在水中溶解，把你的猜想用“√”记录在“我的猜想”对应物品格子中。分别放在水里试一试，把实验的结果用“√”记录在相应物品对应的格子中。说说哪些与你猜想的结果一致。尝试使用吸管、勺子等搅拌工具进行搅拌，观察溶解速度的变化。

❸ 你还知道哪些可以溶于水的物质，把它画下来。

❹ 小组内交流自己的发现和实验结果。

观察指导要点

- 幼儿是否对溶解现象有探究欲望；能否用自己的方式记录，引导幼儿进行表征。
- 引导幼儿使用搅拌的方法加速溶解，鼓励幼儿大胆操作，并随机指导。

经验提升：能溶解的物品有白糖、食盐、奶粉、果汁粉等。想让它们在水中加速溶解，可以用搅拌和提高水温的方法。生活中还有许多物品也能在水中溶解，如小苏打、白醋、酒精、味精、洗衣粉等。

★ 活动拓展

❶ 继续在生活中寻找、探究生活中的可溶解物质，了解不同物质在水中的溶解现象。

❷ 说一说我们日常喝的饮品、汤里面都有什么。

★ 家园共育

❶ 请家长在家庭生活中继续引导孩子多喝白开水、少喝饮料，养成良好的饮食习惯。

❷ 请家长在家中为孩子提供玩水的材料和机会，一起观察寻找更多生活中的溶解现象。

染手帕

★ 活动目标

❶ 欣赏扎染作品，感受扎染的乐趣。

❷ 能尝试使用多种方法染手帕，创作扎染作品。

❸ 了解扎染的由来，知道扎染是中国的传统艺术。

★ 活动准备

❶ 经验准备

已经掌握了对边折和对角折的折纸方法。

❷ 物质准备

配备材料：实物：棉布、橡皮筋；电子图片“中国传统扎染作品”；视频《扎染》。

自备材料：纸巾、各色的颜料、托盘、棉棒、抹布。

★ 活动建议

一、感知欣赏，引发对扎染活动的兴趣。

❶ 欣赏电子图片“中国传统扎染作品”，感受扎染艺术的美。

❷ 猜一猜这些美丽的图案是怎么制作出来的。

❸ 观看视频《扎染》，了解中国扎染艺术的由来。

观察指导要点

- 幼儿是否对扎染艺术作品感兴趣，是否对制作方法好奇。
- 鼓励、引导幼儿清楚地表达自己对扎染作品的认知，大致说出扎染的制作方法。

经验提升：扎染是一种古老的纺织染色工艺，它是用线、绳对织物进行紧固、结系、捆绑、缝扎，然后放进染液中进行煮染，由于扎结的外力作用，使得织物染色不均匀。拆除扎线洗去浮色后，织物上即可显现奇特的彩色花纹。其作品色彩朴实，自然大方，富有浓郁的民族风格。

二、尝试制作，了解染手帕的制作步骤

1. 观察了解纸巾、棉棒、托盘、颜料等材料。
2. 扎手帕的方法：用纸巾代替手帕，尝试用不同的方法折叠、捆扎纸巾。
3. 上色：选择自己喜欢的颜色，利用工具在纸巾的裸露位置上色。
4. 阴干：将染色后的纸巾展开阴干。

观察指导要点

- 幼儿是否了解扎染的过程与方法。
- 提醒幼儿注意使用颜料的卫生，鼓励幼儿探索纸巾的多种折叠与捆扎的方法。

经验提升：刚才我们用纸巾，通过对边折、对角折、中心折等方法进行折叠。如：可将纸巾折成正方形、三角形等不同形状。然后用棉棒蘸上颜料，把颜料涂到纸巾的一边，染好后将纸巾轻轻地打开，晾干后作品会完整呈现。

三、设计制作，完成染手帕作品

1. 取出实物棉布、橡皮筋，根据操作步骤，自由尝试创作染手帕作品。
2. 作品欣赏，说一说、讲一讲自己设计的作品。
3. 整理收拾材料。

观察指导要点

- 幼儿是否掌握了染手帕的方法，是否能够独立设计完成染手帕的过程。
- 幼儿染手帕过程中的颜色搭配、折叠方式，是否有创新。
- 幼儿操作过程中教师要提醒幼儿注意使用颜料的卫生；鼓励幼儿尝试不同的折叠方法、不同颜料的综合利用等，来创造染手帕的方法，适时提供个别指导。

经验提升：小朋友染的手帕，画面鲜艳、图案丰富，都非常漂亮。有的小朋友还利用了2~3种颜料混合，创造出多种颜色的互相渗透、融合，出现了神奇的晕染效果。

★ 活动拓展

继续了解中国扎染的传统工艺，制作其他扎染作品。

★ 家园共育

收集废旧衣物、布匹供孩子创作更多扎染作品。

吸水神器

★ 活动目标

❶ 愿意参与物品吸水的探究，对吸水现象感兴趣。

❷ 能够尝试用多种方式排出物品中的水。

❸ 了解吸水现象，知道生活中有些物品是容易吸水的。

★ 活动准备

❶ 经验准备

知道生活中一些物品能吸水的现象。

❷ 物质准备

配备材料：幼儿探究游戏活动材料“水中花”。

自备材料：水、海绵、塑料、石头、纸巾、木块、塑料玩具等不同材质的物品、托盘、实验记录单、笔。

★ 活动建议

一、制作“水中花”，引发幼儿对于物品吸水现象的兴趣

❶ 取出幼儿探究游戏活动材料“水中花”，把小花剪下来，沿虚线向内折好花瓣。猜一猜，如果把折好的小花放在水面上，小花会有什么变化？把折好的小花放到水面上，看看小花的变化。

❷ 猜一猜，花朵为什么会开放？

观察指导要点

- 幼儿是否对花朵在水中开放的现象产生兴趣，是否能猜测出原因。
- 鼓励幼儿大胆猜测花朵盛开的原因，积极表达自己的猜想。

经验提升：水中开花的实验是一种毛细现象。纸张中的纤维之间存在着微小的缝隙，形成了许多细小的毛细管，纸张和水接触后，水沁润到纸张的缝隙中，使纸张有了张力，纸花就开放了。

二、实验操作，探究容易吸水的物品并记录

1. 分组实验。将多种物品（水、海绵、塑料、石头、纸巾、木块、塑料玩具等不同材质物品）放在水中，观察哪些物品能够吸水。
2. 完成实验，把实验结果记录在实验记录单上。

观察指导要点

- 幼儿是否能够发现物品吸水后颜色、重量等的变化。
- 提醒幼儿操作时要挽起袖子，鼓励幼儿使用实验记录单进行记录。

经验提升：有些物品放入水中后会变重，同时会发现容器中的水变少了，在挤压放入水中的物品时会有水溢出，说明这个物品吸收了水分。如果在水中不断增加容易吸水的物品，我们会发现物品拿出后，容器中的水变少了，说明吸水物品数量的多少可以改变容器中水的多少。

三、分享交流，验证探究结果

1. 分享实验结果。说说分别使用了什么物品去吸水，物品从水中拿出后有什么变化，它是不是容易吸水的物品。
2. 分享交流，你还知道生活中有哪些容易吸水的物品？

观察指导要点

- 幼儿是否能够根据自己的记录分享实验结果。
- 引导幼儿根据自己的生活经验发现更多容易吸水的物品。

经验提升：将海绵、塑料、石头、纸巾、木块、塑料玩具等物品从水中拿出

来后，表面都会有水，但并不一定是容易吸水的物品。木块长时间浸泡在水中也会吸水，而塑料就不吸水。生活中的毛巾、棉花、土壤等都可以吸水。

四、整理材料，尝试用多种方法排出实验物品中的水

❶ 自由探究。如何排出物品吸收的水？

❷ 分享交流。使用什么方法排出了物品里的水？还有哪些能够排出物品中水的方法？

❸ 整理物品和材料。

观察指导要点

- 幼儿是否能够自主尝试多种方法排出物品中的水。
- 鼓励幼儿大胆分享，说说自己在生活中排出物品中水的方法。

经验提升：可以使用压、拧、甩、擦等方式排出水，还可以通过对物品进行加热、晒干等方式排出物品中的水。

★ 活动拓展

继续寻找生活中容易吸水的物品，并说出该物品的吸水现象是对人类有益的还是有害的。

★ 家园共育

请家长在日常生活中引导孩子寻找一些容易吸水的物品，并进行记录。

★ 活动资源

物品吸水现象实验记录单

记录人：

物品		

子主题 大自然中的水

小水滴旅行记

★ 活动目标

1. 喜欢听故事，愿意探索自然界中水的各种变化。
2. 能够根据画面内容，尝试讲述故事。
3. 理解故事内容，了解水的三态变化。

★ 活动准备

1. 经验准备

幼儿对生活中的水有初步的了解。

2. 物质准备

配备材料：幼儿探究游戏活动材料“小水滴的旅行”；图画书《小水滴旅行记》；音频故事《小水滴旅行记》；实物：透明塑料片、两脚钉。

自备材料：蓝色彩笔。

★ 活动建议

一、观察感知，引发幼儿兴趣

1. 取出图画书《小水滴旅行记》，观察封面，猜测故事名称和主要内容。
2. 分享猜测。自由说说这本书讲的什么故事，这本书的名字是什么。
3. 倾听教师完整讲述故事，了解故事内容。

观察指导要点

- 幼儿观察的过程是否细致全面，是否对画面中的图片表达的情景有一定的了解。
- 教师引导幼儿观察画面主题内容与“水”有关。通过提问引发幼儿猜想故事名字，激发幼儿对故事内容的兴趣。

经验提升：地球上的水受到太阳光的照射后，变成水蒸气被蒸发到空气中，在高空遇到冷空气便凝聚成小水滴。这些小水滴又小又轻，在空中聚成了云。水滴越长越大，便从云中落到地面，成为我们常见的雨水。

二、阅读绘本，根据画面内容讲述故事

❶ 自主阅读。双手扶着图画书《小水滴旅行记》，逐页翻看并观察图片，尝试阅读图片，讲述故事主要情节，重点复述主人公的语言。

❷ 倾听音频事故《小水滴旅行记》，完整了解故事内容。

❸ 跟随教师阅读，一边翻看图画书，一边讲述故事，学说故事中的语言。

观察指导要点

- 教师观察幼儿是能够根据画面大胆猜想，并能用恰当的语言进行描述。
- 在逐页阅读时，教师可以根据幼儿的实际水平调整提出的问题。
- 教师讲述时，要放慢语速，给幼儿思考的时间和复述的机会。

经验提升：这个故事讲述了地球上的水受到太阳光的照射后，变成水蒸气被蒸发到空气中，在高空遇到冷空气便凝聚成小水滴。这些小水滴又小又轻，在空中聚成了云。水滴越长越大，便从云中落到地面，成为我们常见的雨水的有趣过程。

三、探究操作，感受大自然中水的变化

❶ 操作活动。取出幼儿探究游戏活动材料“小水滴的旅行”，取下圆形背景卡。取出实物塑料片，附在背景卡上，中间用两脚钉固定。在塑料片上画上小水滴，再转动塑料片，讲讲小水滴的旅行故事，说说水是如何变化的。

❷ 自由旋转塑料片，说一说水都到哪里旅行了。

观察指导要点

- 幼儿是否对能独立完成创作内容，是否能边操作边讲述故事的主要内容。
- 引导幼儿回顾下雨的现象，理解雨水是怎样来的，了解水的不同形态的变化。

经验提升：水很有趣，有多种变化。水也是人类赖以生存和发展不可或缺的重要物质资源，是生命的源泉。人的生命一刻也离不开水，我们要爱护、节约水资源。

★ 活动拓展

将图画书投放在图书区，供幼儿继续阅读。鼓励幼儿扮演角色演绎故事的主要内容。

★ 家园共育

在日常生活中引导孩子观察水的变化，如冰箱冷冻水变成冰、雪糕融化变成水、水加热会变成水蒸气等现象。

★ 活动资源

故　事

小水滴旅行记

我们是小水滴，我们的家是大海，那儿有可爱的鱼儿，碧绿的水草，还有美丽的珊瑚！一天，空中飞来一群大雁，向我们打招呼："小水滴，快上来，跟我们一起去旅行吧！""大雁姐姐，我们没有翅膀，怎么飞起来呀？""你们可以请太阳公公帮帮忙嘛！"大雁姐姐说着，就急匆匆地飞走了。

第二天，太阳公公刚起身，我们大伙儿就说："太阳公公，我们要去旅行，可是没有翅膀，请你帮个忙吧！"太阳公公点点头，微微笑。

太阳公公升起来，放射出万道金光，照得我们睁不开眼，浑身暖烘烘的。不一会儿，我们的身体变轻了，慢慢地离开了大海，向空中飞去。

大家快乐地叫起来："我们长翅膀啦！我们长翅膀啦！"原来，我们都变成了水蒸气。

飞呀飞呀，我们觉得有点儿冷了。我们三个一伙，五个一群，紧紧地抱在一起，越抱越紧。一会儿，都变成了一颗颗很细很细的小水滴。风爷爷带着我们在空中飘来飘去，人们把我们叫作白云。

啊呀，我们的身体怎么这么沉，越飞越累，越飞越慢，都有点儿飞不动了。

过了好一会儿，我们想，到大地上玩玩多好呀！风爷爷好像猜到了我们的心思，“呼啦——呼啦——”刮起风来。

这时，我们里面有些大胖子，冷得缩成一团，又变成了小水滴，还来不及和我们告别就落下去了。只听见地上的小娃娃们欢呼起来，“下雨了！下雨了！”

雨中的世界

★ 活动目标

❶ 喜欢观察雨，体验听雨、看雨、玩雨的乐趣。

❷ 能够运用各种感官体验下雨，尝试在雨中的各种游戏。

❸ 知道下雨是一种自然现象，了解各种不同的雨具。

★ 活动准备

❶ 经验准备

在活动前了解天气预报，选择下雨天开展这项活动。

❷ 物质准备

配备材料：幼儿探究游戏活动材料“雨中的倒影”。

自备材料：丙烯颜料、画笔、雨伞、雨衣、雨鞋等雨具。

★ 活动建议

一、亲身体验，多种感官感受雨

❶ 看看雨。穿戴好雨具，下雨天去户外观察，说说雨是什么颜色、从哪里来的，一般什么时候会下雨，掉在地上的雨是什么样子的，掉在地上以后雨水去哪儿了，雨水落在草地、花、小草、小树上是怎样的。

❷ 听听雨。闭上眼睛听一听，雨是什么样的声音，模仿雨的声音。

❸ 摸摸雨。用手接住雨，说一说雨落在手上是什么感觉。

❹ 玩玩雨。用自己的方式和雨一起玩一会儿。

观察指导要点

- 幼儿是否愿意使用多种感官去感受雨、观察雨。
- 引导幼儿用自己的经验描述雨的声音，如坠落声、啪嗒声、沙沙声、滴答声等。
- 引导幼儿使用恰当的语言形容下雨时的感受。

经验提升：下雨时我们感到很凉爽，雨点落在我们的脸上，冰凉湿润，我们脚踏在水坑中，会溅起水花。小雨是淅淅沥沥、沙沙沙的，大雨是哗哗、噼噼啪啪的。

二、交流讨论，引发幼儿对雨的兴趣

① 交流讨论。在小组内互相说说大家都喜欢下雨天吗，谈谈喜欢和不喜欢的原因。雨可以做什么？玩什么？

② 讨论。说一说去户外玩雨要穿戴什么雨具，这些雨具有什么作用。

观察指导要点

- 幼儿是否对下雨感兴趣，是否能够说明喜欢与不喜欢下雨的理由。
- 参与幼儿的交流，引导幼儿认识了解雨具的名称、雨具的用途；引导幼儿用“因为……所以……”的句子表达喜欢与否的理由。

经验提升：有的小朋友喜欢下雨，因为雨天可以在雨中踏水、自由嬉戏；有的小朋友不喜欢下雨，怕雨水弄湿了衣服、弄脏鞋子。

三、经验梳理，了解雨的形成过程

① 梳理讨论。在小组内根据了解的知识经验，合作表达出雨的形成过程。

② 交流分享。说一说自己小组的梳理结果。

观察指导要点

- 幼儿是否能结合前期获得的经验，用图画、符号等方式表达出下雨的过程。
- 观察幼儿的讨论与表达，提示幼儿用图画、符号等方式表达对雨形成过程的理解。

经验提升：太阳加热河水、海水时，水蒸气上升遇到冷空气变成小水滴，这些微小的水滴在天空就形成了云。云中的水滴变得越来越大、越来越重，落到地上便形成雨。天空的冷空气常常使水汽结冰，落下的就是冰雹或雪花。

四、艺术制作《雨中的倒影》

1. 说一说，在水中看事物会呈现什么样的情景？
2. 自由创作，取出幼儿探究游戏活动材料“雨中的倒影”。在树干的位置用水彩添画上树叶；再沿虚线对折，轻轻按压后再打开。观察画面有什么变化，图案有什么特点，说说这幅画像什么。
3. 展示并介绍自己的作品。

观察指导要点

- 幼儿是否掌握“雨中的倒影”的制作方法。
- 在制作过程中教师要提示幼儿注意颜料使用卫生，可以对个别幼儿有针对性地指导。

经验提升：我们刚刚创作的作品，像下雨后树木等景色在水面的倒影，非常漂亮。

★ 家园共育

提示孩子经常关注天气预报，有意识地引导孩子观察下雨前后的变化，允许孩子在适宜的雨天外出。

雨天的危害

★ 活动目标

1. 愿意观察雷雨前后动物和景色的变化，感受天气变化的有趣。
2. 能够尝试设计完成关于雨天安全的宣传海报。
3. 知道在雷电交加的天气里如何保护自己。

★ 活动准备

❶ 经验准备

对雷雨天有一定的了解。

❷ 物质准备

配备材料：幼儿探究游戏活动材料“雨天的安全”；电子图片“雷雨天气”；视频《雷雨天气》。

自备材料：笔、画纸。

★ 活动建议

一、交流分享，迁移生活经验

❶ 观看视频《雷雨天气》，说说看到了什么样的天气，有什么感觉。

❷ 观察电子图片“雷雨天气”，看一看、说一说雷雨天是什么样的，用什么样的词语来描绘这样的天气。

观察指导要点

- 幼儿是否对下雨天有一定的了解，能够说出常见的雨天情景。
- 引导幼儿关注雷雨天中的乌云、闪电等多方面自然现象，说一说雷雨天的特征。

经验提升：雷雨天是生活中的常见天气，会有天空变暗、乌云密布的景象，还会看到燕子低飞、蚂蚁搬家、鱼儿跃出水面等现象。

二、思考操作，了解雨天的安全

❶ 取出幼儿探究游戏活动材料“雨天的安全”，说说图中小朋友在下雨时的做法哪些是安全的，哪些是不安全的。从粘贴页取下小雨滴的粘贴，粘在你认为安全的做法下面。

❷ 分享交流。互相交流，说一说自己的操作结果。

❸ 你还知道哪些雷雨天安全注意事项？

观察指导要点

- 幼儿是否具有一定的防雷电的安全意识。
- 引导幼儿仔细观察操作材料中的图片，提醒幼儿要认真思考后再进行选择粘贴操作。

经验提升：雨天常常会伴有雷电现象，在这样的天气中，需要了解的安全小常识包括：

① 留在室内，关好门窗；在室外工作的人应躲入建筑物内。

② 不宜使用无防雷措施或防雷措施不足的电视、音响等电器。

③ 切勿接触天线、水管、铁丝网、金属门窗、建筑物外墙，远离电线等带电设备或其他类似金属装置。

④ 减少使用电话和手机。

⑤ 切勿游泳或从事其他水上运动或活动，不宜进行室外球类运动，离开水面以及其他空旷的场地，寻找地方躲避。

⑥ 切勿站立于山顶、楼顶上或接近导电性高的物体。

⑦ 切勿处理开口容器盛载的易燃物品。

⑧ 在旷野无法躲入有防雷设施的建筑物内时，应远离树木和桅杆。

三、操作设计，制作雨天安全宣传海报

① 根据自己了解的雨天安全常识，自主设计制作《雷雨天自我保护小常识》安全宣传海报。

② 作品展示，介绍自己的作品和雨天的安全方法。

观察指导要点

- 幼儿是否能够针对雷雨天安全注意事项有针对性地设计宣传海报。
- 支持幼儿按自己的思想设计宣传海报，并张贴到更多位置起到宣传作用。

★ 活动拓展

幼儿制作的《雷雨天自我保护小常识》还可以投放在图书区，或者带回家进行家庭安全宣传。

★ 家园共育

利用雷雨天气与孩子交流雨天安全注意事项，在雨天户外保护好孩子安全。

❶ 雨天在外行走要绕开井盖处，避免井盖松动或被冲走陷落井坑。

❷ 雨具尽量选择亮色，提高可视度，避免交通事故。

❸ 雷雨天气不要站在树下、广告牌下或电线杆下躲雨，避免遭受雷击或被倒下的重物砸到。

❹ 雷雨天气不要走到高处、空旷田野、各种露天停车场、运动场和迎风坡等易受雷击的地方。

保护水资源

★ 活动目标

❶ 感受水资源的重要性，珍惜水资源。

❷ 能够进行保护海洋资源的创作与宣传。

❸ 了解保护海洋环境的方法，珍爱海洋动物。

★ 活动准备

❶ 经验准备

幼儿见过大海，对大海有一定的认识。

❷ 物质准备

配备材料：幼儿探究游戏活动材料“保护海洋”；视频《海底世界》《海洋的污染》。

自备材料：和家人到海边的照片或去参观海底世界的照片。

★ 活动建议

一、分享交流，了解海洋生态

❶ 分享交流，展示自己在海边和海底世界的照片，说一说自己看到的大海的样子。

❷ 观看视频《海底世界》，观察大海的样子，说说在视频里看到了什么，海里有哪些生物。

❸ 讨论。如果大海被污染了会怎么样？

观察指导要点

- 观察幼儿是否对大海有一定的生活认知，是否了解海里的生物。
- 鼓励幼儿自由表达对海洋的认识了解，引导幼儿以海里的鱼等生物的视角思考大海被污染了的情景。

经验提升：大海是鱼、虾等海洋生物的家，这些丰富的海洋生物可以制作成食品、药品等为人们服务。如果海洋被污染了，会影响海洋生物的生存，也对人类的生产生活产生危害。

二、操活动作，了解海洋垃圾的危害

❶ 观看视频《海洋的污染》。说说哪些东西污染了海洋，海洋污染有哪些危害。

❷ 操作活动。取出幼儿探究游戏活动材料“保护海洋”，看图说说海洋里都有什么，是哪些东西污染了海洋。找出海洋垃圾并把它们取下来，说说它们分别会给海洋生物带来哪些危害。取下粘贴页中海洋生物，粘在原来垃圾的位置，让它们回到干净的家。

观察指导要点

- 观察幼儿是否能挑选、清理出海洋垃圾。
- 引导幼儿用海洋生物的卡片填补垃圾的位置，形成干净、美丽的海洋环境。

经验提升：我们了解了海洋垃圾，学会清理海洋垃圾，可以帮助海洋生物回归干净、舒适的家。

三、谈话交流，梳理保护海洋环境的好办法

❶ 小组交流。自由谈谈自己想到的保护海洋的好办法。

❷ 个别分享。个别幼儿在集体面前分享自己的想法，说一说如何保护海洋环境。

观察指导要点

- 观察幼儿是否能说出自己的想法，语言是否清晰有序。
- 鼓励幼儿结合生活经验，积极交流保护海洋环境的方法。

经验提升：

❶ 不随意乱扔垃圾，要养成垃圾分类和回收的好习惯，保持海洋环境的洁净和美丽。

❷ 避免使用对海洋环境有害的化学品，如塑料袋、塑料饮管等，减少对海洋生态系统的破坏。

❸ 不随意捕捞海洋生物，避免影响生态平衡和物种的繁衍，支持限制捕捞和破坏性开发的政策。

四、创编广告语，宣传推广保护海洋的好办法

❶ 小组活动。同伴自由谈谈自己是否听到和看到过广告，印象最深的广告语是什么。

❷ 共同商量、创编保护海洋的广告语，选出大家都认可的广告语，记录（画）下来。

❸ 各组派代表向全班幼儿宣读自己小组的保护海洋的广告语。

观察指导要点

- 观察幼儿是否能理解广告语的特点和作用，语言是否清晰有序。
- 鼓励幼儿结合了解到的经验，用图画、符号及简单的文字的方式记录创编的广告语，宣传保护海洋环境的方法。

经验提升：广告语短小、精练，容易被人记住。小朋友创编出了有益的语言来宣传保护海洋环境，如：大海是鱼虾的家，我们都要爱护它；保护海洋，拯救海洋中的生命；保护海洋，人人有责；等等。

★ 活动拓展

鼓励幼儿将创编的广告语张贴在幼儿园醒目的地方，或在来园时做志愿者，向各位家长诵读广告语，做保护海洋环境的宣传推广。

★ 家园共育

请家长带孩子到海洋馆或海边了解海洋生物和大海，进一步理解保护海洋环境的重要性。

小水花

★ 活动目标

1. 对音乐活动感兴趣，体验舞蹈的快乐。
2. 能够根据歌曲内容初步创编动作。
3. 学习平踏步，并跟随音乐有韵律地舞蹈。

★ 活动准备

1. 经验准备

幼儿在活动前有过踩水花的经历。

2. 物质准备

配备材料：音频歌曲《小水花》；视频《小水花》。

自备材料：在地面上画（粘）多个水洼。

★ 活动建议

一、感知欣赏，熟悉音乐内容和节奏

1. 交流分享。自由说说雨天过后地面上是否会出现水洼。你踩过水洼吗？踩水洼时的心情是怎样的？

2. 倾听歌曲。倾听音频歌曲《小水花》，说一说歌曲里的小朋友都做了什么。

观察指导要点

- 观察幼儿是否有过踩水洼的经历，是否感受到音乐的欢乐情绪。
- 幼儿是否能表达出踩水洼的心情及动作，凝练“哗啦哗啦、滴滴答答”等踩水洼的节奏。

二、学习动作，并按照一定的韵律舞蹈

1. 学习平踏步。
2. 跟随音乐练习平踏步动作。

观察指导要点

- 观察幼儿是否掌握平踏步的动作要领。
- 鼓励幼儿大胆表现自己，个别幼儿可以单独指导。

经验提升：平踏步的动作要领是两脚在原地上下起落（抬起时，脚尖自然下垂，离地面约 15 厘米；落下时，前脚掌先着地），上身保持正直，两臂按齐步走或跑步时摆臂的要领摆动。

三、创编动作，感受创编舞蹈的乐趣

1. 观看视频，根据视频舞蹈《小水花》的节奏与内容，为歌曲的其他部分创编动作。
2. 自由表演自己创编的动作。
3. 到地面上准备好的小水洼中，跟随音乐运用平踏步与创编动作完整舞蹈。

观察指导要点

- 观察幼儿是否在舞蹈中表现出投入和快乐的情绪。
- 引导幼儿可以根据歌曲的内容设计动作，鼓励幼儿大胆表现。请动作有代表性、创造性的小朋友当“小老师”，小朋友们共同学习这些动作，提升整体表达水平。

经验提升：我们创作了舞蹈来表现歌曲，学习了新的动作，小朋友都可以成为小舞蹈演员。

★ 家园共育

可以在家中帮助孩子播放《小水花》音乐，欣赏孩子的舞蹈。

★ 活动资源

歌 曲

小水花

元气少女

$1={}^{\#}C\ \frac{4}{4}$

彭 钧、蒋振政 词
彭 钧 曲

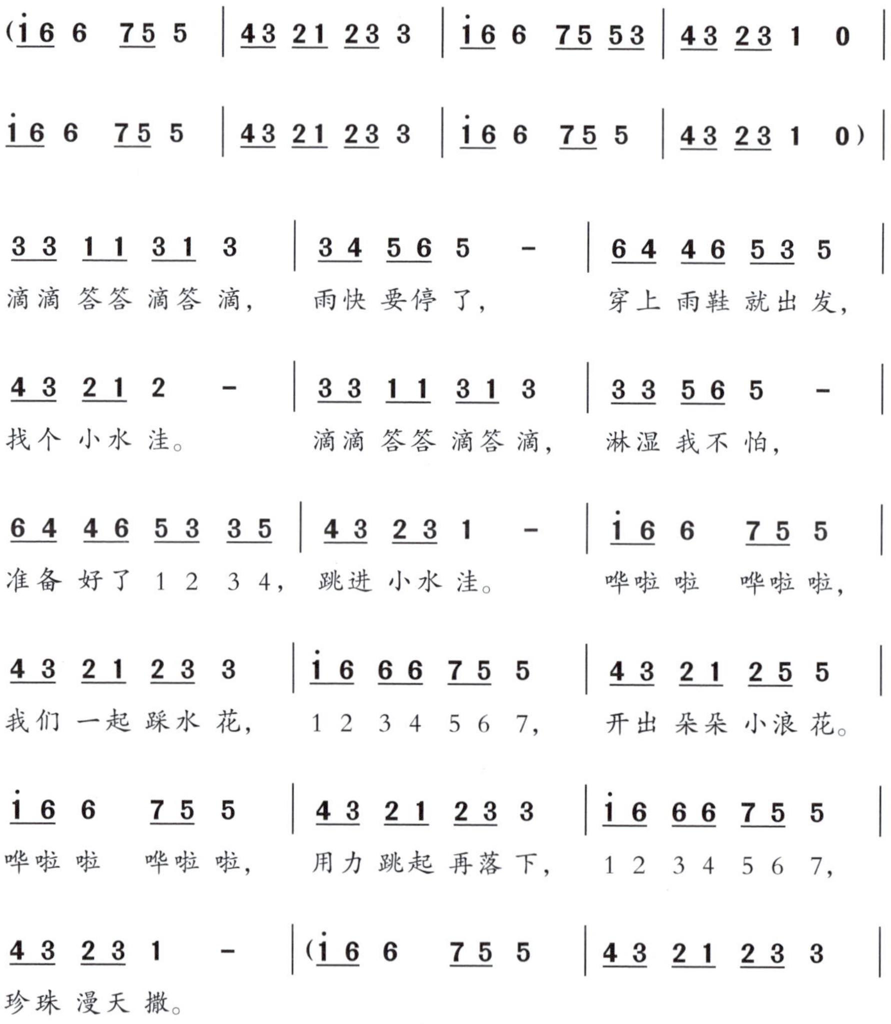

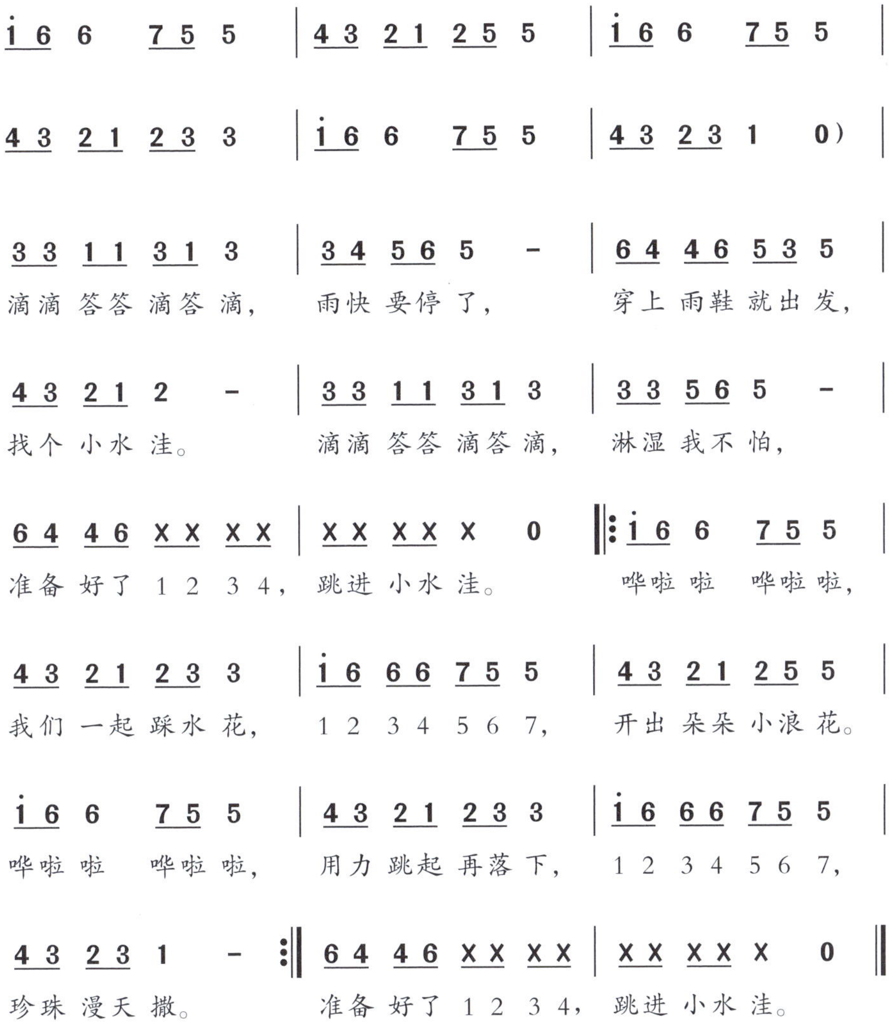
滴滴 答答 滴答 滴，雨快 要停 了，穿上 雨鞋 就出 发，
找个 小水 洼。滴滴 答答 滴答 滴，淋湿 我不 怕，
准备 好了 1 2 3 4，跳进 小水 洼。哗啦 啦 哗啦 啦，
我们 一起 踩水 花，1 2 3 4 5 6 7，开出 朵朵 小浪 花。
哗啦 啦 哗啦 啦，用力 跳起 再落 下，1 2 3 4 5 6 7，
珍珠 漫天 撒。准备 好了 1 2 3 4，跳进 小水 洼。

健康活动

鞋盒大作战

★ 活动目标

❶ 体验利用鞋盒做游戏的乐趣。

❷ 尝试用顶着走、夹着跳、跨越跳、合作夹着走等方法玩鞋盒游戏，有身体控制能力。

❸ 能够探究鞋盒的多种玩法。

★ 活动准备

❶ 经验准备

有跳跃和平衡游戏的经验。

❷ 物质准备

配备材料：废旧鞋盒人手 1 个；热身音乐、放松音乐（见音频资源包）。

★ 活动建议

一、热身活动，做好运动准备

❶ 听口令做放松操。

❷ 随音乐有节奏地进行热身运动。

观察指导要点

- 重点关注全体幼儿是否都能跟随音乐充分热身。
- 引导幼儿有节奏地进行各个关节的热身运动。

二、探索体验，尝试鞋盒的多种玩法

❶ 提出玩鞋盒，引发自主探索，尝试鞋盒的不同玩法。

❷ 自由交流，分享玩鞋盒的经验。

❸ 尝试两人合作玩鞋盒。

观察指导要点

- 观察幼儿是如何玩鞋盒的，能否尝试用不同的方式，如顶着走、夹着跳、单脚跳、双脚跳、跨越跳、合作夹着走等多种方法进行鞋盒游戏。
- 观察幼儿能否两人合作玩鞋盒，如两人合作夹着鞋盒走、将两个鞋盒叠起来进行跨跳等。
- 引导幼儿尝试不同的玩法，游戏时注意与伙伴保持距离，避免互相碰撞。

经验提升：鞋盒是我们熟悉的物品，可以稳稳地立在地上，多个鞋盒可以连接、叠高、架空，还可以点状摆放等，利用鞋盒可以进行不同的游戏。

三、自主设计，挑战“鞋盒大作战”集体游戏

❶ 自主探索，摆放鞋盒，设计“鞋盒大作战”的游戏场地。可分为两组进行竞赛，也可以全体共同搭建，共同游戏。

❷ 根据场地摆放，达成共识，协商玩法，建立游戏规则。如分组竞赛，两组摆放的鞋盒数量位置应保持一致，游戏方式保持一致；如集体游戏，需提前设计好每个位置的玩法，如钻、爬、跳、跨、夹等。

❸ 按照商量好的玩法与规则，集体挑战游戏一至两次。

观察指导要点

- 观察幼儿能否合作完成“鞋盒大作战”场地搭建，在游戏中能否运用不同的方式进行游戏。
- 集体游戏前，教师引导幼儿自主合作，鼓励幼儿挑战不同的方式进行游戏，在游戏过程中尊重共同建立的游戏规则。

经验提升：两人或多人游戏时，可以自由摆放鞋盒，如叠高，鞋盒的高度增加，可以进行跨跳游戏。点状摆放时，鞋盒可以作为障碍物，进行蛇形跑。还可以用身体的不同部位夹着鞋盒，进行运盒子游戏。鞋盒的所有玩法都可以锻炼身体。

四、放松活动，整理场地材料

❶ 随音乐按摩拉伸身体各部位。

❷ 有序收纳好所有的鞋盒。

★ 活动拓展

❶ 教师可将鞋盒换成其他物品，如纸筒、纸张等，激发幼儿参与游戏活动的兴趣，提高动作的难度。

❷ 家长可在家中利用鞋盒或其他物品，如纸巾包、卷纸、书本等与孩子进行亲子游戏，增加游戏趣味性。

好玩的报纸

★ 活动目标

❶ 愿意参与报纸游戏，感受报纸游戏带来的快乐。

❷ 能创造性地运用报纸进行多种游戏。

❸ 在报纸上探索各种玩法，掌握跳、钻、爬等方法。

★ 活动准备

● 物质准备

宽阔的场地；报纸若干（约每人2张）；热身音乐、放松音乐（见音频资源包）。

★ 活动建议

一、热身活动，进行运动准备

❶ 进行队列练习，如两列纵队齐步走、立定等。

❷ 随音乐进行热身运动。

观察指导要点

● 观察幼儿能否有节奏地进行全身的热身运动。

● 引导幼儿充分活动身体。

二、自由探索，尝试体验报纸的玩法

1. 观察、摆弄报纸，讨论怎样玩报纸，需要注意些什么。
2. 自由尝试探索利用报纸做运动的方法。
3. 互相分享交流利用报纸做运动的方法。

观察指导要点

- 观察幼儿能否创造多种玩报纸的方法。
- 引导幼儿尝试多种玩法，并大胆地与同伴进行分享交流。

经验提升：可引导幼儿把报纸放在胸前迎风奔跑，不让报纸掉下来；可以躺在报纸上滚动玩“超级压路机”；可以双脚跳过展开的报纸；也可以双脚轻轻落地跳玩“轻轻悄悄”游戏；等等。

三、合作创新，尝试报纸新玩法

1. 分组尝试报纸游戏：自由组成小组，共同讨论小组游戏的方式及规则。
2. 小组分享交流游戏玩法。
3. 讨论在小组游戏中遇到的问题并一同商量解决问题的办法。

观察指导要点

- 观察幼儿能否与同伴合作，共同创造多种玩报纸的方法。交流讨论后，幼儿进行报纸游戏的方法是否有所增加。
- 引导幼儿能够合作讨论。尝试小组合作的多种玩法，并能解决合作游戏中的问题和困难。鼓励幼儿大胆探索玩报纸的多种方法，引导有新玩法的幼儿进行示范、展示、分享。

经验提升：小组合作玩报纸可以将报纸连起来，4 或 5 个小朋友身体朝一个方向，手脚并用向前走，也可以弯腰向前走，还可以手膝爬着向前走，玩“无敌风火轮”游戏。可以将报纸连接起来，同一组幼儿助跑 5~8 步后，同时从上方跨过。可以将报纸举过头顶玩“钻山洞”游戏。报纸可以卷成纸棒、团成纸团进行纸棒拼图、跳跃各种图形游戏、抛接纸球游戏等。小朋友发现了报纸各种有趣的玩法。

四、放松活动，整理场地材料

1. 随音乐深呼吸，做放松活动。
2. 收拾整理场地材料。

观察指导要点

- 观察幼儿是否随着音乐有节奏地深呼吸。
- 引导幼儿做全身放松活动。

★ 活动拓展

1. 幼儿可在班级或户外进行更多的报纸游戏。例如，将报纸卷成纸棒进行击剑游戏、打高尔夫球游戏等，以提升游戏的趣味性。
2. 在幼儿熟悉游戏玩法后，可以分组竞赛，挑战不同方式的报纸游戏。

踩高跷

★ 活动目标

1. 体验踩高跷游戏的乐趣。
2. 能踩在 10 厘米左右高度的高跷上向前行走。
3. 学习踩高跷行走的方法。

★ 活动准备

1. 经验准备

有走平衡木的经验。

2. 物质准备

10~20 厘米的儿童高跷（与幼儿数量相等）；锥形桶 8~10 个；20 厘米高的跨栏 2 个；放松音乐（见音频资源包）。

★ 活动建议

一、自由热身，做好准备活动

1. 讨论：踩高跷需要重点进行身体哪些关节的热身。
2. 根据讨论经验，自由热身。

观察指导要点

- 观察全体幼儿在热身环节中是否都能积极参与。
- 引导幼儿进行充分的膝关节及踝关节的热身活动。

二、探索体验，尝试进行游戏

1. 自由交流，是否看过杂技演员的表演？讨论并演示：你们知道如何踩高跷吗？踩高跷需要注意什么呢？
2. 利用自制高跷，自由尝试进行踩高跷。
3. 互相分享踩高跷的经验，讨论：如何保持不从高跷上掉下来？
4. 再次自主尝试踩高跷，挑战踩高跷行走一段距离而不掉下来。

观察指导要点

- 观察幼儿是否能够平稳地踩在高跷上行走。
- 关注个体差异，给平衡感较弱的幼儿以鼓励，引导其观察和学习伙伴们踩高跷的好方法和经验，总结保持平衡的方法，可以引导其先从矮一些的高跷开始尝试挑战。

经验提升：高跷是中国民间舞蹈的一种表现形式，高跷有高的也有矮的，高跷需要踩在脚下，有的有扶手。高跷一般是木质的，目前也有适合儿童的塑料材质高跷，有绳子，可以双手拉住。踩高跷时需要保持平衡，否则很容易摔倒或者掉下来。踩高跷的动作要领是尽量保持上体直，眼睛向前看，双手拉住线绳或扶住扶手，两脚交替向前走，行走时步幅要小，摆腿要低，单脚支撑时间要短，以保证身体平衡。

三、游戏挑战，玩踩高跷游戏

1. 讨论：如果增加游戏难度，可以怎样做？

❷ 自主设计场地，增加游戏难度，如：增加障碍物或增加锥形桶，走 S 路或增加 10~20 厘米高的跨栏，踩高跷跨过跨栏或设置起点和终点进行分组比赛等。

❸ 根据设置的游戏场地，挑战踩高跷连续走 5 米左右。

观察指导要点

- 重点观察幼儿是否能平稳地踩高跷连续行走5米左右，提示幼儿不要着急，慢慢走，尽量不要掉下来。
- 关注幼儿在踩高跷行走的过程中平衡感方面存在的个体差异，适当增加或降低难度，如：调整高跷的高矮、增加或减少障碍物等，满足不同幼儿的需求。

经验提升：踩高跷绕障碍或跨障碍，增加了踩高跷行走的难度，需要更好的身体控制能力。游戏时需要注意力更加集中，由小步前进逐渐过渡到稍大的步伐前进，以保证身体平衡。

四、放松活动，整理器械材料

❶ 播放放松音乐，随音乐自由放松腿部及全身肌肉。

❷ 与同伴合作，有序整理高跷和其他游戏材料，并送到指定位置放好。

观察指导要点

- 观察幼儿是否能充分放松身体各部位肌肉。
- 观察幼儿是否能有序平稳地进行合作整理。
- 引导幼儿在整理时注意安全。

★ 活动拓展

❶ 逐渐增加游戏的难度和趣味性，增加障碍。鼓励幼儿在场地内增加障碍或增加高跷的高度，以提高游戏难度。

❷ 平时可以利用班级的适宜空间开展平衡游戏。自制坚固的易拉罐梅花桩进行平衡游戏。

微笑的力量

★ 活动目标

1. 愿意用自己的微笑带给他人快乐的情绪。
2. 能用微笑战胜困难、传递正能量，保持愉快的心情，快乐地生活。
3. 知道表情可以传递情绪，懂得微笑的重要性。

★ 活动准备

1. 经验准备

体验不同的情绪。

2. 物质准备

配备材料：音频故事《保持微笑》。

★ 活动建议

一、游戏体验，感知不同表情带来的不同情绪

1. 谈话：你现在是什么样的情绪？可以用表情表示出来吗？
2. 游戏：你来做，我来猜。部分幼儿尝试做出各种不同的表情，请大家猜一猜他此刻的情绪是怎样的。

观察指导要点

- 教师鼓励并引导幼儿分享自己的情绪，尝试用适宜的表情表现出来。
- 利用游戏的方式，让幼儿了解伤心、生气、害怕、开心等不同的情绪，感知表情可以传递情绪和情感。

经验提升：当人们受到周围的人或事情的影响时，自身的情绪也会受到影响，从而产生不同的情绪。如：当我们收到心爱的礼物时会很开心，精心搭建的玩具作品被破坏时会很生气，在公共场所和爸爸妈妈走失时会很害怕，等等。

二、交流谈话，说一说别人的情绪带给自己的影响

1. 谈话：你会受同伴情绪的影响吗？可以把你的经历分享给大家。
2. 讨论：我们应该多用什么样的情绪与同伴交往呢？

观察指导要点

- 观察幼儿交流中对自己的情绪是否关注，能否把自己的情绪体验与大家分享。
- 讨论中，引导幼儿理解好的情绪不仅能为自己的加油打气，还能带给同伴快乐的体验。真正的微笑是有力量的。微笑是一种正能量，它能使自己感到轻松愉快，还可以带给别人快乐。

经验提升：情绪是可以传递的，快乐也是可以传递的。当你周围的人都充满正能量，这些快乐就会感染到你，使你的生活也越来越快乐并且充满希望。如果你常常微笑，就会感染到你身边的人，同时也会把喜欢笑的人吸引到你身边来。

三、欣赏故事，感受微笑的力量

1. 倾听音频故事《保持微笑》。了解故事内容，理解故事中微笑的作用和力量。
2. 小组交流：说一说你今天微笑了几次，你的微笑产生了什么作用和力量，给你的生活带来了哪些快乐。
3. 分享讲述，理解微笑的力量。

观察指导要点

- 观察幼儿是否理解故事的内容，感知微笑的力量。
- 可以用谈话、提问的方式了解幼儿遇到故事中的情境时会有什么样的情绪、什么样的表情，引导幼儿借助微笑的力量战胜困难。

经验提升：微笑会让我们的生活格外美丽。微笑会给予我们力量，战胜生活中的困难。鼓励的微笑，真诚的微笑……一个微笑能令彼此之间倍感温暖，一个微笑能令彼此倍受鼓舞。微笑的力量是无穷无尽的。

★ 活动拓展

1. 每天进餐时播放音频故事《保持微笑》，加深对故事的理解。进餐后，

可将自己的体验和经历表达出来，对故事进行扩充和续编。

❷ 今天，你微笑了吗？鼓励幼儿用微笑的力量战胜生活中的困难，感知微笑的力量。

★ 家园共育

❶ 回家把故事讲给家人听，说一说自己的理解和感悟。

❷ 在家中，可以用手机记录下自己和家人微笑时的照片，彼此分享快乐的情绪，传递快乐的力量。

★ 活动资源

故 事

保持微笑

生活总是起起伏伏，所以你应该常常保持微笑，微笑比抱怨轻松多了。

当吃早饭的时候，妈妈做了热乎乎的粥……保持微笑！问她明天做巧克力松饼需不需要帮忙呢。然后想想怎么处理你的麦片粥。

保持微笑！这样你会交到朋友。如果你新到一个学校，别坐在角落里皱眉头。保持微笑！你就不会孤单太久！

保持微笑！这会让坏小子们摸不着头脑。当坏小子霸占秋千时……到单杠上去玩，保持微笑！那些坏小子会觉得你比他们玩得更快乐，很快你就能玩上秋千了。

保持微笑！这会让你渡过难关。当你的拼写测验只对了三个单词时……保持微笑！没人知道你只写对了三个单词。当你爸爸妈妈看到试卷的时候，保持微笑！告诉他们下次你会做得更好。然后努力学习，也许下次能得到一个满分！

保持微笑！这会让你充满勇气！当你去看牙医的时候，保持微笑！你会发现牙医也没有那么糟糕。你甚至还能因为勇敢得到一两个小奖品。

保持微笑！它能帮助你实现目标。如果你在足球训练时，不得不跑上整整一英里，保持微笑！微笑比抱怨轻松多了，它能让你跑得那么快……到下次比赛的时候，教练也许会让你去当前锋。

当夜晚降临，你快要睡着的时候……保持微笑，因为……你度过了很棒的一天！

闯关勇士

★ 活动目标

❶ 喜欢参与闯关活动，敢于自我挑战，感受与同伴合作游戏的快乐。
❷ 能单脚连续向前跳过多个瓶子障碍，有一定的身体控制和协调能力。
❸ 掌握单脚连续向前跳和绕障碍跑的方法和动作要领。

★ 活动准备

❶ 经验准备

有跨栏、绕障碍跑的经验。

❷ 物质准备

废旧饮料瓶或易拉罐若干（约 40 个）；热身音乐、游戏音乐、放松音乐（见音频资源包）。

★ 活动建议

一、热身活动，为游戏做好准备

❶ 活动肩、肘、腰、髋、膝、踝等关节，做热身活动。
❷ 随音乐舞动，自由热身。

观察指导要点

- 观察幼儿是否能跟随音乐进行热身活动。
- 引导幼儿做好肩、肘、腰、髋、膝、踝等关节的热身活动。

二、自主尝试，探索玩瓶子的多种方法

❶ 观察游戏材料瓶子，讨论：瓶子可以怎么玩？
❷ 自由分享、交流玩瓶子的方法、体验、经验。

玩法 1：“正面过障碍”，双脚跳、跨跳等。

玩法 2：“侧面过障碍”，绕障碍跑、单脚连续向前跳。单脚连续跳动作

要领：起跳要快速、有力，落地要轻，身体要保持平衡，不停顿地向前跳，动作连贯，有节奏。

③ 多种方式进行练习。

观察指导要点

- 观察幼儿能否单脚连续向前跳，是否有幼儿逆向跳跃。
- 关注能力弱的幼儿，要及时给予帮助和指导，引导幼儿观察同伴，提醒幼儿做好自我保护。

经验提升：瓶子是生活中最常见的物品之一，有高有矮，有大有小，有粗有细，还可以装水，是非常好的游戏材料。可以进行双脚跳、单脚跳、跨跳等游戏。

三、集体游戏，体验竞赛游戏的乐趣

① 自主讨论布置、创设赛道。

② 播放音乐，并尝试用自己喜欢的方式进行游戏。

③ 分享、交流游戏经验和方法，并演示单脚跳、双脚跳、跨跳、助跑跨跳、助跑连续跨跳的方法。

④ 播放游戏音乐，将幼儿分成2~4组，进行“闯关勇士”竞赛游戏。如挑战“正面过障碍”，双脚跳、跨跳；挑战“侧面过障碍”，绕障碍跑、单脚连续向前跳等。

观察指导要点

- 观察幼儿跳跃的原初水平，对比动作水平是否提升。
- 鼓励幼儿积极分享交流自己跳跃的经验，引导幼儿总结经验，促使同伴间跳跃游戏水平不断提升。
- 鼓励幼儿创设更多的游戏情境，进行跳跃类游戏。

经验提升：在进行竞赛游戏时，除了要顺利做好单脚跳、双脚跳、跨跳、助跑跨跳、助跑连续跨跳等动作以外，还应注意团结协作，需要相互配合衔接好，以节约时间获得团队的胜利。

四、放松活动，整理游戏材料

① 随音乐节奏深呼吸，做全身放松活动。

② 与同伴合作整理游戏材料。

观察指导要点

- 观察幼儿是否随着音乐节奏深呼吸。
- 引导幼儿进行放松活动，重点关注幼儿腿部、腰部肌肉的拉伸放松。

★ 活动拓展

❶ 户外游戏时可以增加瓶子的数量或调整瓶子的距离，以增加游戏的难度。

❷ 幼儿可以在家中或教室内，运用其他障碍物进行跨跳游戏，如：可以充分利用牛奶箱、玩具筐、积木盒等物品进行跨跳活动。逐步增加障碍物的高度及宽度，以增加游戏的难度和趣味性。

袋鼠跳

★ 活动目标

❶ 体验袋鼠跳的乐趣，喜欢参与竞赛类游戏。

❷ 能双脚跳、跨跳过多个垂直 20~30 厘米或宽度 20~30 厘米的障碍物。

❸ 巩固掌握双脚跳、跨跳的方法。

★ 活动准备

❶ 经验准备

有过双脚立定跳和跨跳的经验。

❷ 物质准备

垂直高度 20~30 厘米跨栏；平衡木 1 个；袋鼠跳布袋或呼啦圈 4 个；热身音乐、放松音乐（见音频资源包）。

★ 活动建议

一、热身活动，为游戏活动做好准备

随音乐，进行全身各关节的热身活动。

观察指导要点

- 观察幼儿是否有节奏地进行全身各关节的热身运动。
- 引导幼儿重点进行腰、髋、膝、踝等关节的充分热身。

二、尝试探索，模仿袋鼠跳

1. 讨论：说说袋鼠是怎么跳的。
2. 自由模仿袋鼠跳，分享演示自己跳跃的方法。
3. 讨论怎样才能跳得高，怎样才能跳得远。
4. 再次自由尝试袋鼠跳，分享自己跳高、跳远的方法。

观察指导要点

- 观察幼儿是否能积极参与“袋鼠跳”游戏，关注幼儿跳高跳远原初水平及交流后水平是否有所提升。
- 引导幼儿落地时一定要屈膝缓冲，避免损伤膝盖。
- 关注个体差异，对于跳跃能力较弱的幼儿，及时了解并询问，根据幼儿实际情况给予适当的鼓励，引导其适当休息或多观察其他小伙伴是如何跳跃的，应由近及远、由低到高循序渐进地增加难度。
- 鼓励幼儿大胆表达自己的跳跃经验。

经验提升：立定跳远动作要领：预摆，起跳前重心降低，身体前倾，屈膝，可前后摆臂；腾空，蹬地快速有力，空中展体，离地前脚掌瞬间蹬地；落地缓冲，收腹，小腿前伸，屈膝手臂后摆，身体向前倾。

立定跳高动作要领：双脚平行站立，两臂由下向上摆臂，身体前倾，起跳前脚掌迅速蹬地腾空，同时两臂强有力向后摆。

跨越跳高动作要领：助跑起跳，前腿迅速向前伸出，脚跟先着地并迅速过渡到全脚掌，后腿用力蹬地，身体前倾，两臂配合摆动，屈膝缓冲。

三、自主设计，挑战游戏“袋鼠过障碍”

1. 讨论如何用布袋、呼啦圈、跨栏、平衡木等材料进行袋鼠跳游戏，并自主设计游戏场地。
2. 利用已有材料进行分组游戏或集体游戏——“袋鼠过障碍”，要求跳的过程中不能碰到障碍。

观察指导要点

- 观察幼儿能否积极合作完成场地设计，在游戏中的跳跃水平是否得到提升。
- 观察幼儿游戏情况，注意每次游戏时长，游戏间隔适当休息，保证幼儿体力。
- 引导幼儿互相学习，能力弱的幼儿可以徒手跳跃，能力强的幼儿可以钻到袋子里或钻到呼啦圈里进行跳跃，增加趣味性和跳跃难度，鼓励幼儿演示分享自己跳跃的经验。
- 尽量选择相对宽阔的场地，保证幼儿的游戏安全和愉快体验。

经验提升：在玩跳跃游戏时，快速蹬地、身体前倾以及有力地摆臂是关键。

四、放松活动，整理场地材料

1. 绕场地慢跑，从慢跑过渡到散步后进行四肢及腰背部的拉伸。
2. 跟随放松音乐深呼吸，并充分揉捏放松全身各部位肌肉。
3. 与同伴合作整理场地材料。

观察指导要点

- 观察幼儿是否能随着音乐有节奏地深呼吸。
- 引导幼儿从慢跑到散步逐步减缓运动速度，避免突然停止运动，对幼儿身体造成伤害；慢慢拉伸四肢及腰背部肌肉，充分进行全身放松活动。

★ 活动拓展

1. 可以创设更多的游戏情境进行跳跃游戏，增加幼儿游戏的兴趣和难度。
2. 周末可以与家人在家中利用纸箱、跳绳、皮筋、瓶子等进行跳跃游戏，增进亲子感情，发展腿部力量以及跳跃能力。

西瓜保卫战

★ 活动目标

1 体验保卫“西瓜”的乐趣，喜欢与小伙伴合作游戏。
2 能选择角色并与同伴合作游戏，能动作敏捷地进行移动和躲闪跑。
3 掌握奔跑和躲闪的方法。

★ 活动准备

1 经验准备
有躲闪跑的经验。
2 物质准备
篮球 15 个左右摆放在画有圆形的场地中间作为“西瓜”（如示意图）；热身音乐、放松音乐（见音频资源包）。

★ 活动建议

一、热身活动，为“西瓜保卫战”游戏做好准备

1 讨论奔跑活动前需要进行哪些热身活动。
2 随热身音乐的节奏，进行身体各关节的热身。

观察指导要点

- 观察全体幼儿是否能随音乐自主进行热身活动。
- 引导幼儿将各个关节充分活动开，以免在奔跑中受到挫伤、扭伤等。

二、游戏体验，进行“西瓜保卫战”游戏

1 布置场地，提前将“西瓜”（篮球）放在一个大圆圈内（如示意图）。情境导入：老爷爷种的西瓜成熟了，又大又圆，一群野狼来抢夺。老爷爷和野狼展开了一场激烈的西瓜保卫战。

2 玩法：“老爷爷”负责守在“西瓜”所在圆圈上，阻拦抢夺组进入圈内夺取“西瓜”；“野狼”负责偷袭，趁机抢夺“西瓜”。

❸ 自主讨论并完成分组角色扮演。可以通过“手心手背”分成两个角色（保卫“西瓜”的“老爷爷”和抢夺“西瓜”的“野狼”），再通过“石头剪刀布”等方法分别选择各组要扮演的角色。分组后，两组分别讨论“老爷爷”要怎样保卫“西瓜”“野狼”如何抢夺“西瓜”。

❹ 尝试第一次玩“西瓜保卫战”游戏。

❺ 游戏结束后，讨论、分享与交流。如，幼儿保卫和抢夺时遇到的问题（为什么“西瓜”会被抢走、如何保护更好……），分组讨论解决的办法。

❻ 再次游戏。

❼ 游戏可反复多次进行，也可以互换角色进行游戏。

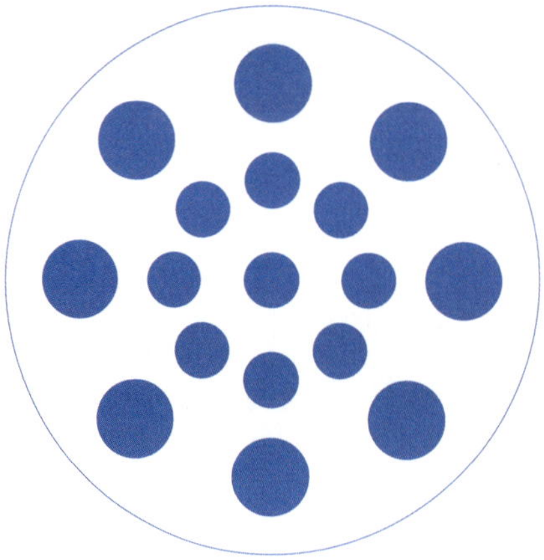

圆形场地及“西瓜”摆放示意图

观察指导要点

- 观察幼儿是否积极参与“西瓜保卫战”游戏，是否能快速准确地进行抢夺或阻拦对方。
- 引导幼儿总结出抢夺过程中，应注意的事项（如快速躲闪，避免互相碰撞），学会自我保护。
- 鼓励幼儿大胆分享交流抢夺和保卫“西瓜”的方法和经验。

经验提升： 抢夺和保卫是相互对立的，抢夺者要主动出击，寻找漏洞快速奔跑和躲闪跑，从而准确地拿到“西瓜”。而保卫者则需快速准确地随着抢夺者的方向进行拦截。两个角色都需控制身体前进的方向和速度，快速奔跑和躲闪，起到阻拦或躲避的效果。可通过队友间的密切配合赢得胜利。

三、放松活动，整理材料场地

1. 随音乐节奏深呼吸，做全身放松活动。
2. 与同伴合作整理游戏场地材料。

观察指导要点

- 观察幼儿是否能随着音乐有节奏地深呼吸。
- 引导幼儿自由放松身体各部位，重点关注幼儿四肢及腰部肌肉的放松。

★ 活动拓展

教师可以通过增加和变换物品数量，来提升游戏的难度和运动量。

为别人鼓掌

★ 活动目标

1. 愿意认可和赏识别人，体验为他人鼓掌的快乐。
2. 能发现他人的闪光点，为他人鼓掌。
3. 知道鼓掌是一种常见的礼仪。

★ 活动准备

1. 经验准备

有为别人鼓掌的经历。

2. 物质准备

配备材料：音频故事《为别人鼓掌的小孩》。

自备材料：录制小视频《我为他鼓掌》；自制“大象”；纸球。

★ 活动建议

一、欣赏视频，分享自己为他人鼓掌的经历

1. 活动前，采访本班幼儿为他人鼓掌的经历，录制小视频《我为他鼓掌》。
2. 播放小视频，了解为他人鼓掌的事例。
3. 幼儿间相互交流分享自己为他人鼓掌的经历，与同伴讲述为什么要为他鼓掌，在什么情况下可以为他人鼓掌。

观察指导要点

- 在观看视频时，教师要引发幼儿产生共鸣，回顾自己为他人鼓掌的经历。
- 幼儿是否能用较完整的语言清楚地表达出自己为他人鼓掌的经历。

经验提升：鼓掌是一种常见的礼仪，每个人都有过为他人鼓掌的经历。人们对他人表示祝贺、欢迎、激动时常常都会鼓掌。鼓掌的方式有很多，如举臂过顶，掌声热烈密集，伴随着兴奋的欢呼声；面带微笑，轻轻拍手，表示自己对别人祝贺的心情等。

二、倾听故事，学会赏识他人，为他人鼓掌

1. 欣赏音频故事《为别人鼓掌的小孩》，回答问题，尝试理解故事内容。
2. 讨论：天天为什么要为考试前三名的同学鼓掌？其他同学为什么会感到羞愧？
3. 结合幼儿园生活，说一说如何赏识他人。

观察指导要点

- 幼儿是否能理解“赏识”的意思；能否了解赏识他人，不仅能给自己带来快乐，还能带动周围的人都充满正能量。
- 教师可以用幼儿园的相关经历，引导幼儿学会赏识他人，主动为他人鼓掌。

经验提升：为他人鼓掌是一门学问。当别人成功时，我们可以通过掌声表达祝贺和肯定。我们要善于发现别人身上的闪光点，要学会赏识别人，为他人的成功感到兴奋和开心。当我们学会为他人鼓掌，心中就自然会产生善意和正能量。

三、竞赛游戏，尝试为他人鼓掌，体验为他人鼓掌的乐趣

1. 玩游戏“喂大象”，幼儿向“大象”的嘴里投“食物”，看谁投得最多。
2. 幼儿分组比赛，每次公布比赛结果时，同伴要为获胜者鼓掌祝贺。

观察指导要点

- 游戏中，提示幼儿要遵守比赛规则，正确引导急于取胜的幼儿。
- 在公布比赛结果时，能正确看待比赛结果，为他人的成功感到兴奋和开心，能为他人鼓掌。

经验提升：在比赛中，获胜和失败都很正常。在很多时候，并不是所有的人都能得第一，都愿意欣赏他人。做一个欣赏者，能为别人的成功而鼓掌也是很优秀的特性。

★ 活动拓展

开展“今天你为他人鼓掌了吗？”活动，鼓励幼儿学会赏识他人，不吝啬自己的掌声。

★ 家园共育

生活中，家长引导孩子学会赏识他人，能为他人的成功感到兴奋和开心。

★ 活动资源

故　事

为别人鼓掌的小孩

太阳花小学是市里有名的好学校，其中二年级（1）班更是精英班。而天天就是二年级（1）班的插班生。班主任李老师是一个很严厉的老师，同学们都很怕她。今天是天天上课的第一天，李老师让他在讲台上作自我介绍。讲台下面，学生们都在小声地议论着天天。

很快就到了期中考试，每个小朋友都在认真地答题，天天也不例外。天天突然发现自己忘记带橡皮擦了，想要和前后桌借一下，但他们都在埋头答题，并没有搭理天天。天天不由得抬头观察一下四周，发现大家都在认真答题，生怕被人抄到了答案。再看李老师，她正在教室里巡视，脸上表情严肃，这让原本想开口寻求帮助的天天又把话咽回肚子里。考

完试后，天天因为没有借到橡皮擦一个人待在角落里流泪。成绩出来后，果然天天的分数是最低的。

老师表扬了考得最好的三位同学，底下的同学都不服气，只有天天一个人真诚地鼓起掌来。看到天天鼓掌，大家都觉得很羞愧，于是纷纷鼓起了掌，二年级（1）班开始变得更团结了。

定点空投

★ 活动目标

1. 体验参与“定点空投”游戏的乐趣。
2. 能单手将“物资”（沙包）向前投掷 4~5 米。
3. 掌握单手侧身投掷的方法和要领。

★ 活动准备

1. 经验准备

有过投掷游戏的经验。

2. 物质准备

沙包数量与幼儿人数相等；画有大小不一圆圈的场地；相距圆圈 4~5 米的直线（作为空投的起点和目的地）；热身音乐（见音频资源包）。

★ 活动建议

一、热身活动，为“定点空投”游戏做好准备

1. 播放热身音乐，讨论“定点空投”游戏应该重点进行什么部位的热身活动。
2. 随音乐进行自由热身。

观察指导要点

- 观察幼儿是否有节奏地进行各关节热身运动。
- 引导幼儿积极充分地参与热身。

二、游戏体验，进行“定点空投”游戏

1 情境导入，小小救援队收到通知，山地灾区急需物资补给，需要救援队空投物资。现在请小朋友来扮演救援队员进行空投，灾区距离我们比较远，物资有限，需要救援队员准确投送。

2 讨论：游戏的时候要注意哪些安全事项？自由交流分享，制定游戏规则。

规则：救援队员人手一个“物资（沙包降落伞）”站在距离圆圈 4~5 米距离的直线上，单手将“物资”准确投掷到圆圈内，就算空投成功，可分组竞赛看看哪组空投的“物资”又准又多。

3 自主分成两组，进行游戏。

4 分享交流自己刚刚在空投“物资”的经验，是否投中了？用什么方法可以将“物资”精准地投掷到对面的“灾区”？幼儿交流展示自己的方法。

5 再次游戏。

观察指导要点

- 观察幼儿是否能将沙包准确投掷到圆圈内，在分享游戏经验后幼儿投掷的水平是否有所提升。
- 幼儿自主讨论游戏规则；注重鼓励幼儿大胆交流投掷的方法、经验，提升投掷水平。

经验提升：投掷运动的方法：先侧身，拿沙包的手在后，屈膝，腿部发力，有转肘挥臂的动作，要注意瞄准目标再投掷；两腿有前有后或者平行分开；有转腰、转身体关节的动作；注意距离和投掷的力度，距离近力度要轻，距离远力度要大。

三、放松活动，整理游戏材料

1 揉捏大臂及小臂，充分放松上肢肌肉。

2 同伴合作一起整理游戏材料。

观察指导要点

- 观察幼儿是否充分放松上肢肌肉。
- 引导幼儿伸展上肢，轻揉膝盖等身体部位进行放松活动。

★ 活动拓展

❶ 充分熟悉游戏后，可以缩小投掷圆圈的范围，增加游戏难度。

❷ 还可以利用沙包来玩打沙包的游戏。增加游戏人数提升游戏的快乐，可以进行班级与其他班级间的共同游戏。

搭山洞钻山洞

★ 活动目标

❶ 喜欢参与“搭山洞钻山洞”游戏，体验合作游戏的快乐。

❷ 能尝试独自或与同伴用多种方法搭山洞、钻山洞，提高肌肉的耐力和协调性。

❸ 学会控制身体平衡，掌握钻不同“山洞”的方法。

★ 活动准备

❶ 经验准备

有钻爬的经验。

❷ 物质准备

热身音乐、游戏音乐、放松音乐（见音频资源包）。

★ 活动建议

一、热身活动，为游戏做好充分准备

❶ 讨论钻爬需要重点进行哪些热身活动。

❷ 播放热身音乐，随音乐进行全身的自由热身活动。

观察指导要点

- 观察全体幼儿是否都能积极充分热身。
- 重点引导幼儿有节奏地进行肩、肘、腕、腰、膝、踝等关节的热身并通过眼神交流和肢体语言调动幼儿的积极性。

二、自由探索，尝试用身体搭山洞

❶ 谈话引入，尝试用身体搭山洞。

以前我们玩过钻山洞的游戏，今天我们来用自己的身体搭山洞。幼儿互相讨论并尝试怎样用身体搭出山洞来。

❷ 跟随音乐，自由探索用身体搭山洞的方法。

❸ 分享、交流和演示自己搭山洞的经验和方法。

❹ 播放音乐，再次自主尝试多种搭山洞的方式。

观察指导要点

- 教师重点观察幼儿是否能积极参与游戏，他们是怎样用身体搭出山洞的。
- 鼓励幼儿大胆创意用身体搭山洞的方法，除了单人搭、双人搭以外还可以尝试多人合作搭山洞。
- 教师引导幼儿在搭山洞的过程中要注意安全。

经验提升：用身体搭山洞的方法有很多，如双手环抱、双腿站在地上叉开、与同伴拉手并举过头顶、弯腰双手撑地。

三、游戏探索，进行“钻山洞”游戏

❶ 刚刚我们用身体搭了这么多山洞，怎样才能钻过这些山洞呢？幼儿自由讨论如何钻山洞。

❷ 自由尝试钻山洞的方法。

❸ 分享钻山洞的方法。

❹ 分组游戏。一组幼儿搭山洞，另一组幼儿钻山洞。钻过几次后两组互换角色，再次游戏。

观察指导要点

- 重点观察幼儿用了哪些方法钻山洞，是否积极参与游戏。
- 鼓励幼儿运用多种方法进行钻山洞的尝试。如：正面钻、侧身钻、匍匐前行、四肢贴地前行；仰躺于地、双脚蹬地后移等。

经验提升：爬行是日常生活中较为实用的身体活动技能，它可以增强四肢、背部肌肉、腹部肌肉的力量，提高动作灵敏性、协调能力，发展耐力。爬行的方法和要领：爬行时伸左手跟右腿，伸右手跟左腿，交替前行，这样可以保持身体平衡。

❶ 手膝爬：双膝跪地，五指张开手掌地，抬起头，向前爬行。

❷ 手脚爬：手掌撑地，腿尽量伸直（做不到的可以膝盖略弯），手脚并用交替向前爬行。

❸ 匍匐爬：腹部紧贴地面，前进时屈左腿伸右手，再屈右腿伸左手，反复进行，用手臂和腿部力量带动身体向前爬行。

四、游戏结束，放松整理

❶ 随音乐深呼吸，进行散步及全身肌肉的放松活动。如：边散步边抖动上肢或下肢进行肌肉的放松，揉捏拉伸四肢及腰部肌肉等。

❷ 同伴一起整理游戏场地和器材。

观察指导要点

- 观察幼儿是否能随着音乐有节奏地深呼吸。
- 引导幼儿重点进行四肢及腰腹部肌肉的放松。
- 教师要关注到全体幼儿，辅助幼儿整理器材并保证幼儿整理时的安全。

★ 活动拓展

❶ 户外活动中，可以运用更多的游戏材料进行自主搭建山洞，如利用垫子、梯子、椅子等材料，开展钻爬游戏。

❷ 可以充分利用室内公共区域，创设丰富、巧妙、多元的钻爬游戏区域。

揪尾巴

★ 活动目标

1. 体验快速躲闪跑的快乐，具有合作意识。
2. 锻炼腿部肌肉和反应能力，动作灵敏协调。
3. 掌握快跑和躲闪的方法。

★ 活动准备

1. 经验准备

有追逐跑的经验。

2. 物质准备

“尾巴”（丝巾、小毛巾、手绢都可以）与幼儿人数相符；热身音乐、游戏音乐、放松音乐（见音频资源包）。

★ 活动建议

一、热身活动，为游戏做好准备

1. 播放热身音乐。
2. 随音乐，进行全身各关节的热身活动。

观察指导要点

- 观察幼儿是否有节奏地进行全身各关节的热身运动。
- 重点引导幼儿对腰、髋、膝、踝等关节进行充分热身。

二、自由探索，学习追逐躲闪跑的方法

1. 播放游戏音乐，自由进行躲闪拍背游戏。幼儿两两一组想办法轻拍到对面同伴的背部，同时尽可能保护自己背部不让对方拍到。
2. 分享、讨论、演示躲闪及拍到同伴的方法。
3. 再次游戏。

观察指导要点

- 观察幼儿是否都能够积极参与游戏。
- 在第一次游戏前，教师可以引导幼儿轻轻跑、慢慢跑，第二次游戏后逐步增加幼儿躲闪跑的速度，循序渐进地游戏，保证幼儿人身安全。

经验提升：躲闪拍背游戏，需要幼儿具有快速反应力、平衡力，能加快自己奔跑的速度，快速追逐以及快速躲闪的能力，躲闪时可将腿叉开，能帮助自己保持身体平衡并有机会获得胜利。

三、游戏体验，玩“揪尾巴”游戏

① 观察“尾巴”，讨论如何装扮，思考如何快速揪到他人的“尾巴”，同时交流怎样保护自己“尾巴”的方法。

② 两人一组体验游戏玩法。

③ 总结分享自己的游戏方法和经验。

④ 两人一组再次游戏。

观察指导要点

- 观察幼儿游戏时能否快速躲闪并揪住同伴的“尾巴”。
- 鼓励幼儿大胆表达分享自己追逐和躲闪的经验；关注个体差异，对于奔跑追逐躲闪能力较弱的幼儿，要根据实际情况给予适当的鼓励，引导其适当休息并多观察其他小伙伴是如何游戏的。
- 提示幼儿在奔跑的过程中要注意安全及时躲避。

经验提升：“揪尾巴”游戏是中国经典的民间游戏，能锻炼幼儿的快速反应能力。一般是两人一组进行游戏，也可多人游戏。

四、集体游戏，进行“揪尾巴”比赛

① 播放游戏音乐，5~6 人一组进行“揪尾巴”比赛活动。谁的“尾巴”没有被小朋友被揪到，且谁揪到的“尾巴”最多，即为获胜。

② 玩“揪尾巴”游戏。

③ 交流和统计游戏“揪尾巴”的过程和结果，分享获胜的方法。

观察指导要点

- 观察幼儿是否能够积极主动地参与“揪尾巴”游戏。在分享追逐躲闪方法后动作水平是否有所提升。
- 注意每次游戏时长，引导幼儿在游戏间隔时适当休息保证体力。
- 鼓励幼儿演示分享自己追逐和躲闪获胜的经验。
- 尽量选择相对宽阔的场地，如幼儿人数较多可分组进行游戏，保证幼儿游戏的安全和愉快的体验。

经验提升：游戏时，快速奔跑和灵活转身、变换体位是追逐躲闪的关键。

五、放松活动，整理游戏材料

❶ 随放松音乐深呼吸，绕场地慢跑或边散步边做放松活动。

❷ 整理游戏材料。

观察指导要点

- 观察幼儿是否能随着音乐有节奏地深呼吸。
- 引导幼儿从慢跑到散步逐步减缓运动速度，避免突然停止运动对幼儿身体造成伤害。缓慢拉伸四肢及腰背部肌肉，充分放松身体。

★ 活动拓展

❶ 可以创设更多的游戏情境进行“揪尾巴”游戏，增加幼儿游戏的兴趣性和难度。

❷ 周末可以与家人进行“揪尾巴”游戏，增进亲子感情，发展腿部力量以及快速躲闪的能力。

遇到困难我不怕

★ 活动目标

1. 愿意尝试解决问题，体验解决困难的快乐。
2. 能主动思考解决问题的办法，敢于挑战困难。
3. 知道每个人都会遇到困难，尝试分析产生困难的原因。

★ 活动准备

1. 经验准备

遇到困难的经历，失败和成功的体验。

2. 物质准备

配备材料：音频儿歌《战胜困难》。

自备材料：《我遇到的困难》记录表；桌椅等物品。

★ 活动建议

一、谈话交流，说一说自己都遇到过哪些困难

1. 活动前可将“《我遇到的困难》记录表”发给幼儿，在家长的指导下尝试用简单的绘画在空白格子里表达出自己遇到过哪些困难。

2. 幼儿间相互分享自己的记录表，与同伴讲述自己曾经遇到的困难，并了解同伴都遇到过哪些困难。

观察指导要点

- 幼儿是否能用较完整的语言清楚地表达出自己遇到的困难。
- 要给予幼儿充足的时间进行相互交流，幼儿可以自由结伴以小组形式进行交流，避免消极等待。

经验提升：遇到困难是一件正常的事情，每个人都会遇到困难，很多时候我们遇到困难时会选择逃避困难，不敢去面对；其实困难并不可怕，只要我们主动思考，找到解决困难的办法，就一定能战胜困难，体验到成功的快乐。

二、分析困难的原因，寻找解决困难的有效方法

1. 幼儿将大家遇到的困难进行分类，尝试把大家遇到相同和类似的困难放在一起，说一说我们经常会遇到哪些困难。
2. 幼儿自由结伴，共同找出产生困难的原因并商量、讨论、寻找解决困难的办法。
3. 分享交流幼儿战胜困难的好办法。
4. 学说儿歌《战胜困难》，了解儿歌内容，不畏惧困难，敢于向困难挑战。

观察指导要点

- 幼儿是否能正确看待困难，积极主动想办法战胜困难，不逃避困难。
- 幼儿是否理解儿歌的内容，敢于面对和挑战困难。
- 教师可以用自己的亲身经历，把战胜困难的好办法分享给幼儿，归纳出战胜困难的方法，如努力坚持、勇敢面对等。

经验提升：遇到困难时，不要畏惧，要积极主动地想办法，相信自己只要坚持就一定能战胜困难。在我们学习某项新的技能时，往往都会遇到这样或那样的困难。我们应该及时找到产生困难的原因，如没有认真学习、缺少适当的练习等。我们要根据原因寻找解决办法，相信自己通过努力一定能战胜困难。

三、游戏活动，体验克服和挑战困难的乐趣

1. 玩游戏“翻山越岭”，幼儿可利用座椅等物品设为障碍物，设计游戏规则。通过多种技能，如跑、跳、钻、爬等翻越障碍。
2. 适当提升游戏难度，遇到障碍物，不怕困难勇往直前。

观察指导要点

- 游戏中，观察哪些幼儿能积极主动地挑战困难，哪些幼儿因害怕而退缩。
- 对于有困难的幼儿不要强迫，鼓励幼儿通过观察、交流等方法积极想办法，克服心理障碍，勇敢面对困难。也可适当减低难度，让幼儿有信心逐步战胜困难。

经验提升：人与人之间是存在个体差异的，在我们不擅长的领域和活动中往往会产生畏惧和恐慌。在遇到这种情况时，我们可以采用积极的心理暗示的方法："没什么，别害怕，我能行！"鼓励自己挑战并战胜它。只要敢于尝试和努力，就一定能克服困难战胜自己。

★ 活动拓展

设立一个"战胜困难小勇士"区角，幼儿可将自己遇到的困难绘画并粘贴在区角，战胜困难后粘贴笑脸。看看谁战胜的困难多，定期交流分享。

★ 家园共育

❶ 当孩子遇到困难时，家长要给予孩子一定的时间和空间，鼓励孩子通过自己的努力来战胜困难。

❷ 当孩子战胜困难时，家长要及时给予肯定和赞许，及时回应孩子。当孩子失败时，家长要适当引导并积极鼓励。

★ 活动资源

儿　歌

战胜困难

困难有时很强大，一步不能打垮它。
不要被它吓怕了，你要比它更强大。
多多想想新办法，要用头脑战胜它。
困难面前别退缩，办法总比困难多。
只要坚持不放弃，打倒困难很容易。

记录表

《我遇到的困难》记录表

时间　　　　　　　班级　　　　　　　姓名

悬垂挑战赛

★ 活动目标

1. 乐于尝试在单杠或平梯上进行悬垂游戏，体验悬垂游戏的好玩和有趣。
2. 能保持悬垂 15 秒，锻炼上臂力量。
3. 巩固悬垂的技巧及要领。

★ 活动准备

1. 经验准备

有悬垂游戏的经验。

2. 物质准备

体操垫若干（数量与悬垂器械相对应）；热身音乐、放松音乐（见音频资源包）。

★ 活动建议

一、热身活动，为悬垂游戏做好准备

1. 讨论悬垂游戏需要重点进行哪些部位的热身活动。
2. 播放热身音乐，随音乐进行自由热身。

观察指导要点

- 观察幼儿是否能跟随音乐积极参与热身活动。
- 引导幼儿有节奏地进行肩、肘、腕、指等关节的热身，通过眼神交流和肢体语言调动幼儿的积极性。

二、情境引入，尝试进行悬垂游戏

1. 情境引入：森林里小猴子们在比赛玩悬垂游戏，它们双手牢牢抓住“树干”（单杠或平梯上）正在比试谁抓得最牢，谁抓的时间最久。小朋友们，你们帮小猴子想想办法，怎样才能抓得更牢，抓得更久呢？自由表达自己的想法。

② 自由尝试在单杠或平梯上悬垂。

③ 分享交流游戏经验，讨论遇到的问题。

④ 讨论交流如何才能在单杠等器材上抓握（悬垂）得又稳又久。

⑤ 分组再次尝试悬垂，由教师或同伴进行计时。

观察指导要点

- 观察幼儿最初的悬垂水平。
- 鼓励幼儿大胆尝试游戏，并观察同伴的方法，帮助幼儿建立游戏经验。
- 游戏时三位教师需合理安排站位，能照顾到全体幼儿，保障幼儿安全。
- 教师可在单杠或搭建的平梯等器材下方铺设体操垫，避免幼儿游戏时因掉落而摔伤，保证幼儿的游戏安全。
- 可为幼儿提供防滑手套，增加幼儿抓握时的摩擦力。

经验提升：悬垂游戏可以锻炼幼儿的抓握力和耐力。悬垂时双臂伸直，双手均匀用力抓握单杠、平梯或吊环等手柄；双腿自然弯曲或下垂，身体保持稳定。在进行训练时会出现抓握一会儿就没有力气了；悬垂中手抓握感觉滑滑的；容易掉落等问题，应及时进行落地调整。

三、游戏体验，进行“悬垂挑战赛”游戏

① 创设“悬垂挑战赛”游戏情境。

小猴子们非常感谢小朋友的帮忙，它们都知道了怎样做才能抓得更稳、悬垂的时间更久。现在它们要挑战更难的比赛。小朋友怎样才能增加一些难度呢？请你为小猴子们设计一场悬垂比赛吧！

② 自主设计“悬垂挑战赛”游戏规则。

玩法及规则：幼儿分成两组，每组4~6人，共同游戏。其中第一组为悬垂组，幼儿并列间隔30~40厘米在单杠或平梯上进行悬垂；第二组为穿越组，幼儿以“S”形路线从一端穿过悬垂的每名幼儿到另一端结束。悬垂组的幼儿要紧紧抓牢，不能掉下来，其间也可通过摆动身体进行干扰，阻止穿越组的幼儿穿过；穿越组的幼儿没有碰到悬垂组成员顺利通过则挑战成功；穿越结束时悬垂组成员没有落地也视为挑战成功。

③ 分组游戏。

④ 分享游戏收获和体验。

⑤ 再次游戏。游戏可逐渐增加难度，例如，增加悬垂者或障碍数量、计时挑战、给悬垂者增加一些动作变化等。

观察指导要点

- 观察幼儿在分享交流后悬垂水平是否有相应提高，是否能坚持15秒以上。
- 引导幼儿根据实际情况循序渐进地游戏，逐步达到悬垂时间，不盲目引导幼儿挑战悬垂时长。

经验提升：悬垂分为静态悬垂和动态悬垂。幼儿可以自由选择，逐渐由静态悬垂过渡到动态悬垂。还可以给悬垂增加一些动作或悬垂时进行水平移动等。

四、放松活动，整理场地器材

① 播放放松音乐，随音乐深呼吸，做放松活动。

② 自主整理收纳体操垫。

观察指导要点

- 观察幼儿是否能随着音乐有节奏地深呼吸。
- 引导幼儿伸展上肢，轻揉膝盖等身体部位进行放松活动。

★ 活动拓展

① 教师可以鼓励幼儿创设更多的游戏情境，悬垂时可以用脚夹球、运球等；可以在单杠上向侧方位移动，增加悬垂的难度和趣味性。

② 双杠悬垂时，可引导幼儿自由设计或进行悬垂时长挑战赛，制定游戏规则。例如：两组相同人数的幼儿，面对面分别挑战悬垂，坚持时间最长的一组获胜等，增加游戏的挑战性和趣味性。

抛接球

★ 活动目标

❶ 体验抛接球游戏的快乐。

❷ 尝试自抛自接、同伴互抛互接球，培养专注力。

❸ 了解抛接球的方法要领。

★ 活动准备

❶ 经验准备

有拍球、玩球的经验。

❷ 物质准备

皮球每人 1 个；球框 4 个；热身音乐、放松音乐（见音频资源包）。

★ 活动建议

一、热身活动，为游戏做好准备

❶ 讨论玩球需要重点进行哪些部位的热身。

❷ 随音乐进行全身的热身，随音乐节奏拍球、抛球、滚球。

观察指导要点

- 观察全体幼儿是否能有节奏地进行热身运动。
- 引导幼儿重点对腰部及四肢各关节进行热身。

二、谈话导入，尝试自由抛接球

❶ 摆弄皮球，交流皮球可以怎样玩。

❷ 自由尝试皮球的各种玩法，如用滚、抛、拍、传递、踢等多种方法玩球。

❸ 请玩法不同的幼儿展示自己的玩法，如有的把球抛起来又接住，这种方法叫“自抛自接球”。并请全体幼儿尝试自己抛起来再接住球。

❹ 幼儿介绍并展示自己抛接球的方法。

观察指导要点

- 观察全体幼儿是否能接住自己抛起来的球。
- 引导幼儿注意安全，开始可以尝试抛得低一点儿，抛接自如后逐渐加大力量抛接球。

经验提升：抛接球的方法是双手向上轻轻抛球，看准球的运动轨迹，预判球下落的位置，移动脚步在球落下时，双手接住。

三、游戏体验，进行“你抛我接”游戏

1. 请两名幼儿合作抛接球，展示“你抛我接”的玩法。
2. 讨论“你抛我接”需要注意什么。两个人怎样才能接到同伴抛来的球？
3. 尝试两两一组进行“你抛我接”游戏。
4. 大胆表达分享自己与同伴的游戏经验。

方法要领：两名幼儿面对面站好，双脚与肩同宽，两人相距 2~3 米，一名幼儿双手胸前抱球，双手同时用力向前向上抛球，对面幼儿双手在胸前做好准备，五指张开，看准球抛过来的方向，迅速抱住球；用同样的方法再将球抛回。

5. 再次游戏。

观察指导要点

- 观察在游戏中幼儿抛接球的距离和力度，两个人能否顺利进行抛接球。
- 鼓励引导幼儿总结出抛接球的方法和要领。如：两个人抛球的力度、站的距离要适中；抛球时力量不要过大，接球时双手五指张开置于胸前，提前做好接球准备。
- 可根据幼儿游戏的熟练程度，逐渐增加两人之间的距离再进行抛接球，以增加游戏的挑战性。

经验提升：抛接球游戏可以增强幼儿对球的控制能力。其中“你抛我接”需要两个人相互配合，不断调整两个人的距离、力度、抛球的高低。力度小了，抛球距离过近，对方接不到球；力度过大，球速过快，对方反应不过来，容易被砸到。

四、放松活动，整理游戏材料

1. 播放放松音乐，随音乐深呼吸，充分拉伸四肢及腰背部肌肉。
2. 收拾整理好球。

观察指导要点

- 观察幼儿能否随着音乐有节奏地深呼吸。
- 引导幼儿充分放松手指，拉伸上臂、腰部、双腿，放松全身肌肉。

★ 活动拓展

1. 幼儿熟悉游戏后，可增加抛接球的距离、高度、速度等，提升游戏的难度和趣味性。
2. 可以增加幼儿游戏人数，提高幼儿协作能力。
3. 家长在家中可以和孩子共同游戏。

翻越城墙

★ 活动目标

1. 在游戏中体验翻越的乐趣。
2. 能翻越 1~1.2 米的高度，增强攀爬能力和身体灵活性。
3. 学习翻越的方法。

★ 活动准备

1. 经验准备

有过攀爬的经验。

2. 物质准备

搭建“城墙”4~6 座，可用体操垫呈小山状支撑；或在两个梯子中间搭一条木板，高度 1~1.2 米；热身音乐、游戏音乐、放松音乐；正方形大体操垫（边长 1~1.2 米）4~6 个；桌子 1 个；热身音乐、游戏音乐、放松音乐（见音频资源包）。

★ 活动建议

一、热身活动，为游戏做好充分准备

1. 讨论翻越游戏需要重点进行哪些热身活动。
2. 播放轻快的音乐，随音乐进行全身的自由热身。

观察指导要点

- 观察全体幼儿是否都能积极充分的热身，并通过眼神交流和肢体语言调动幼儿的积极性。
- 重点引导幼儿有节奏地进行肩、肘、腕、腰、膝、踝等关节的热身活动。

二、自由体验，探索翻越游戏的方式和方法

1. 创设“城墙”情境，讨论怎么翻越“城墙”，如原地攀爬、助跑、跳跃等。
2. 跟随游戏音乐，自由探索，用自己喜欢的方式翻越“城墙”。
3. 分享、交流和演示自己翻越“城墙”的经验和方法。
4. 再次根据游戏音乐，自主游戏，可增加多道“城墙”。
5. 分组进行翻越“城墙”比赛。分两组或多组进行竞赛游戏，翻越得又快又稳的一组获胜。

观察指导要点

- 观察幼儿翻越动作的原初水平，以及分享交流后动作水平是否有提升。
- 鼓励幼儿按照自己的意愿，大胆创意多种情境和游戏玩法；引导幼儿运用多种材料搭建城墙，尝试反复练习。

游戏建议

- 如果班级幼儿较多，可以分组进行游戏。
- 游戏前教师可在“城墙”下面铺上地垫，保障幼儿的安全和卫生。

经验提升：翻越是日常生活中较为实用的身体活动技能，它可以增强四肢、背部、腹部肌肉的力量，我们在翻越时动作要灵敏、协调。

三、放松活动，整理场地器械

❶ 随音乐深呼吸，进行散步及全身肌肉拉伸放松活动。如围绕“城墙”边散步边抖动上肢或下肢进行肌肉的放松、揉捏拉伸四肢及腰部肌肉等。

❷ 与同伴合作整理体操垫、梯子、木板等游戏材料，将其送回固定位置，并将材料有序摆放整齐。

观察指导要点

- 观察幼儿是否随着音乐有节奏地深呼吸。
- 引导幼儿对四肢及腰腹部肌肉进行放松。
- 三位教师密切配合，安排好站位，视线能关注到全体幼儿，辅助幼儿整理游戏材料并保证幼儿在整理时的安全。

★ 活动拓展

❶ 户外活动中，可以运用更多的游戏材料进行自主搭建，如增加数量更多的垫子、梯子、木板、轮胎、攀爬网等材料，开展攀爬和翻越游戏。

❷ 可以充分利用室内公共区域，创设丰富、巧妙、多元的翻越游戏区域。

失败了也没关系

★ 活动目标

❶ 体验成功和失败的感受，敢于面对挫折。

❷ 能从失败中找出原因，并尝试解决问题。

❸ 知道生活中有成功也有失败，失败并不可怕。

★ 活动准备

❶ 经验准备

有过失败和成功的体验。

❷ 物质准备

配备材料：音频故事《失败了也没关系》。

自备材料：西瓜球、筐各 2 个。

活动建议

一、游戏活动，体验感知成功与失败的感受

❶ 幼儿集体玩游戏“运西瓜”：幼儿自由组合两两一组，分成人数相等的两队，展开比赛，在规定时间内运送的“西瓜”数量最多的队获胜。

❷ 游戏要求：全程不能用手碰“西瓜”，要用身体的其他部位进行合作运输。

❸ 教师公布比赛成绩，说一说赛后的心情。

观察指导要点

- 观察幼儿面对比赛结果的情绪，输的小组是否能坦然面对。
- 引导幼儿听从指令，严格遵守游戏规则。可设置幼儿裁判员，比赛的结果在裁判员的一致认定下方可有效。比赛时，教师可用手机录制幼儿比赛的全过程。
- 鼓励幼儿大胆表达自己的赛后心得。

经验提升：只要是比赛就会分出胜负，有的人会成功，有的人会失败。因此，失败是一件很正常的事情，我们要敢于面对失败。很多时候我们面对失败时会选择逃避，不敢去面对；但其实失败并不可怕，我们可以继续努力，争取下次取得胜利。

二、分析“失败”的原因，寻找解决问题的有效方法

❶ 幼儿观看刚刚的游戏过程视频，尝试总结自己的比赛。

❷ 幼儿分组谈论，要总结出自己获胜或失败的原因，以及解决的办法。

❸ 每组可推荐 1 或 2 名幼儿进行总结交流。

观察指导要点

- 幼儿是否能通过回顾比赛过程找出成功或失败的原因。
- 教师重点关注失败的幼儿，看能否找到失败的原因及解决的办法。

经验提升：当我们失败时，不要急于为自己找借口，要学会客观地分析，找到失败的原因，再进行经验总结，找到解决问题的有效方法。这样我们就会在失败中慢慢成长。失败乃成功之母，只有尝到了失败的辛酸才更能体会到成功的喜悦。

三、倾听故事，借助游戏活动让幼儿敢于克服和挑战困难

1. 欣赏音频故事《失败了也没关系》，想办法鼓励一下故事中的主人公。
2. 讨论：故事中科学家和运动员在成功之前都做了哪些努力？
3. 说一说，为什么失败能帮助我们成为更好的自己？

观察指导要点

- 幼儿是否能敢于面对失败并帮助主人公找到失败的原因。
- 在讨论成功需要的条件时，可以列举幼儿实际生活中的事例，引发幼儿思考，总结成功是需要努力的。

经验提升：生活中总会有失败的时候，失败了其实也没关系。每次失败的时候要认真思考，总结经验。只要用心，相信失败总能帮助我们成为更好的自己。

★ 活动拓展

进餐时，可播放音频故事《失败了也没关系》，加深对故事的理解。进餐后，可将自己近期的体会和经历分享给大家。

★ 家园共育

1. 当孩子失败时，家长不要急于批评指责或包办代替，要引导孩子找出失败的原因，通过自己的努力来解决问题。
2. 家长和孩子可以相互交流分享自己是如何面对失败的，从而相互鼓励，共同进步。

★ 活动资源

故 事

失败了也没关系

失败是什么滋味？失败的滋味可不好受。嗯……有点像药，苦苦的；

还有点像柠檬，酸酸的。你害怕失败吗？我猜你一定很怕。几乎所有人都希望自己是个幸运儿，一直成功，永远交好运。可是，你知道吗？生活中总有失败的时候，失败了也没关系。

为了在运动会上获得好名次，每天都要认真训练。衣服湿透、浑身酸痛，和成功的喜悦相比都没什么了不起。可是……哎呀，膝盖摔破了，名次也没拿到。考试的时候信心满满。嗯，这些题我都会做，一点儿也不难嘛！可是，这里少写一个字，那里答错一道题。看看拿奖状的同学，唉，都怪自己太大意！去参加合唱团的选拔赛，我的声音那么好听一定没问题！可是……看着严肃的评审老师，紧张得忘了词。朋友们都被选上了，就只落下自己。最好的朋友过生日，要给他一个惊喜！画一幅可爱的小画，跳一段精心编排的舞蹈。可是……和其他人相比，自己的礼物有点傻兮兮，真想找个地缝马上钻进去。

唉，我怎么这么的倒霉？为什么失败的总是我？你知道吗？从某种意义上来说，生活就是由一连串大大小小的失败组成的。成功是稀有的甜美果实，失败才是我们的老朋友。他总趁我们不注意，悄悄来拜访，让我们措手不及。但是你相信吗？有时候失败其实是一件好事，在做出伟大的研究成果之前，科学家们经历了无数次失败，每一次失败都是在为未来的成功孕育机会，使他们更接近真理。在赢得奥运会奖牌前，运动健儿们经历了无数次的失败，每一次失败都让他们的意志更坚定，朝着更高的目标努力。

即使是爸爸妈妈，在你眼中他们是无所不能的超人。可事实上，他们在工作中、生活上也面临着大大小小的失败。但大多时候，他们不会告诉你，他们只能打起精神，咬咬牙挺过去。失败的时候，可别垂头丧气，好好想想是你准备不充分，还是太粗心大意，以后别再出现同样的问题。你瞧，只要用心，失败总能帮助我们成为更好的自己，失败了其实没关系。

彩虹转轮

活动目标

❶ 体验侧身翻滚的乐趣。

❷ 能控制身体连续侧滚翻，锻炼身体的控制力与协调能力。

❸ 巩固侧滚翻动作的技巧和要领。

活动准备

❶ 经验准备

有过翻滚的经验。

❷ 物质准备

彩虹转轮（彩虹隧道爬行筒——可用报纸首尾相连成圈制作）4个；热身音乐、游戏音乐、放松音乐（见音频资源包）。

活动建议

一、热身活动，为游戏做好准备

❶ 讨论侧滚翻需要进行哪些部位的热身。

❷ 随音乐进行自由热身活动。

观察指导要点

- 观察幼儿是否能有节奏地进行热身活动。
- 引导幼儿进行颈、肩、肘、腰、髋、膝等关节的热身。

二、游戏体验，尝试控制身体连续侧滚翻

❶ 创设情境，扮演“转轮”，尝试体验模仿轮子侧身滚动的动作。

❷ 利用提供的彩虹隧道或报纸圈等，自主讨论设计“彩虹转轮”游戏规则、布置游戏场地，增加游戏趣味性。每名幼儿在隧道中躺好并进行侧滚翻，滚到终

点线，再折返回去，即为结束。可分为 2~4 组同时游戏。

③ 跟随游戏音乐进行游戏。

④ 交流讨论遇到的问题。讨论：如何让“彩虹转轮”直直地滚到终点？怎样才能滚得快一点儿？演示自己的解决方法。

⑤ 再次游戏，控制自己的身体，在彩虹隧道内连续侧滚翻。

观察指导要点

- 观察幼儿在游戏时侧滚翻的原初水平，以及分享交流后，侧滚翻的身体控制水平是否有提升；幼儿是否能在彩虹隧道里连续侧滚翻，直到终点。
- 鼓励幼儿大胆表达，总结侧滚翻的方法。
- 游戏场地尽量选择塑胶操场或柔软的草地，以保证幼儿游戏的安全。

经验提升：侧滚翻要领：身体放松，刚开始时眼睛可以观察地面或周围参照物，及时调整方向；双手向上伸直贴着耳朵，脚并拢，慢慢地滚，熟练以后可以提升速度；腰腹用力带动身体向一侧滚动。

三、放松活动，整理游戏器材

① 播放放松音乐，随音乐深呼吸，做放松活动。

② 与同伴合作整理游戏中使用的材料和器械。

观察指导要点

- 观察幼儿是否随着音乐有节奏地深呼吸。
- 引导幼儿伸展四肢，拉伸腰部，轻揉上臂等身体部位进行放松活动。

★ 活动拓展

① 幼儿熟悉游戏玩法后可以增加游戏人数，可两人同时在一个转轮内进行滚动，增强游戏的趣味性和协作能力。

② 在家中可以利用瑜伽垫、床垫、沙发垫等物品，进行亲子侧滚翻游戏，增进亲子感情，提升幼儿身体控制力与协调能力。

不乱发脾气

★ 活动目标

1. 愿意用多种方法调节自己的坏情绪，保持愉快的情绪。
2. 学会控制自己的不良情绪，能尝试用正确的方法进行疏导。
3. 知道每个人都有心情不好的时候，都会产生坏脾气。

★ 活动准备

1. 经验准备

生气时的情绪和发脾气的经历。活动前完成“《我的坏情绪》统计表”。

2. 物质准备

配备材料：音频故事《把坏脾气收起来》。

自备材料：《我的坏情绪》统计表；表情粘贴。

★ 活动建议

一、借助“《我的坏情绪》统计表”，了解发脾气的原因

1. 利用提前完成的“《我的坏情绪》统计表”，请幼儿用粘贴表情粘贴的方式将自己发脾气的原因标记出来。
2. 展示统计表，幼儿之间互相回顾、交流，讲述自己发脾气的经历及原因。

观察指导要点

- 展示统计表，教师引导幼儿统计出是哪些原因经常引起我们发脾气。
- 在幼儿交流讲述更多发脾气的经历时，教师可与幼儿分享自己曾经发脾气的经历，让幼儿了解每个人都会有心情不好的时候。

经验提升：我们发脾气的原因有很多，比如当玩具被抢的时候、当别人撞到自己不道歉的时候、当被人插队的时候……生活中的很多事情都会让我们产生坏情绪甚至发脾气。

二、倾听故事，寻找调节坏情绪的有效方法

1. 欣赏音频故事《把坏脾气收起来》，说一说小老虎是如何收起坏脾气的。
2. 共同讨论还有哪些调节坏情绪的有效方法。
3. 讨论如何减少坏情绪的次数，每天保持开心、愉快的心情。

观察指导要点

- 幼儿是否能说出调节坏情绪的有效方法。
- 在讨论发脾气的原因时，可以列举幼儿实际生活中的场景，通过视频、图片等诸多方式，引起幼儿对发脾气时画面的回忆。

经验提升：有的幼儿生气的时候会大喊大叫，有的幼儿在生气的时候会大哭大闹，有的幼儿在生气的时候会用力跺脚……我们可以尝试用一些办法缓解生气的情绪，生气的时候可以说出来，可以和大人抱一抱，也可以看看书、听听音乐，你就会发现生气的感觉慢慢消失了。有的时候我们不必生气，比如试着原谅别人，也许他不是故意的；学着互相谦让，分享会让我们更快乐……

三、游戏活动，尝试用多种方法消除自己的坏情绪

1. 回顾：调节情绪的多种方法（如呼吸调整法、合理宣泄法等）。
2. 播放欢快的音乐，体验愉快的情绪。
3. 多次反复游戏，提示幼儿方法不能重复。

观察指导要点

- 幼儿是否能积极参与游戏，并尝试展现不同的调节情绪的方法。
- 幼儿是否掌握多种调节情绪的方法，并有保持开心、愉快情绪的愿望。

经验提升：当我们遇到坏情绪时，要学会用适当的方法进行调节，不要乱发脾气，要少生气，多微笑，每天都保持一个好心情。

★ 活动拓展

在幼儿园生活区设置“情绪墙”，在上面用图片的方式，提示幼儿缓解坏情绪的方法。幼儿可以每天根据自己的情况，自主在展示栏粘贴相应的情绪粘贴，逐渐稳定情绪，减少乱发脾气的现象。

★ 家园共育

❶ 当孩子在家中要发脾气时，家长应引导孩子用正确的方式调节自己的情绪，把坏脾气收起来。家长要给予孩子一定的时间，不要马上进行指责和训斥。

❷ 家长要多倾听孩子发脾气的原因，并采取适当的方式进行教育和引导。

★ 活动资源

故 事

把坏脾气收起来

小老虎的脾气很大，如果事情没按他的想法来，他呀就会发脾气。傍晚的时候妈妈说：“快去洗澡，小老虎！别忘了把尾巴洗净。”“现在不行！”小老虎不耐烦地说。如果妈妈再催他，他就会大叫，或者大哭，或者跺脚。有时候他还会三招儿一起用。

妈妈说：“不许再吃饼干了，小老虎！”“我就要吃！”他一边大哭大叫，一边跺脚。有一天，妈妈让他收拾玩具，他才不想收拾呢。于是小老虎生气了，大声对妈妈喊：“不要！”妈妈觉得这样可不行。“不要让我再催你了。”她严厉地说。妈妈越这么说，小老虎就越生气。“我才不收拾呢！”他大叫。妈妈沉下脸，说：“你最好立刻把你的坏脾气收起来，小老虎，否则……”哦？小老虎不知道“否则”意味着什么，而且他也不想知道。也许意味着不能捉蝴蝶，也许意味着不能打棒球，也许意味着不能吃甜点！也许我真该把自己的坏脾气收到妈妈找不着的地方，小老虎想。

不过，收到哪里去呢？收到我的口袋里？收到我的手心里？或者收到我的小裤衩里？突然，小老虎有了个好主意。我知道该把自己的坏脾气收到哪里了！他深深地吸了一口气，把所有的怒气吸进自己的身体，然后用力把它吐了出来。“啊啊啊——”小老虎用棒球帽挡住嘴巴大吼起来。

接着，他把帽子戴到头上，露出了笑脸。他很快收拾好玩具，下楼吃晚餐。“这样好多了，”妈妈一边说一边把他抱了起来，“你知道我不喜欢你乱发脾气。”“嗯，别担心，”小老虎说：“我再也不会乱发脾气了。我已经把它收好了！”

《我的坏情绪》统计表

 争抢玩具	
 和同伴发生碰撞	
 需求没有被满足	
 玩具被破坏	
 同伴插队	
其他	

数学活动

资源一览表

活动名称	幼儿游戏资源		教师教学资源
	实物材料	探究游戏活动材料	
数的守恒		数一数	采蘑菇
10以内集合分类		找相同	
10以内序数		动物电影院	生活中的序数
整体和部分			
2、3的分解与组合	蛋糕纸杯	穿手串	
4的分解与组合	塑料纽扣	虫虫飞	
5的分解与组合	双色圆片	插花	
50以内数字表		猜猜是谁	
量的比较	塑料管	马路上	
轻和重	绒球、塑料弹力球、玻璃球		
自然测量		量布裁衣	
面积测量		铺地砖	谁的花园最大
认识梯形		捉迷藏	
认识椭圆形	塑料软管		
图形的组合		漂亮的地毯	
远和近			
快乐拼图		快乐拼图	
排排乐		花被子	动物方阵

数的守恒

★ 活动目标

❶ 体会事物的数量及其关系，进一步建构数的概念。

❷ 能排除外部因素（颜色、大小、排列形式、距离）的干扰，正确点数 10 以内的数量。

❸ 巩固 10 以内物体数量点数，感知并理解数的守恒。

★ 活动准备

❶ 经验准备

能够正确点数 10 以内排列有序的物品。

❷ 物质准备

配备材料：幼儿探究游戏活动材料“数一数”；电子图片“采蘑菇”。

自备材料：小兔手偶；提前在活动场地有序摆放几组数量不同的蘑菇卡片。

★ 活动建议

一、点数游戏，巩固 10 以内按物点数

❶ 创设游戏情境：幼儿扮演小兔，在音乐律动中自由蹦跳到森林里采蘑菇。

❷ 分别点数地面摆放好的蘑菇卡片数量，说出每组蘑菇的总数。

观察指导要点

- 观察幼儿是如何点数蘑菇数量的，点数时是按照顺序手口一致点数还是目测点数。
- 引导幼儿快速说出数量，并与同伴进行核对，数错的幼儿鼓励其再点数一遍。

经验提升：通常我们会将要点数的物品摆放整齐，然后按照从左到右（从上到下）的顺序，手口一致地进行点数，点数的最后一个数就是物品的总数。

二、情境导入，丰富 10 以内点数的方法

❶ 使用小兔手偶引趣：兔宝宝也要去采蘑菇，每只小兔都找到了许多蘑菇，大家都吵着说自己采的蘑菇最多，请你数一数，说说谁采的蘑菇最多。

❷ 出示电子图片“采蘑菇”，呈现小兔采蘑菇的情境图画；引导幼儿点数并说出点数的结果。

观察指导要点

- 幼儿是否能正确点数并说出三组蘑菇的数量，哪些幼儿点数得又快又准。
- 引导幼儿发现并说出三组蘑菇的异同点，鼓励幼儿说出自己是如何点数的。
- 重点观察并倾听幼儿如何点数排列不规则的蘑菇数量。

经验提升：小兔采的蘑菇有大的、小的、白的、黄的、灰的，有斜着排的、圆形排的、随意排的……点数的时候我们可以斜着数、转圈数，要按顺序一个一个地数，不能重复数，也不能漏数。三组蘑菇一个一个点数后都是一样多的，每只小兔都采到了 10 个蘑菇。

三、操作游戏，感知和理解 10 以内数的守恒

❶ 幼儿分成两组，一组幼儿取数量为 10 的蘑菇卡片，尝试用 10 个蘑菇卡片摆出和刚才三组图不一样的布局；另一组幼儿扮演小兔进行点数并拾取。

❷ 轮换角色，引导幼儿与同伴互相点数蘑菇的数量，感知 10 以内数的守恒。

观察指导要点

- 引导幼儿观察之前的三组蘑菇图，设计并呈现不同的排列方式。
- 教师先指定一个数量让幼儿自由摆放蘑菇卡片，后续可以更换更大的数字。

经验提升：虽然蘑菇卡片摆放的方式不同，但是它们的数量是一样的。所以物品的数量和它的大小、颜色、位置、距离等都没有关系。

四、排除外部因素干扰，正确点数 10 以内数量

❶ 使用幼儿探究游戏活动材料“数一数”，点数后说出小刺猬家的鸭梨、桃子、苹果哪个数量多。

❷ 将粘贴页中的西瓜任意摆贴在地毯上；看看自己和好朋友的西瓜（位置和数量）有什么不同和相同。

观察指导要点

- 幼儿是否能听懂指令，可以逐一拆解任务降低难度。如先逐一点数水果数量，然后再进行数量大小的比较等。
- 哪些幼儿受到水果大小、距离等干扰作出错误判断。
- 幼儿是如何粘贴西瓜的，鼓励幼儿随意摆放，提高幼儿排除干扰的能力，并增加点数的难度。

经验提升：点数物品数量的时候，不用看物品的颜色、大小和摆放的位置等，这些不会让数量发生变化，该是多少就是多少。

★ 活动拓展

寻找并点数活动室内摆放位置不同的物品，进一步理解数的守恒。

10以内集合分类

★ 活动目标

❶ 对集合分类活动感兴趣，乐于参加分类活动。

❷ 能不受物体种类、位置等因素的干扰，正确判断两组物品的数量并按数量属性进行分类。

❸ 巩固 10 以内点数，感知数量的守恒。

★ 活动准备

❶ 经验准备

能排除干扰正确点数 10 以内数量的物品。

❷ 物质准备

配备材料：幼儿探究游戏活动材料“找相同”。

自备材料：数字卡片 1~10；在活动室内投放若干种 10 以内数量的物品。

★ 活动建议

一、按数取物，巩固 10 以内数、量匹配

❶ 每人抽取一张数字卡（1~10），尝试在活动室内自由拿取任意一种与数字对应量的物品，如抽到的数字是 5，可以拿取 5 块积木或 5 本图书。

❷ 将自己拿取的物品摆放在桌面上，通过观察、比较进一步理解：不同种类的物品可以用相同的数字来表示，如 5 块积木和 5 本图书都可以用数字 5 来表示。

观察指导要点

- 幼儿是否能根据自己抽到的数字卡片正确地匹配对应量的物品。
- 观察幼儿选择的物品是否为同一类物品；如果不是，需要指导和干预。
- 通过观察，幼儿是否能发现同一个数字可以匹配不同种类的物品；幼儿是否能理解不同种类的物品可以用相同的数字来表示。

经验提升：给数字匹配对应的物品时，物品的大小、颜色可以不同，但是种类要相同，如积木和图书不能放在一起计数，不同种类的物品可以用相同的数字来表示。

二、集合分类，感知数量的守恒

❶ 游戏“好朋友”。观察并寻找活动室内已投放的若干种 10 以内数量的物品，引导幼儿将这些物品找到和自己数量相同的好朋友。

❷ 点数每种物品的数量，尝试将相同数量的物品放在一起，进一步理解数量的守恒。

观察指导要点

- 幼儿是否能根据物品的数量属性正确进行分类。
- 幼儿是否能排除物品大小、颜色、摆放方式等因素干扰正确点数、分类。

经验提升：按照物品的数量分类，数量相同的可以放在一起；物品的数量不受物品大小、颜色、摆放方式的影响而变化；虽然有的物品摆放位置变了，但数量不会变，叫作数量的守恒。

三、动手操作，巩固 10 以内集合分类

1. 使用幼儿探究游戏活动材料“找相同”，正确点数各圆圈中物品的数量，然后把总数写在对应的空格里。
2. 将数量相同的物品用线连在一起。想一想，空白圆圈里应该画几个物品才能找到好朋友？请你添画正确数量的物品并连线。
3. 引导幼儿说一说是怎样分类的，为什么这样分类。

观察指导要点

- 幼儿是否能按照要求对10以内集合进行正确分类。
- 是否能排除物品种类、大小、颜色及摆放方式等因素干扰正确点数和分类。
- 幼儿是独立完成操作还是需要教师的指导和帮助。

经验提升：不管物品的种类、大小、颜色是否相同，只要数量相等，我们就可以将它们归为一类。

★ 活动拓展

在一日生活的各环节中，渗透集合分类的活动内容。如在日常区域活动结束后，引导幼儿将数量相等的玩具放在一起等。

10以内序数

★ 活动目标

❶ 对序数游戏感兴趣，初步体验序数在生活中的应用。

❷ 能从不同方向正确指认某一物体在序列中的位置并能用序数词准确地描述出来。

❸ 学习 10 以内序数，初步理解序数的意义。

★ 活动准备

❶ 经验准备

在生活中有使用或体验“第几”序数的经验。

❷ 物质准备

配备材料：幼儿探究游戏活动材料“动物电影院”；电子图片“生活中的序数”。

自备材料：数字卡片 1~10；10 把椅子为一组摆成一排，共摆放三组。

★ 活动建议

一、游戏体验，巩固理解 10 以内基数

❶ 设置“乘坐火车”的游戏情境，幼儿点数椅子的数量，巩固 10 以内基数，即 1、2、3、4、5……

❷ 每人一张数字卡片，尝试按照点数的顺序，将数字卡片 1~10 依次贴在各组火车的“车厢”（椅背）上。

观察指导要点

- 幼儿是否能正确点数椅子的数量并熟练说出总数。
- 幼儿是否能相互监督和提醒，按照数序粘贴数字卡。
- 指导幼儿按照正确的数序粘贴数字卡片。

经验提升：点数物品的数量时，可以用数字 1、2、3、4、5……依次计数；小火车有 10 节车厢，可以用数字 1~10 来表示。

二、情境体验，认识 10 以内序数

❶ 幼儿任意选择一把椅子坐好，说一说自己的座位是“火车”的第几号“车厢”。

❷ 初步理解“车厢”上数字的不同意义：当点数计数时，数字表示“车厢”的数量；当确定“车厢”在整列“火车”中的位置时，则表示“第几”。

观察指导要点

- 幼儿是怎样描述自己的座位是“火车”的第几号“车厢”的。
- 幼儿是否能用“第几”来描述自己座位在一排中的位置。

经验提升：椅子上的数字有不同的含义。在我们点数“车厢”数量的时候，椅子上的数字表示点到的数量；在我们点数寻找“车厢”位置的时候，椅子上的数字就表示“第几”。表示“第几”的数字叫作序数。

三、体验操作，尝试从不同的方向辨别物体在序列中的位置

❶ 将椅背上的数字卡片取下来。播放一段音乐，当音乐停止时引导幼儿自由入座并观察自己在“火车”中第几号“车厢”，进一步理解序数词表示的物体在序列中的位置。

❷ 引导幼儿分别从左右两边确定自己的位置。

❸ 使用幼儿探究游戏活动材料“动物电影院”，按照票面信息帮助没有入场的小动物找好座位。

观察指导要点

- 幼儿是否选择了与上次不同的座位；是否能正确描述自己的座位是“火车”的第几号“车厢”。
- 幼儿是从哪个方向辨别椅子在序列中的位置的；是否能从左右两边确定、描述自己的位置。
- 在使用幼儿探究游戏活动材料时，幼儿是否能正确完成找座位的任务。

经验提升：从不同的方向数，物品所在的序列位置是不一样的。我们在描述一个物品的位置时，要先确定从哪个方向数。

四、联系生活，进一步感知序数的意义

❶ 讨论：生活中哪些地方会用到序数?

❷ 出示图片“生活中的序数”，引导幼儿说出序数在生活中的应用，如楼层、排队等都会用到序数。

★ 活动拓展

结合生活中的不同情境，帮助幼儿正确运用序数，如 ×× 小朋友第一个（第二个）起床；×× 小朋友站在队伍中第四位；请 ×× 小朋友帮助老师拿玩具柜上第三个玩具筐；等等。

整体和部分

★ 活动目标

❶ 感受整体和部分之间的关系。

❷ 能够通过图画等方式表示整体和部分之间的关系。

❸ 理解并区分物体的整体和部分。

★ 活动准备

❶ 经验准备

会玩拼图，在生活中对物体的整体和部分有粗浅的经验。

❷ 物质准备

自备材料：橘子、纸板、木块、图画、水果、玩具等；缺少部分零件的玩具若干。

★ 活动建议

一、实物分配，理解“整体”和“部分”的含义

❶ 每个小组取一个橘子（或其他完整的实物），引导幼儿将橘子掰成一瓣一瓣的进行分食。

❷ 讨论：一个橘子一个人吃，或者分给许多人吃，谁吃得多？为什么？

观察指导要点

- 倾听幼儿是如何描述橘子和橘子瓣之间的关系的，使用了哪些词语。
- 引导幼儿用“整体”和“部分”来描述完整的橘子和橘子瓣之间的关系。

经验提升：如果我们把一个橘子看成是一个整体，那么里面的橘子瓣就叫作“部分”，整体是由若干个部分组成的，而部分可以构成整体，是整体的一部分。

二、实物指认，辨识物体的整体与部分

❶ 每人取一件物品或玩具，提问：这个物品有哪些部分？

❷ 引导幼儿指出物品的各部分，如一辆小汽车有车轮、车门、车窗等部分。

观察指导要点

- 幼儿是否能分清整体和部分，是如何描述物品或玩具整体和部分的关系的。
- 引导幼儿正确使用“整体”和“部分”这两个词语。

经验提升：很多物品可以看作一个整体，一个整体也可以分成许多部分；许多个部分构成一个整体。

三、探索活动，感知“整体”和“部分”的关系

❶ 自选绳子、各种形状的纸、杯子里的水等实物，鼓励幼儿玩一玩，尝试将它们分成几部分，然后再拼起来，玩的时候可以把分割下来的小部分和原来的整体比较一下，看看它们有什么不同。

❷ 鼓励幼儿说一说是怎样玩的，然后再比较一下整体和部分有什么不同。

观察指导要点

- 幼儿选择了哪些材料，是如何将整体分割成部分的。
- 引导幼儿说出整体和部分的大小及包含关系。

经验提升：整体比它的每一个部分都大，每一个部分都比整体小。

四、匹配游戏，进一步理解“整体”和“部分”的关系

1. 出示玩具筐里的玩具，引导幼儿发现缺少的部分。
2. 积极寻找缺少的部分，并尝试组合成一个完整的整体。

观察指导要点

- 幼儿是否能根据玩具缺少的部分进行有目的的寻找和组装。
- 哪些幼儿能较快并独立组装玩具；对有困难的幼儿进行必要的指导。

经验提升：我们把一个玩具看作一个整体，很多时候部分零件容易丢失；当我们把缺失的那部分零件找回来，就又组成了一个整体。

★ 活动拓展

结合生活中的事物，随机辨识整体和部分。如钢琴是一个整体，琴键、琴盖、踏板等都是部分。

2、3的分解与组合

★ 活动目标

1. 对数的分解和组合感兴趣，体会整体与部分的数量关系。
2. 在操作实物中初步感知数字的互补、互换规律。
3. 认识分合符号“∧”“∨”，掌握 2 和 3 的分解与组合。

★ 活动准备

1. 经验准备

认识 10 以内数字。

2. 物质准备

配备材料：幼儿探究游戏活动材料“穿手串”；实物：蛋糕纸杯。

自备材料：呼啦圈若干。

★ 活动建议

一、巩固数量的对应关系，探索 2 的分解与组合

❶ 每人拿取两个实物蛋糕纸杯，在活动室中任意寻找两件相同的小件物品，然后带回座位。

❷ 点数物品的数量。将两件物品分开摆放在两个蛋糕纸杯中，说一说每个蛋糕纸杯里有几件物品。

观察指导要点

- 观察幼儿拿取的物品大小是否合适，种类是否相同。
- 幼儿是否能按照要求将物品放在两个蛋糕纸杯中，引导幼儿说出：2个××可以分成1个××和1个××；1个××和1个××合起来是2个××。

经验提升：两件物品可以用数字 2 来表示，2 可以分成 1 和 1。

二、游戏体验，探索 3 的分解与组合

❶ 三人一组自由结伴，每组两个呼啦圈，分别并列摆放在地面上。

❷ 分解游戏：当教师说“3 可以分成 1 和 2”时，每小组的 3 名幼儿分别跳进两个呼啦圈（一个圈里 1 人，另一个圈里 2 人）；当教师说“3 可以分成 2 和 1”时，小组幼儿重新组合再次跳圈。

❸ 组合游戏：当教师说“1 和 2 合起来是 3”或“2 和 1 合起来是 3”时，两个呼啦圈里的幼儿要跳进同一个呼啦圈（一个圈里 3 人）。

观察指导要点

- 幼儿是否能按照指令进行3的分解与组合游戏。
- 幼儿可以自由玩游戏，在跳圈游戏中自由表示3的分解与组合。

经验提升：3 可以分成 1 和 2、2 和 1；1 和 2、2 和 1 合起来是 3。

三、操作练习，理解分解与组合的关系

❶ 使用幼儿探究游戏活动材料“穿手串”，按照要求用手指蘸上自己喜欢的颜料，为下面的手串穿上两种不同颜色的珠子。

② 教师在黑板上记录幼儿的分法并演示 2、3 的分解与组合式。

观察指导要点

- 幼儿是否能够按照要求独立完成穿手串。
- 引导幼儿说出每个手串上彩色珠的数量，注意避免重复。

经验提升："∧"是分解符号，表示把物品分成两份；"∨"是合成符号，表示把两份物品合成一份。分解后每份的数量变少，合起来数量变多。

四、观察分享，发现数字的互换、互补的规律

① 幼儿观察 2、3 的分解式，说一说分解组合式中左右两边的数字有什么不同。

② 鼓励幼儿说出两数之间的关系，如数字位置发生了变化、两个数合起来的总数没有变等。

观察指导要点

- 幼儿是否能说出分解组合式中两数位置的互换关系。
- 幼儿是否能说出分解式中一边数大（小），另一边的数就会变小（大）的互补关系。

经验提升：分合式左右两边的部分数互换位置，总数不变。2 的分解式中左右两边都是 1；3 的分解式中一边数大（小），另一边的数就会变小（大）。

★ 活动拓展

在区域活动中，尝试用各种玩具进行分解与组合练习并使用分合式进行记录。

4的分解与组合

★ 活动目标

1 对数的分合感兴趣，乐于参加操作活动。

2 能用数字、符号等记录 4 的分合式并进行清晰表述。

3 知道 4 有三种分解方法，进一步理解两数互补、互换的规律。

★ 活动准备

1 经验准备

已掌握 2 和 3 的分解与组合，认识数字“4”。

2 物质准备

配备材料：幼儿探究游戏活动材料“虫虫飞”；实物：塑料纽扣。

自备材料：1~3 数字卡片若干、笔。

★ 活动建议

一、结伴游戏，复习 2 和 3 的分解与组合

1 2 或 3 人自由结伴并拉成一个小圆圈，听口令玩 2、3 的分合游戏。当教师说“3 可以分成 2 和 1”时，幼儿 1 人或 2 人拉手站立。

2 回顾 2 和 3 的分解与组合。

观察指导要点

- 幼儿是否能够按照口令要求进行游戏。
- 幼儿对2和3的分解与组合是否熟练。

经验提升：2 有一种分法，2 可以分成 1 和 1。3 有两种分法，3 可以分成 1 和 2，也可以分成 2 和 1。

二、动手操作，探究 4 的分解与组合

1 使用实物塑料纽扣，尝试将数量为 4 的纽扣分成两份。

❷ 将自己的分解方法与同伴进行交流和比较，说说有什么不同。

观察指导要点

- 幼儿使用塑料纽扣探索4的分解时，都呈现了哪些分解方法。
- 观察哪些幼儿能完成三种分解方法；引导幼儿按照一定的顺序进行分解，如左面先放1个，把剩下的放在右面；左面再放2个，把剩下的放在右面；左面放3个，把剩下的放在右面。

经验提升：数字 4 有三种分法：1 和 3、2 和 2、3 和 1。

三、观察讨论，进一步理解互换、互补关系

❶ 记录、展示幼儿不同的分合方式。有的是按顺序分合的，有的是不按顺序分合的。引导幼儿观察，说说哪种分法更好，为什么。

❷ 使用幼儿探究游戏活动材料“虫虫飞”，按照要求将合起来是 4 的两只瓢虫鞘翅拼插在一只瓢虫身上。

观察指导要点

- 哪些幼儿是按照互补、互换的关系进行分解组合的，哪些不是。
- 哪些幼儿有遗漏或重复的；经过教师引导后，幼儿是否能用正确的顺序进行操作。

经验提升：4 可以分成 1 和 3、2 和 2、3 和 1，左边竖排一个数比一个数多 1，右边竖排一个数比一个数少 1，这是递增、递减的互补关系；4 分成 1 和 3、3 和 1，左右两边的部分数互换位置总数不变，这是互换的规律。

四、游戏体验，巩固 4 的组合

玩“抱一抱”游戏，每名幼儿身上贴一个数字（1~3 的数字），大家围成圆形，在音乐中围着圆圈走动，当音乐停时，请幼儿快速与和自己贴的数字合起来是 4 的小朋友抱在一起，抱得不对或没有找到同伴的幼儿视情况结束游戏，可多次游戏。

★ 活动拓展

联系生活实际，说一说在生活中哪些地方用到了数的分解与组合，如：妈妈买了 4 块饼干，如何分给哥哥和妹妹；4 根棒棒糖分给 2 个小朋友，有几种分法；等等。

5的分解与组合

★ 活动目标

1. 乐于参加分合游戏，体验分合探究的乐趣。
2. 能按照分合式两边数互补、互换的规律进行操作和记录。
3. 知道 5 有四种分法，掌握 5 的分解与组合。

★ 活动准备

1. 经验准备

掌握 4 以内的分解和组合，认识数字“5”。

2. 物质准备

配备材料：幼儿探究游戏活动材料“插花”；实物：双色圆片。

★ 活动建议

一、对歌游戏，复习 4 以内数的分合

玩游戏“打电话”，复习 4 以内数的分合。如一组幼儿说：“叮铃铃、叮铃铃，我的电话已发声；我拨 3，你拨几，合成 4 能拨通。”另一组幼儿则说：“叮铃铃、叮铃铃，我的电话已发声；你拨 3，我拨 1，合成 4 能拨通。”

观察指导要点

- 游戏开始时，可以让幼儿先学会说儿歌，理解和掌握儿歌的内容。
- 教师可以适当提示需要分解的数字。

经验提升：2 可以分成 1 和 1，1 和 1 合起来是 2。3 可以分成 1 和 2、2 和 1，1 和 2、2 和 1 合起来是 3。4 可以分成 1 和 3、2 和 2、3 和 1，1 和 3、2 和 2、3 和 1 合起来是 4。分合式的数量比这个数本身少 1 个，如 3 的分合式有 2 个。

二、操作游戏，探索 5 的分解与组合

1. 分双色圆片。探索将 5 个双色圆片根据正反两面颜色分成两份的四种方

法，尝试按照之前的经验进行分解和表述。

❷ 使用幼儿探究游戏活动材料“插花”，引导幼儿思考：每个花瓶里都要插 5 朵花，可以怎么插？

❸ 鼓励幼儿将粘贴页中不同数量的花束各凑成 5 朵花，然后插在不同的花瓶里；说说 5 的分解、组合的方式有哪些。

观察指导要点

- 幼儿是否能按照5的分合式两边数互补、互换的规律进行操作。
- 观察幼儿插花完成情况；关注哪些幼儿对5的分解、组合掌握较好；哪些幼儿有困难，适时进行指导。

经验提升：数字 5 有四种分法：1 和 4、2 和 3、3 和 2、4 和 1。1 和 4、2 和 3、3 和 2、4 和 1 合起来都是 5。进行 5 的分解、组合时，要按照分合式两边数互补、互换的规律进行操作。

三、合作游戏，复习巩固 5 的分解与组合

❶ 玩“猜数”游戏：教师把 5 个双色圆片分别放在两只手里，给出一只手里的数量，幼儿猜测另一只手里的圆片数量。

❷ 幼儿两人一组玩“凑数”游戏。一名幼儿任意出示 5 以内的双色圆片，另一名幼儿根据对方的双色圆片数量出示相应数量的双色圆片，使双色圆片数合起来是 5。

观察指导要点

- 哪些幼儿在“猜数”游戏中反应快，哪些反应比较慢。
- 在同伴合作游戏中，后面出双色圆片的幼儿是否能快速且正确地出示。

经验提升：玩游戏时，要先看清对方出示的双色圆片数量，然后根据 5 的分解组合出示正确数量的双色圆片。

★ 活动拓展

开展银行、菜市场、超市等模拟游戏，把所学的组成经验运用到实际生活中。

50以内数字表

★ 活动目标

❶ 建立数的概念，体会自然数在数列中的变化规律。

❷ 灵活运用唱数、接数、点数等方法数数。能通过观察前后的数字确定数字表中缺少的数字。

❸ 熟练唱数数字 1~50，掌握数字 1~50 的顺序。

★ 活动准备

❶ 经验准备

熟练唱数数字 1~20，知道在自然数列中后面的数比前面的数大。

❷ 物质准备

配备材料：幼儿探究游戏活动材料“猜猜是谁”。

自备材料：50 以内数字表、海洋球若干、盒子 5 或 6 个。

★ 活动建议

一、唱数数字 1~50，熟悉 50 以内数序

❶ 幼儿集体唱数 1~50。

❷ 运用随机接数的方法唱数 50 以内数，如教师先唱数，随机停止后，请幼儿接着往下数；幼儿数数时，教师拍手幼儿马上停止，教师接着数等。

观察指导要点

- 哪些幼儿能正确唱数数字1~50，数到几十九的时候是否能正确说出下一个数字。
- 接着数数时，幼儿是否能快速反应并正确接数。

经验提升：数字 1~50 是按照一定的规律排列和变化的；当数到几十九，再数下一个数的时候，前面的数字要换成比它大 1 的数字，后面的数字变成 0，读作“几十”。如当数到 39 时，下一个数就是 40。

二、唱数计时，巩固 50 以内数序

玩“计时运球”游戏。幼儿每组 5 或 6 人自由结伴。每组一名幼儿作为运球人，负责将海洋球从起点运到终点，每次只能运送一个。其他幼儿当计时数数员，计时数数员从 1 唱数到 50，当数到 50 时，运球人停止运球表示时间到；幼儿轮换进行运球，直到本组成员全部完成运球任务。当计时数数员数到 50 时停止运球，并轮换其他人运球。

观察指导要点

- 幼儿分多组同时游戏，为提高游戏质量，班级保教人员可以做分组指导。
- 为保障幼儿的游戏兴趣，可以让小组内一部分幼儿先数，另一部分幼儿用接着数的方式合作完成计时。

三、认识数字表，发现数列中的变化规律

❶ 出示 50 以内数字表，看图点数 1~50 数字。

❷ 说说数字表中数字的排列有什么规律。

观察指导要点

- 幼儿是否能发现数字表中的变化规律，是如何表述的。
- 重点引导幼儿观察每行、每列数字的特点。
- 教师随机指出任意一个数字，鼓励幼儿认读出来。

经验提升：50 以内数字表里一共有 5 行，第一行从 1 到 10，第二行从 11 到 20，第三行从 21 到 30，第四行从 31 到 40，第五行从 41 到 50。每一行里个位上的数字（后面的数字）从 1 开始，一个比一个多 1，十位数（前面的数字）不变。竖着看数字表，每一列个位数都是一样的，从第二列开始，每一列十位上的数字（前面的数字）都比上一列多 1。

四、补充缺失数字，感知数字之间的关系

❶ 使用幼儿探究游戏活动材料“猜猜是谁”，看图点数数字 1~50。

❷ 将粘贴页中的小动物贴在任意一个数字上，然后请好朋友猜猜被小动物挡住的数字是几。

观察指导要点

- 幼儿是否能根据数字表点数1~50，是否能够指认出数字表中的任意一个数字。
- 幼儿粘贴小动物后，是否能通过前后数字判断出被遮挡的数字是几。如果不能，可以鼓励幼儿对照50以内数字表或者找其他幼儿的成品进行判断和验证。
- 教师随机指出任意一个数字，鼓励幼儿认读出来。

经验提升：数字是按照一定规律排列的，确定小动物后面的数字是几时，可以根据它上下、左右的数字进行推理和判断。

★ 活动拓展

在日常生活中，可以带领幼儿进行多种形式的唱数活动，如走楼梯时或玩“击鼓传花”的游戏等。根据幼儿的实际情况，逐渐拓展唱数数字 1~100。

量的比较

★ 活动目标

1. 对连续量的比较和排序感兴趣。
2. 能按照粗细、高矮、长短的差异对 7 个以内物体进行正逆排序。
3. 巩固对不同特征的物体进行比较、排序的方法。

★ 活动准备

1. 经验准备

有 5 以内物体粗细、高矮排序的经验。

2. 物质准备

配备材料：幼儿探究游戏活动材料“马路上”；实物：塑料管。

自备材料：粗细不同的纸筒树若干（7 个为一组）。

★ 活动建议

一、实物操作，探索 7 以内物体粗细排序

❶ 使用实物塑料管，尝试将 7 根塑料管按从粗到细或从细到粗的顺序进行排列。

❷ 鼓励幼儿说说自己是按什么顺序排列的，是用什么样的方法来判断塑料管粗细的。

观察指导要点

- 幼儿是否能将7根塑料管按照粗细进行正确排序。
- 幼儿是如何比较、判断塑料管粗细的。
- 比较粗细时，幼儿采用了什么样的比较方法。

经验提升：判断塑料管的粗细时，可以比较观察塑料管一端的管口，管口部分越大就越粗，反之越细。排序时，按从粗到细或从细到粗的顺序逐一抽出塑料管进行排序摆放。

二、合作游戏，探究 7 以内物体高矮排序

❶ 7 名幼儿为一组，每人一个纸筒树，按照从高到矮或从矮到高的顺序将纸筒树进行排序，说一说哪棵树最高，哪棵树最矮。

❷ 鼓励幼儿尝试用“× × 的树比 × × 的树高，× × 的树比 × × 的树矮”的句式进行高矮比较。

观察指导要点

- 幼儿是否能为7个高矮不同的纸筒树进行高矮排序，排序的依据是什么。
- 幼儿是否能在教师的引导下指认或表述序列中任意纸筒树的高矮。

经验提升：在比较物体的高矮时，最便捷的方法是将物体全部直立在同一平面和高度上再进行比较。

三、动手操作，巩固 7 以内连续量的比较和排序

❶ 使用幼儿探究游戏活动材料“马路上”。取下马路场景图，沿虚线折立并摆放在桌面上。

❷ 取下楼房的图片，按高矮顺序排一排，然后贴在路边的黄色区域内。
❸ 取下货车的图片，按照车厢的长短将货车排序并粘贴在马路上。
❹ 展示操作结果，说一说自己是怎样排序的。

观察指导要点

- 是否能将数量为7的物品进行高矮、长短的正确排序。
- 幼儿是否能用“第几长（短）”“第几高（矮）”的语式来描述某一物品在序列中的位置。

经验提升：比较长短或高矮时，要运用正确的比较方法；可以按照从长（高）到短（矮）或从短（矮）到长（高）的顺序进行排序。

★ 活动拓展

❶ 找一找活动室中哪些物品最高（矮），哪些物品最粗（细）。
❷ 回家路上，比一比周围的建筑物，哪个最高，哪个最矮？

轻和重

★ 活动目标

❶ 丰富对量（轻、重）的感性经验，乐于参加感知觉测量活动。
❷ 能根据感知觉描述测量物的轻重属性，并做出正确的判断。
❸ 感知和理解物体量（轻、重）的特征，学习比较轻和重的基本方法。

★ 活动准备

❶ 经验准备
对生活中物体的轻和重有一定的感性经验。
❷ 物质准备
配备材料：实物：绒球、塑料弹力球、玻璃球。

自备材料：收集一些轻重不同的物品（如重量不同的易拉罐、小棒等）、跷跷板、天平玩具。

★ 活动建议

一、观察体验，初步感知量的特征之轻和重

❶ 观察、比较老师和某一名幼儿的身材，凭借已有生活经验，用看一看的方法初步比较老师和幼儿的轻和重。

❷ 互动游戏“抱一抱”。幼儿分别抱老师和同伴，验证自己的猜想，感受两个大小明显不同的人的不同重量。

❸ 用看一看的方法，比较活动室里两件物品的重量，如桌子比椅子重、钢琴比钢琴凳重等。

观察指导要点

- 幼儿是否能直接说出老师重、幼儿轻，并说出判断轻重的理由。
- 幼儿在实际体验中是否体会到了轻和重的不同含义。

经验提升：用眼睛看就可以知道老师的个子比小朋友高，身材比小朋友大，所以老师重，小朋友轻。生活中很多熟悉的物品通过看一看的方式就能判断轻和重。

二、探索操作，尝试根据感知觉比较物体的轻重

❶ 在活动室里每人寻找两件玩具或其他物品，用手掂一掂的方法判断两件物品的轻重；鼓励幼儿互相猜想并相互验证。

❷ 使用大小相同的实物绒球、塑料弹力球和玻璃球，先猜想三个球的重量，然后用掂一掂的方法将三种球按照轻重排序并进行描述。

观察指导要点

- 幼儿是否能运用掂一掂的方法选择不同重量的物品，并能根据感知觉进行判断和描述。
- 幼儿在对三个大小相同球的重量判断中是否能正确进行排序和描述。

经验提升：当眼睛看不出轻重时，可以把物体分别放在两只手上掂一掂，这样能比较出物体的轻重；塑料球比绒球重，比玻璃球轻，说明物体的轻重是相对的，看和谁进行比较。

三、结伴游戏，丰富比较物体轻重的经验

❶ 将幼儿分成人数相等的 4 或 5 个小组（将体重相差悬殊的幼儿尽量分到一组），每组拿取一个跷跷板。

❷ 幼儿自由结伴轮流玩跷跷板，比比谁的体重轻一些，谁的体重重一些。

观察指导要点

- 幼儿在游戏中是否能通过观察和身体知觉判断轻重。
- 幼儿体重相近时，教师可以参与到游戏中来，便于幼儿更好地观察和理解。
- 幼儿是否能说出重的一方使跷跷板一端被压下来，轻的一方被跷跷板另一端抬起来。

经验提升：通过玩跷跷板，我们也可以感知出身体的轻重，重的一方能将跷跷板一端压下来，轻的一方会被跷跷板另一端抬起来。

四、经验拓展，尝试使用测量工具感知物体的轻重

❶ 出示大小不同的塑料积木和实木积木各一块（塑料积木大但重量轻，实木积木小但重量重），猜想它们的轻重。

❷ 将积木玩具分别放置到天平的两端进行验证，观察天平的变化。

❸ 幼儿根据称重结果讨论哪种玩具轻、哪种玩具重并说出判断的理由。

观察指导要点

- 幼儿是否能正确猜出两块积木哪块比较重，是否受物体的大小因素影响而做出错误判断。
- 幼儿是否能迁移跷跷板的游戏经验，正确判断天平上积木的重量。
- 幼儿是否能说出不同重量的物体在天平上的不同状态。

经验提升：当眼睛看不出轻重、用手掂不出轻重时，可以使用天平来比较物体的轻重。沉下去一端的物体重一些，抬起来一端的物体轻一些。

★ 活动拓展

在活动区中投放一些天平玩具，让幼儿继续探索常见物体的轻和重。

自然测量

★ 活动目标

❶ 乐意用测量的方法解决生活中遇到的数学问题。

❷ 能用首尾相接摆放单位量的方式进行长度的自然测量，并用数字记录测量的结果。

❸ 探索用同一种量具一个接一个摆放的方式进行测量。

★ 活动准备

❶ 经验准备

对自然测量有初步的生活经验。

❷ 物质准备

配备材料：幼儿探究游戏活动材料“量布裁衣”。

自备材料：即时贴条、绳、笔、筷子、长条积木、夹子等自然量具。

★ 活动建议

一、创设情境，交流长度的测量方法

❶ 在活动室地面粘贴几条长度相等的即时贴条当作马路，创设游戏情境：测量马路的长度。

❷ 幼儿讨论并发表自己的看法，分享自己的测量方法。

观察指导要点

- 幼儿能说出哪些测量马路长度的方法，当说出用尺子测量时，教师可及时回复“没有尺子”，以此激发幼儿更多的想法。

- 根据幼儿的回答可以适当追问，如当幼儿说出用小手反复测量时，教师可以追问“用手怎么测量”等。
- 鼓励幼儿回顾已有经验，说出用首尾相接摆放单位量的方式进行长度的自然测量。

经验提升：我们可以借助身边的一些物体，用首尾相接摆放测量工具的方式进行自然测量，如重复使用跨步、脚印、绳子、铅笔、图书等方法测量长度。

二、尝试测量，初步掌握自然测量的方法

❶ 幼儿分成几组，每组分别测量不同的马路。

❷ 自主选择量具（如脚印、绳子、笔、筷子、长条积木等），尝试用不同的量具进行测量。

❸ 分享自己的测量方法和测量结果，说一说怎样才能测量得准确。

观察指导要点

- 观察幼儿如何使用量具进行测量的，是否能将若干个相同的量具首尾连接在一起测量。
- 幼儿是否能用自己的测量方法说出马路的长度。
- 规范幼儿的测量方法：使用多个同一种量具测量时，要首尾相连摆放。

经验提升：测量时，测量工具首先要与马路的一端对齐，当使用若干个相同的量具测量时，量具首尾要相连摆放，中间不能有缝隙。

三、再次测量，掌握首尾相接摆放单位量的测量方法

❶ 引导幼儿正确使用首尾相接摆放单位量的方式进行长度的自然测量。

❷ 记录自己使用了多少个相同的量具，说说自己是如何测量的、测量的结果是怎样的。

观察指导要点

- 幼儿是否只拿取了一类测量工具，拿的是什么工具，如果多拿了可以进行提醒。
- 幼儿使用测量工具是如何进行测量的，是否掌握了首尾相接的测量方法。
- 重点指导幼儿在量具末尾端做记号的方法。

经验提升：反复使用同一种量具测量长度时，第一次使用的量具要与马路的一端对齐，在量具的末端做好记号，移动量具，从做好的记号处为起点开始测量，在量具的末端再做好记号，依次类推，直至把整条马路测量完毕。

四、游戏体验，体会自然测量在生活中的应用

❶ 使用幼儿探究游戏活动材料“量布裁衣”，取下背心模版和花布。

❷ 将背心模版摆放在花布上，通过摆一摆、画轮廓线的方式，看看这块花布最多能裁剪出几个背心；比一比，谁裁剪出的背心最多。

观察指导要点

- 幼儿是如何使用背心模版进行测量、勾边和剪裁的。
- 观察哪些幼儿能充分利用有限的花布，画、剪出最多的背心。
- 引导幼儿思考怎样才能不浪费花布，画、剪出更多的背心。

经验提升：把背心模版当作一个量具，沿着花布的左侧和上面的边缘勾出背心轮廓边线，接着用背心模版紧贴着上一个轮廓边线继续勾出下一个轮廓边线。依次类推，直至把花布都用完，最后再逐一剪下一个个背心。

★ 活动拓展

结合日常生活，对身边的事物进行自然测量。如用脚印测量小床的长度、用手掌测量毛巾的长度等。

面积测量

活动目标

1. 喜欢动手操作，感受生活中测量的应用。
2. 能不受图形排列形式的影响，运用单位面积覆盖的方式测量面积的大小。
3. 初步掌握测量面积的基本方法，感知面积的守恒。

活动准备

1. 经验准备

有用不同自然物交替移动的方法进行测量的经验。

2. 物质准备

配备材料：幼儿探究游戏活动材料“铺地砖”；电子图片“谁的花园最大”。

自备材料：相同规格的正方形地垫、大扑克牌、纸板若干、地面上提前贴好不同形状的花园轮廓线（见“活动资源”）。

活动建议

一、情境导入，初步感知平面图形面积的大小

1. 出示电子图片“谁的花园最大”，欣赏小兔、小羊、小猫、小狗四种动物形象，引出主题：小动物们在比较花园的大小。

2. 观察地面上小动物家花园的轮廓线，发现每家花园的形状是不一样的，开启讨论：谁的花园最大？谁的花园最小？

3. 鼓励幼儿大胆地说出自己的想法和理由。

观察指导要点

- 幼儿是否能判断出花园的大小，是如何判断的。
- 幼儿是否想到了用单位量覆盖的方法进行面积测量。
- 如果幼儿描述得不清楚，教师可以指导其边演示边描述。

二、游戏操作，探索测量的方法

❶ 讨论：用什么办法可以测量出花园的大小？

❷ 5~7 人一组自由结伴，尝试使用正方形的泡沫地垫进行铺设测量，观察幼儿的测量方法。

观察指导要点

- 幼儿是如何使用泡沫地垫测量的。
- 幼儿是否能在图形轮廓线里铺设地垫，并用数地垫数量的方法比较花园的大小。
- 幼儿测量时观察幼儿是否能用首尾相连的方法铺设，如果不是，可以引导幼儿回顾长度测量的方法，进行方法迁移。

经验提升：用正方形地垫作为测量的工具，把许多个正方形垫子分别连接、拼合在不同形状的花园轮廓线里，然后点数每个花园有几个正方形垫子。正方形垫子数量多的花园就大，正方形垫子数量少的就小。

三、实践体验，巩固面积测量的方法

自由分组并自选地垫、大扑克牌或纸板等测量工具，依次测量活动室、睡眠室、更衣间或其他便于测量的地面面积，说一说测量的结果。

观察指导要点

- 幼儿是否能一起合作，并使用同一种测量工具测量不同的平面面积。
- 幼儿是如何运用覆盖的方法测量面积的，是否能运用比较数量的方法确定面积的大小。
- 指导幼儿正确使用测量工作，避免工具的叠放。

经验提升：比较不同面积大小时，使用的测量工具必须是相同的。要运用单位面积覆盖的方式测量面积的大小，覆盖时测量工具要紧密连接，不能断开也不能重叠摆放。

四、巩固练习，初步感知面积的守恒

❶ 使用幼儿探究游戏活动材料“铺地砖”，猜一猜三只小动物家的客厅是

否一样大。想一想用什么方法可以比较出来客厅的大小。

❷ 取下粘贴页中的地砖铺在小动物家的地面，记一记分别使用了几块地砖。

观察指导要点

- 幼儿是否能通过视觉进行初步判断，判断是否正确。
- 指导幼儿在粘贴地砖的过程中避免重叠摆放的现象。
- 引导幼儿点数不同小动物家客厅地砖的数量，比较后说出每家客厅面积的大小。

经验提升：虽然客厅的形状不同，但用同样大小的地砖铺设、测量后它们的面积是相同的，也就是说，客厅的大小不受形状的影响，大小是固定不变的。

★ 活动拓展

❶ 在活动室内投放面积测量记录表，鼓励幼儿在区域活动时，利用各种物品作为测量工具，对活动区地面、卫生间、水杯柜门等进行面积测量并记录。

❷ 利用户外游戏时间，鼓励幼儿用身边的自然物对更大的面积进行测量与比较。

★ 活动资源

花园轮廓图

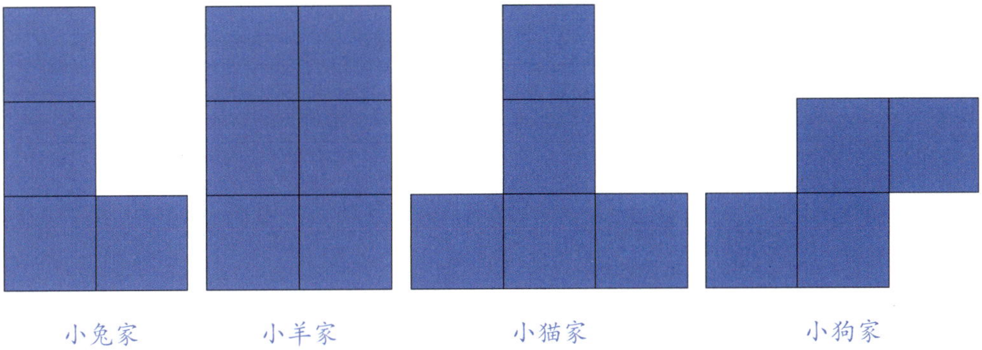

认识梯形

★ 活动目标

❶ 感受几何图形的多样性，体会一些物体可以用形状来描述。

❷ 不受梯形变式的干扰，正确辨识直角梯形、等腰梯形及不规则梯形等。

❸ 认识梯形，掌握梯形的基本特征。

★ 活动准备

❶ 经验准备

对生活中类似梯形的物品有初步的认知。

❷ 物质准备

配备材料：幼儿探究游戏活动材料“捉迷藏”。

自备材料：各种常见图形卡片若干（作为“饼干”）、直角梯形、等腰梯形及不规则梯形卡片各 1 张、笔，在活动室中投放一些类似梯形的物品。

★ 活动建议

一、分辨图形，初步感知梯形的基本特征

❶ 使用常见图形卡片玩“图形闪卡”游戏，即教师快速出示任意一张图形卡片然后迅速收走，请幼儿说出该图形的名称，巩固对常见图形的认知（注意增加长方形、三角形的各种变式卡片）。

❷ 出示梯形卡片，请幼儿说出正确的图形名称。

❸ 讨论：梯形长什么样子？它有几个角、几条边？

观察指导要点

- 幼儿是否认识梯形，是否能为梯形正确命名。
- 重点指导幼儿说出梯形的基本特征，如四个边、四个角，一组对边平行等。

经验提升：梯形是只有一组对边平行的四边形，梯形有四个角、四条边。

二、操作游戏，认识梯形的不同变式

❶ 使用幼儿探究游戏活动材料“捉迷藏”，把找到的梯形涂上自己喜欢的颜色；说一说，梯形都长什么样子。

❷ 出示直角梯形、等腰梯形及普通梯形卡片，进一步巩固对梯形属性的认知。

观察指导要点

- 幼儿是否能排除梯形大小、角度及摆放位置的干扰正确辨识图形。
- 哪些幼儿能正确辨识，哪些幼儿无法辨识。

经验提升：梯形可以倒着放、躺着放、斜着放。只有一组对边是平行的四边形就是梯形。

三、集体游戏，巩固对梯形属性的认知

❶ 使用不同图形的卡片玩“分饼干”的游戏，挑选出梯形“饼干”分别送给不同的朋友。

❷ 比一比谁的饼干先送完。

观察指导要点

- 幼儿是否能从众多图形中快速辨识出各种图形，特别是不同变式的梯形。
- 提醒并指导幼儿将指定形状的饼干送给不同的幼儿。
- 关注哪些幼儿送得快，哪些幼儿送得慢。

经验提升：分配不同形状饼干时，不要看它的大小、颜色，只要观察它是否具备某一图形的基本特征就可以进行正确的分类。

四、联系周围生活，寻找身边的梯形

❶ 说一说，生活中哪些物体像梯形？你在哪里见过像梯形的物体？如梯子、灯罩、花盆等。

❷ 找一找，活动室中近似梯形的物体，并与同伴相互交流和分享。

观察指导要点

- 幼儿是否能将梯形与生活中相似的物体建立起联系，是否能用图形概括物体的大致形状。
- 鼓励幼儿积极寻找活动室中的类似梯形的物品，并说说它和梯形哪里比较像。

★ 活动拓展

在幼儿园、家里、社区及其他场所寻找类似梯形的物体并记录下来，与同伴进行分享和交流。

认识椭圆形

★ 活动目标

1. 丰富对平面图形的感性经验，对生活中出现的图形较为敏感。
2. 能说出椭圆形的名称，并在生活中找到相似的物体。
3. 认识椭圆形，了解椭圆形的特征。

★ 活动准备

1. 经验准备

认识圆形。

2. 物质准备

配备材料：实物：塑料软管。

自备材料：在活动区提前完成圆形、椭圆形纸片的制作（见“活动资源”）、纸、笔，提前收集各种椭圆形物体投放到活动室各处。

★ 活动建议

一、绘画游戏，表征圆形和椭圆形的基本特征

1. 每人自备纸笔，尝试绘画各种动物的蛋。
2. 说一说，自己画的是什么动物的蛋，描述蛋的基本特征。

观察指导要点

- 幼儿对卵生动物是否有一定的了解，是否能将蛋与卵生动物联系起来。
- 幼儿是否能用圆形或椭圆形表现出蛋的基本特征，是否能用“椭圆形”等词语描述蛋的形状。

经验提升： 鸡、鸭、鹅、鸟、乌龟、蛇等动物都会生蛋，它们生的蛋大部分是圆形的或椭圆形的。

二、操作比较，发现圆形与椭圆形的异同

1. 拿出准备好的圆形和椭圆形纸片，观察两种形状的异同。
2. 引导幼儿将两种图形重叠在一起进行比较。
3. 沿着圆形和椭圆形中心虚线分别进行折叠，引导幼儿先后比较两个圆形、两个椭圆形不同中心线的长短差异。

观察指导要点

- 幼儿是否认识椭圆形，是如何描述椭圆形特征的。
- 在沿着中心线折叠、比较的过程中，幼儿是否能得出圆形中心线一样长、椭圆形中心线一长一短的结论。

经验提升： 圆形的两条中心线折痕是一样长的。椭圆形比圆形扁，椭圆形的两条中心线折痕不一样长（一条折痕长、一条折痕短）。

三、创意制作，感知圆形与椭圆形的关系

1. 尝试将实物塑料软管两端对齐并用细软管连接，做成一个圆形。
2. 拉扯软管，使软管变成为椭圆形，感知椭圆形的多变性。
3. 讨论圆形与椭圆形之间的关系。

观察指导要点

- 幼儿是否能运用材料和工具独立制作出圆形。
- 幼儿是否发现椭圆形的形态是多变的。
- 幼儿是否能说出圆形和椭圆形都是由一条曲线围合而成的封闭图形。

经验提升：椭圆形和圆形一样，没有边和角，都是由一条曲线围合而成的封闭图形。

四、实践应用，寻找生活中的椭圆形物体

❶ 幼儿在活动室中寻找到椭圆形物体，然后把椭圆形的东西放到指定的桌面上。

❷ 幼儿相互检查桌面上的椭圆形物体是否正确，并进行总结。

观察指导要点

- 幼儿是否能将椭圆形与生活中相似的物体建立起联系，是否能将物体的全部或局部形状抽象成椭圆形。
- 幼儿是否能发现错误的操作并及时更正。

★ 活动拓展

在美工区提供可供幼儿操作圆形与椭圆形的模板，引导幼儿进行图形拓画、想象填充等游戏。

★ 活动资源

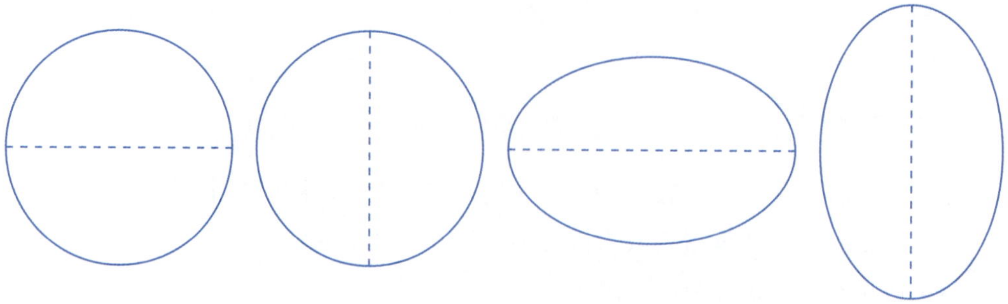

图形的组合

★ 活动目标

1. 对图形的组合感兴趣，发展空间知觉。
2. 在不借助分割线提示的前提下，对简单的几何图形进行组合。
3. 感知图形组合后的变化，理解图形之间替换的关系。

★ 活动准备

1. 经验准备

认识三角形、正方形、梯形等图形。

2. 物质准备

配备材料：幼儿探究游戏活动材料“漂亮的地毯”。

自备材料：在地面画好房子、松树、火箭的轮廓线（见“活动资源”）及配套组合用的图形纸板；各种大小、颜色、形状不同的彩纸、胶棒等。

★ 活动建议

一、自由拼贴，感知图形组合后的变化与关系

1. 使用各种大小、颜色、形状不同的彩纸进行图形的自由拼贴，并尝试为自己的主题作品命名。
2. 与同伴分享和交流，说说自己用了哪些图形，拼出了哪些新图形。

观察指导要点

- 幼儿是否能快速、独立地完成一个主题的图形组合。
- 哪些幼儿还不能正确说出各种图形的名称，应给予关注和指导。
- 重点引导幼儿说出几个图形组合后的新图形与之前几个图形的关系。

经验提升：不同的图形进行组合、拼贴后可以得到一个新的图形，如两个三角形（直角三角形）可以拼出正方形、两个正方形能拼出一个长方形等。

二、探索拼贴，尝试不借助分割线提示对图形进行组合

❶ 观察地面画好的房子、松树、火箭的轮廓线，猜猜它们是由哪些图形拼合而成的。

❷ 幼儿自由结伴分组，尝试在没有分割线的情况下使用配套的图形纸板拼出房子、松树和火箭。

观察指导要点

- 在没有分割线提示的情况下，幼儿是否能在轮廓线内完成图形的简单组合。
- 没有分割线的组合有一定的难度，教师需提供适当的指导。
- 提醒幼儿图形纸板不能叠放，要边角对齐等。

经验提升：先观察三种图形的外轮廓形状，如第一个外轮廓像房子，第二个像松树，第三个像火箭，找到对应的图形进行对比、拼摆，确保图形之间首尾相接，边角及轮廓线都吻合。

三、创意拼贴，理解图形之间的替换关系

❶ 使用幼儿探究游戏活动材料“漂亮的地毯”，观察粘贴页中的图形，说说它们都是什么图形。把图形自由组合拼贴在地毯上，让地毯变得更漂亮。

❷ 铺好的地毯分别用了哪些图形？各种图形的数量分别是多少？请记录在左侧的记录单上。

观察指导要点

- 幼儿是否能熟练地运用旋转等方法实现图形的组合、替代。
- 引导幼儿说出哪些图形组合在一起拼成了一个什么新图形。

经验提升：图中的地毯格子都是小正方形，9 个小正方形组合成 1 个大的正方形。其中，2 个三角形、2 个长方形分别都能组合拼成 1 个小正方形；9 个 1 样大的小正方形组合成了 1 个大正方形。

★ 活动拓展

❶ 将幼儿的创意作品装饰在班内主题墙面上，相互欣赏和交流。

❷ 在区域活动中投放更多的图形卡片，通过剪、贴等方式鼓励幼儿探索并体会图形间的替换关系。

★ 活动资源

房子

松树

火箭

远和近

★ 活动目标

❶ 体验物体距离的远、近，在解决问题中获得成功感。

❷ 能使用适当的空间概念解决简单的空间问题。

❸ 理解事物的远、近关系，学习用自然测量的方法比较远和近。

★ 活动准备

❶ 经验准备

有自然测量的简单经验。

❷ 物质准备

自备材料：沙包、遥控玩具车、投掷筐。

★ 活动建议

一、目测远近，初步感知远和近的空间距离

1. 教师和幼儿围坐在一起，教师或幼儿遥控一辆玩具车，让玩具车随时停下。
2. 当玩具车停下时观察并讨论：玩具车离谁近？离谁远？
3. 幼儿轮流指向一个班级里的玩具，请大家说出玩具离谁近、离谁远。

观察指导要点

- 幼儿是否能正确判断玩具车与幼儿之间距离的远近。
- 幼儿是否能积极配合同伴，正确判断任意一个玩具的距离。

经验提升：远和近是指远处和近处，表示距离的长短，用眼睛看的办法就可以比较出一些物体的远和近。

二、表征远和近，进一步体会远近的空间关系

1. 每人取一个沙包，按照要求将沙包放在指定的地点，如放在离 ×× 近的地方或放在离 ×× 远的地方。
2. 幼儿将沙包放在活动室任意一个位置，然后与同伴或教师描述沙包离谁近、离谁远。

观察指导要点

- 幼儿是否能按要求摆放沙包的位置。
- 幼儿是否能正确描述自己沙包摆放的位置与其他物体的远近关系。

经验提升：离沙包近的物品距离较短，离沙包远的物品距离较长。

三、测量远和近，体会远近距离的长短

1. 创设测量情境，如在地面任意位置摆放 2 或 3 组物品，一组为一个花盆，另外两点各摆放一个盒子；另一组为一个水桶，另外两点各摆放一个瓶装水等。
2. 分组进行讨论：哪个盒子距离花盆近（哪个瓶装水距离水桶近）？当用眼睛看不出来哪个盒子离花盆近（哪个瓶装水距离水桶近）时怎么办？

③ 请幼儿用迈大步或使用绳子、纸棒、盒子、瓶子等其他自然物进行测量，确定远近的距离。

观察指导要点

- 幼儿是否能说出运用各种自然物进行测量的方法。
- 幼儿是否能运用首尾相接的方式进行距离的测量，如不能要及时引导。
- 幼儿具体使用什么工具进行的长度测量。

经验提升：用同一个测量工具首尾相接地做好记号，然后算出一共用了几次该测量工具，用的次数多表示距离长，用的次数少表示距离短。距离长的就是离得远，距离短的就是离得近。

四、体验游戏，尝试解决简单的空间问题

① 幼儿4或5人自由结伴，每组一个投掷筐，每人一个沙包。

② 尝试站在投掷筐周围一定距离内进行“投篮”游戏，看谁能将沙包准确地投进筐中。

观察指导要点

- 幼儿是否对投掷游戏感兴趣，是否能适当调整距离将沙包成功地投进筐中。
- 站得远且屡次失败的幼儿要引导其靠近投掷筐进行投掷，以获得成功的体验。
- 幼儿使用哪些空间概念（如旁边、接近、靠近等）描述自己的成功策略。

经验提升：站的位置靠近（接近）投掷筐，会更容易把沙包投进筐里。

★ 活动拓展

① 在户外活动中运用跨大步的方式测量大型玩具之间的距离。

② 到园外出行，通过走路计时的方式感受不同目的地的距离远近。

快乐拼图

★ 活动目标

❶ 乐于与同伴分享自己的方法，体会拼图获得的成功感。

❷ 能运用平移、旋转、翻转的方法，根据底板轮廓将6~8块拼板拼成完整的图案。

❸ 进一步理解拼图块之间、拼图块与完整图案之间的关系。

★ 活动准备

❶ 经验准备

玩过简单的4~6块小拼图的游戏。

❷ 物质准备

配备材料：幼儿探究游戏活动材料“快乐拼图”。

自备材料：拼图；胶棒。

★ 活动建议

一、拆合图片，探索拼拼图的基本方法

❶ 谈话：你玩过拼图吗？你是如何拼拼图的？

❷ 使用幼儿探究游戏活动材料“快乐拼图”，观察拼图（1），说一说，拼图上面都有什么。

❸ 将拼图（1）的拼图块沿线取下来并打乱顺序，按照拼图（2）上黑色分割线的提示将拼图块拼摆在上面。

观察指导要点

- 幼儿是否有玩拼图的经验，是如何描述玩拼图方法的。
- 幼儿是如何将拼图块摆放在底板上的，具体使用了哪些方法。
- 哪些幼儿能独立完成拼图，哪些幼儿需要其他人的帮助。

经验提升：拼拼图时，先观察拼图块上的图案和轮廓线，然后再观察拼图的图案和形状，运用平移、旋转、翻转等方法变化拼图块的方向、角度等，最终完成图案与形状的完全重合。

二、挑战拼拼图，探索多形状、无轮廓的拼图

1. 观察拼图的完整图案。
2. 将拼图的拼图块倒出并随意打乱顺序。
3. 尝试将拼图块拼摆在无图案、无轮廓线的底板上。
4. 鼓励幼儿使用拼图块在桌面上进行拼图，挑战在没有轮廓线提示的情况下独立完成拼图。

观察指导要点

- 幼儿游戏前是否将拼图块打乱顺序。
- 幼儿能否完成有难度的拼图。

经验提升：此类拼图的形状不规则也很相似，我们要认真观察拼图块上的图案，然后根据图案之间的关系完成拼图。

三、游戏竞赛，熟练拼拼图的技能与方法

1. 幼儿之间互换不同图案的拼图。
2. 借助计时器，在指定的时间内看谁完成拼图的速度最快。

观察指导要点

- 幼儿是否能交换到与自己之前不一样图案的拼图。
- 哪些幼儿能正确且迅速地完成拼图，哪些幼儿需要帮助。

★ 活动拓展

1. 将各种拼图投放到数学区中，供幼儿随时游戏。
2. 根据幼儿游戏水平，适时添加块数更多的拼图。

★ 家园共育

家长和孩子一起玩有一定难度的拼图，不断提高幼儿的空间视觉化水平。

排排乐

★ 活动目标

❶ 乐于参加分析和推理游戏，积累有关空间关系的经验。

❷ 能根据二维坐标中的已有图案推理和判断，某行或某列中图案的共性并进行补充。

❸ 感知、理解二维坐标中行和列的意义。

★ 活动准备

❶ 经验准备

有排队做操和游戏的经验。

❷ 物质准备

配备材料：幼儿探究游戏活动材料“花被子”；电子图片“动物方阵”。

★ 活动建议

一、观察分析，初步认识方阵图中的行与列

❶ 出示电子图片“动物方阵”引发幼儿兴趣：动物们准备排队做操，看一看已经站好队的都是谁，它们有什么不同。

❷ 认识动物方阵图，感知并理解每行和每列内动物的基本特征，具体引导如下：

（1）横向的是行，点数行的数量；指第二行黄色动物，找出它们的共同点。

（2）竖向的是列，点数列的数量；指第二列不同颜色的兔子，找出它们的共同点。

（3）根据图中已有的动物练习分辨行与列，如：第一行、第二列的动物是谁？第三行、第四列的动物呢？

观察指导要点

- 幼儿是否能正确区分行与列，并能正确描述动物在方阵中的位置。
- 引导幼儿说出每行、每列中已有动物的共同点，如每行中的动物颜色相同，每列中的动物种类相同。

经验提升：动物方阵图有四行、四列；每行、每列都有四个格子。每行中的动物颜色相同，每列中的动物种类相同，按照这个规律就能猜出空格里动物的种类和颜色。如第一行都是白色的动物、第一列是各种颜色的猫等。

二、推理判断，从行与列两个维度确定物品的位置

❶ 思考：每行、每列都有四个动物，空白格子里的动物应该是谁？为什么？

❷ 根据已有动物进行推理并用“每行……”“每列……”描述空白格中的动物颜色及种类。教师和幼儿一起完成动物方阵图的填充。

观察指导要点

- 幼儿是否能根据已有图案推理和判断某行或某列中图形的共性并进行补充。
- 在填充时，哪些幼儿能及时发现问题并积极调整。
- 观察哪些幼儿理解和表述的不准确，可以反复进行引导和提问。

经验提升：填充方阵中的动物时，先观察动物的颜色或种类，按照其中一个特征找到对应的行或列，然后再看一看动物的另外一个特征，再找到相应的列或行，这样就能快速确定动物的位置了。

三、操作游戏，进一步巩固对行与列坐标的认识

❶ 使用幼儿探究游戏活动材料“花被子”，观察被子的图案，按规律将粘贴页中的图案贴到对应的位置上。

❷ 集体分享，说一说你是怎样确定图案粘贴位置的。

观察指导要点

- 幼儿是否通过观察，根据已有图案推理和判断，某行或某列中图形的共性并进行补充。
- 哪些幼儿能够独立完成，哪些需要教师指导。
- 幼儿可以先从九宫格开始填充，能力强的幼儿可以挑战十六宫格，不要“一刀切”。

★ 活动拓展

可以在活动区里投放一些空白的九宫格或十六宫格，同时准备一些用来摆放的卡片，鼓励幼儿自由进行设计和摆放。

附录：幼儿自主游戏活动案例

我来做蜘蛛

游戏背景

教室里来了一位“不速之客”。“看，好小的蜘蛛。”为了留住这位“客人”，几个孩子快速筑起了一座围墙，拿来放大镜，边观察，边讨论，忙得不亦乐乎。当不得不送走“小客人”时，孩子们恋恋不舍。老师用照片记录下了孩子们与小蜘蛛“互动”的美好瞬间，投屏之后引发了孩子们的热烈讨论。参与的孩子们滔滔不绝地介绍起关于这位“小客人”的发现。就此，寻找、观察幼儿园里的蜘蛛，成为许多孩子感兴趣的事儿。

游戏观察

【场景一】绘画蜘蛛

每天，孩子们都会拿着画笔和画纸在幼儿园里寻找蜘蛛，每当发现蜘蛛的踪影，他们总会兴奋不已，迫不及待地观察、绘画下它的样子。跟随孩子们寻找的脚步，通过孩子们的绘画作品，我们发现，原来幼儿园的许多角落都有蜘蛛的踪影，而且蜘蛛和蜘蛛网的外形也各不相同。渐渐地，孩子们不再满足只用绘画这一种方式记录蜘蛛，他们想用更多的方式表达自己对蜘蛛的发现和了解。

图1–1　幼儿观察蜘蛛和蜘蛛网

图1–2　幼儿绘画蜘蛛和蜘蛛网

【场景二】拼摆蜘蛛

通过一段时间的观察，孩子们了解了蜘蛛的外形特征。在他们看来，身边的许多材料都可以用来拼摆蜘蛛。于是，他们每天都会发挥想象，尝试利用各种自然和生活材料拼摆蜘蛛，体验创作的乐趣。每天和老师还有小伙伴们分享自己拼摆的蜘蛛作品，成为孩子们最为期待的事情。

图2-1 纽扣、树枝拼摆的蜘蛛

图2-2 柠檬片、干花、树枝拼摆的蜘蛛

图2-3 石子、小筐、木夹子拼摆的蜘蛛

【场景三】编织蛛网

编织蛛网可以用什么材料呢？孩子们想到了各种各样的绳子和线。在编织蛛网的游戏中，女孩们关注的是如何编织出漂亮的蛛网，她们会互相观察和学习，向同伴请教编织的方法，游戏中很快出现了"小老师"。男孩们更热衷于编织出大的蛛网，他们互相交流，一起实践，很快便出现了"小队长"。

图3-1 用花绷和毛茛编蛛网

图3-2 女孩们在相互学习编蛛网

图3-3　利用桌椅、玩具柜编的蜘蛛网

图3-4　男孩们在商量用缎带编一个大蜘蛛网

图3-5　男孩们在阳台商量如何编蜘蛛网

图3-6　抛接毛线球编蜘蛛网

随着孩子们创意兴趣的提升、编织方法的熟练，老师提出了一个建议：“我们坐下来，一起织一张网吧。”于是，孩子们和老师男女间隔席地围坐成一圈，老师拿出一团毛线，握紧线团的起点，将线团扔给对面的一个男孩。接住线团的男孩握住一点再将线团扔给对面的一个女孩，依次进行。教师提示孩子们在扔线团的同时，一定要抓紧自己手中的线。

线团在孩子们中间按一定规律穿梭下来，一张巨大的蜘蛛网呈现在孩子们面前：“哇，好大的网。”“真漂亮。”孩子们不由得赞叹着。老师提出问题：“如果换一种规律扔接线团，蜘蛛网会有变化吗？”从讨论座位规律开始，到尝试按规律抛、接线团，游戏持续展开。虽然常常因混乱而失败，但孩子们体验到了挑战的快乐。这个游戏启发了孩子们对蜘蛛网是否有规律的思考，点燃了他们持续观察探究的兴趣。同时，孩子们在日常的结构游戏中也开始关注规律问题。

图3-7、图3-8 幼儿尝试探索有规律地编织蜘蛛网

★ 游戏解读

游戏源于孩子们的内在动机。一只小蜘蛛成为孩子们的兴趣点，他们通过观察，调动已有经验，展开了一系列与蜘蛛有关的自主游戏。在内在动机的牵引下，孩子们在游戏中自由地选择、积极地探索，展现出良好的动手操作能力、协商合作能力、想象创造能力以及模仿学习能力。

案例中教师以参与者的身份，以问题为导向增加游戏的难度，引导幼儿不断进阶思考，不断解决面临的新问题，不断表达新的经历与体验，进而在游戏中发展智力和能力，增强自我意识和社会意识。案例中每一个游戏的产生都源于幼儿的兴趣，正是在兴趣的牵引下，幼儿才能全身心地投入游戏中，并调动所有的感官机能和已有经验参与其中。幼儿的游戏水平随之提升，幼儿的内心世界也随之丰盈。

★ 游戏反思

看到并推进幼儿的游戏，是教育实践中教师遇到的最大挑战。

教师要提供自由开放的环境。一方面，教师要创设宽松、自由的心理环境。如果教师当初没有支持孩子观察那只小小的蜘蛛，并提供分享的机会，也许就不会有后续的游戏。因此，教师要学会尊重和欣赏幼儿，支持幼儿的兴趣，肯定幼儿的发现，让幼儿敢于表达和探究；另一方面，教师要创设丰富、多元的物质环境。要提供充足的材料、创设开放的空间，为幼儿自由自主、随时随地开展自主游戏提供基础保障和无限可能。

游戏支持

教师要提供适时适宜的指导。教师在游戏中要耐心等待，细致观察、认真倾听，适时通过适宜的方式支持、回应、推进幼儿的游戏从原有水平向更高水平发展。教师要善于引导幼儿之间的交流和分享，帮助幼儿在互相学习中拓展经验。教师可以基于幼儿当下的兴趣需要和游戏状态设计更具有难度的游戏，激励幼儿大胆挑战，思考新问题，获取新经验。

（辽宁省沈阳市皇姑区实验幼儿园　张红　徐飞）

斜坡滚滚

游戏背景

经过小班建构游戏的经验积累，班级多数幼儿已掌握平铺、加宽、延长、围合、垒高等基本的建构技能，有的幼儿甚至能够在其建构的作品中同时看到三种以上的建构技巧。欧宝是本学期孩子们新接触的一种建构类实心木质积木，初玩的第二天，教师忽然听到有孩子大声喊："滚下去，滚下去啦！"走过去看到两三个孩子将长条形的欧宝积木架在长方体上面，然后依次相连，变成一条"斜坡"，接着，将圆柱体的积木沿着斜坡滚下去，孩子们玩得兴致勃勃，越来越多的孩子被吸引了过来，纷纷加入模仿起来，这股"滚动风"引发了孩子们浓厚的探究兴趣。教师决定追随孩子们的兴趣，趁着这股热潮开展探索欧宝活动——斜坡滚滚。

游戏观察

部分幼儿已实操过"斜坡滚滚"游戏，这个基础经验的记忆对他们来说是相当鲜活的，但由于时间短，孩子们还没有对其进行过多的探索。为了全面了解孩子们的游戏，教师决定以游戏故事的方式记录孩子们的游戏进程。

【场景一】探秘之旅初探——怎样让"球"顺利滚下坡

拿到欧宝后，孩子们开始搭建"斜坡滚滚"。小西瓜眉头紧锁，手里一直摆弄着欧宝，教师静静地在旁边观察，发现他的"球"总是侧滚到一旁，不能安全着陆。小西瓜说："老师，我的球一直都滚不成功。"教师问："为什么会这样？"旁边一名幼儿说：“他的斜坡搭得太高了，可以低一点儿。”另一名幼儿说：“不要用这个当柱子，换一个。”周围的孩子们边说边开始帮忙……

孩子们喜欢用绘画表征的方式将自己的“斜坡”造型记录下来，与此同时，教师开始收集孩子们的问题。幼儿将问题做成问题卡，卡片上有图解说明，并注明提出该问题的幼儿的学号。

图 1－1 用多大力气推“球”？

图1－2 “球”怎么滚出去了？

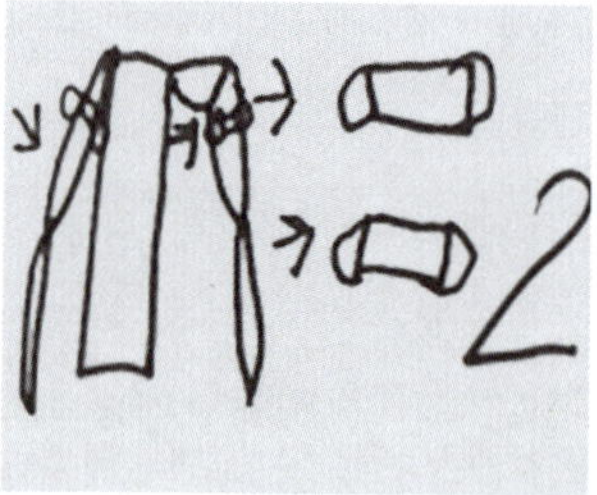

图1－3 “柱子”为什么不牢固？

问题卡呈现出幼儿有关“斜坡滚滚”的疑问，这些问题并不是一次收集完成的，而是随着多次搭建以及表征聚集起来的。（图一）

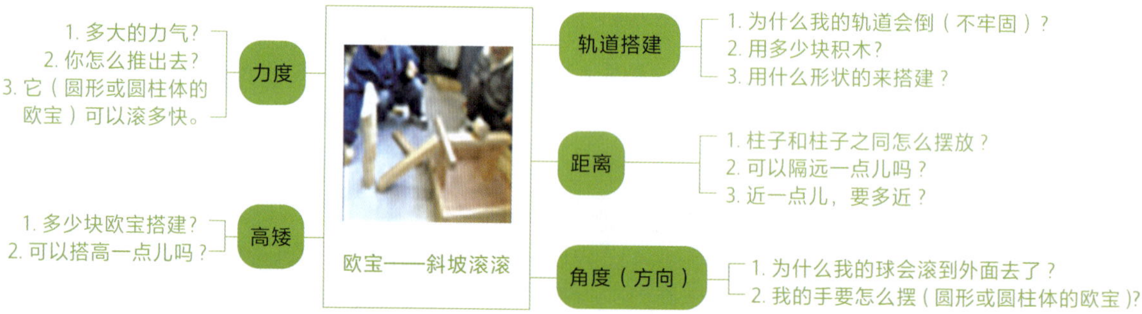

图一 幼儿搭建时产生的问题

在交流及表征的过程中，孩子们提出的大部分问题是围绕“球”怎样才能顺利滚下坡而提出的，经过多次摸索，孩子们开始在探讨的环节分享经验。

煜辰：坡的长度可以短一点儿，这样球不容易滚出去。

煊煊：球不要歪歪扭扭的，我们要直直的，然后手要放上面一点儿，要瞄准，再滚下去。

禾禾：我们搭的斜坡下面的两根长长的柱子，要让它们靠近一点儿，这样斜坡就不会不牢固了。

佳玥：不要用倾斜的积木，要用直直的积木做斜坡。

槿槿：下面滑下去的地方做大一点儿、宽一点儿，这样就不会滑出去了。

孩子们边说，教师边进行梳理总结，孩子们在不知不觉中发现了一些“滚动”的小秘密（图二）：

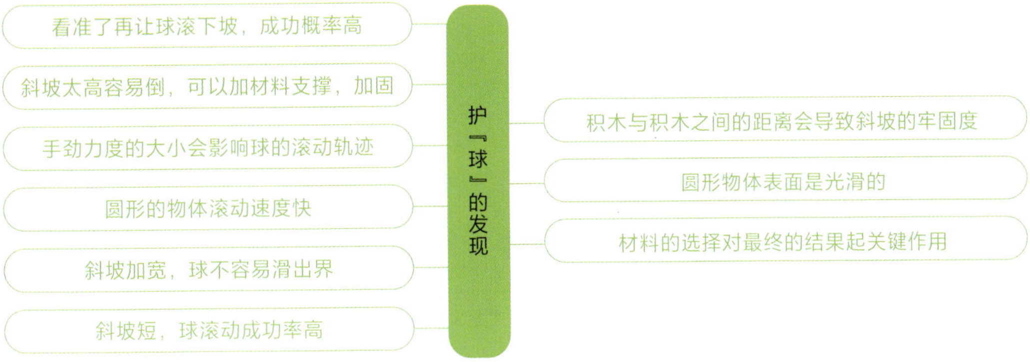

图二　护“球”发现网络图

在游戏中，孩子们可选的材料只有欧宝，但教师还是惊喜地看到孩子们学会了观察、思考、调整等有效的学习方式，还掌握了架空这一难度较大的建构技巧。对于幼儿和教师梳理出来的思维导图（图二），还需要在接下去的实践中继续考量、增减。

在教师进行梳理时，小赫说：“可以做围栏，把坡围起来，这样球就不会滚出去了。”教师问：“你怎么会有这个想法？”小赫说：“我每天睡觉的时候都要跟我爸爸妈妈说班里的事情，这是我爸爸妈妈跟我说的。”苗苗说：“你说的围栏是什么样的？”小赫说：“我上来画一下，就是用正方形积木把它都围起来，这样就不会滚出去了。”（图三）

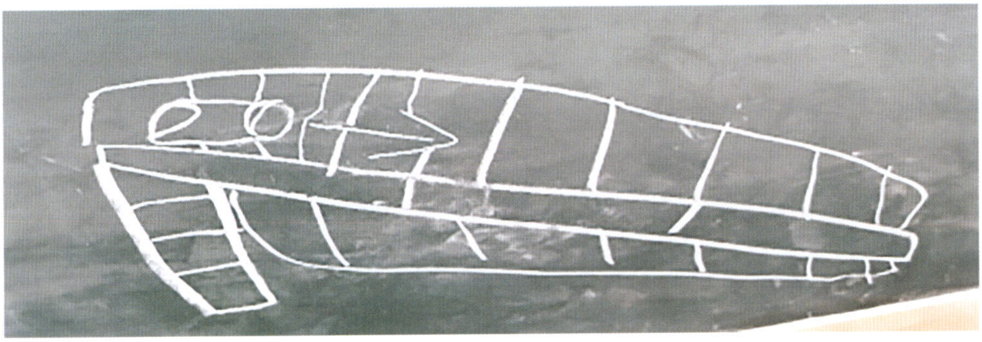

图三　幼儿绘画的围栏

这个建议让孩子们蠢蠢欲动，大部分孩子都想搭建围栏，于是，讨论结束后，孩子们迫不及待地提议明天就试试。教师起初很纠结，不知道这样的决策是否正确，会不会太随意，但最终还是决定支持孩子们，因为围栏的搭建是孩子们提出的，做与不做最终也应该由孩子们决定。

【场景二】搭建——“护球”围栏

有了强烈的搭建围栏的意愿后，孩子们开始绘画围栏设计稿，有计划地去搭建围栏。

图2-1　用矮矮的圆柱体做围栏

图2-2　围栏较矮，球会滚出去

图2-3　用三角形积木做围栏

回到班里之后，孩子们开始表征并进行探讨：

佳玥：我用矮矮的圆柱体做围栏，有时候是成功的，有时候不成功。

馨馨：我做了三角形的围栏，但是，我的球还是会滚出去。

王振：搭高一点儿呗，你的围栏太矮了。

翊翔：可以加固的，后面再靠一些积木，就不会倒了。

胜之：只有高高的围栏才能把球封在里面，球就出不去了。

在谈话中，部分孩子发现大家搭建的围栏普遍偏矮、围栏之间的缝隙太大，同时，围栏的高度以及牢固度是可以减少球滚出去的次数的。

再次实践操作：

图2-4　幼儿重新建造的围栏

再次实践归来，孩子们开始介绍自己搭建的围栏。

通过探讨，教师和幼儿一起对两次搭建进行了梳理，在梳理、对比中，孩子们发现围栏的建造变化（图四）：

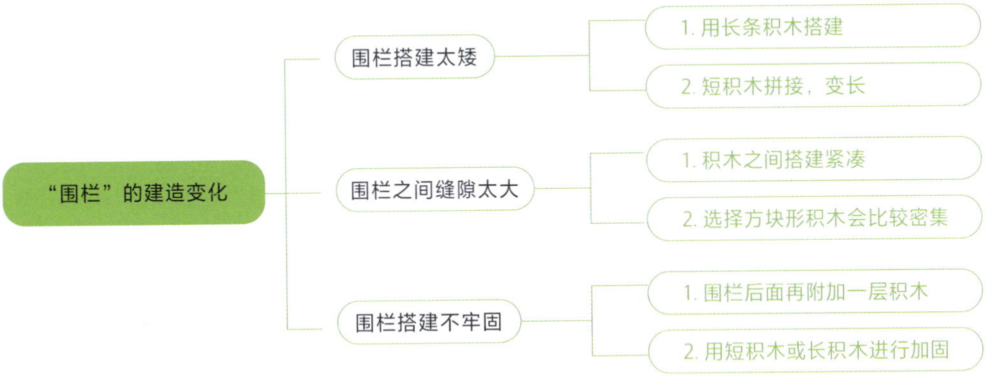

图四　"围栏"的建造变化

在对比图中，孩子们针对之前的问题，进行了改建调整（如变高、变紧凑等），锦辰提出疑问："我搭了很高很高的围栏，我没有碰到围栏，它自己倒了，球出去了。"禾禾说："有个小朋友的衣服碰到我的围栏，它就倒了。"瑶瑶说："用透明胶把它们粘在一起。"孩子们认为需要材料固定围栏，于是，他们给了我记录单，里面的内容包含需要的材料、材料的数量等。（图 2–5）

图2–5　绘画记录固定围栏所需的材料和数量

教师和孩子们结合记录单上的内容进行材料梳理与统计，发现大部分人选择的材料是双面胶、绳子、透明胶等，而选择绳子的人最多，他们的理由是：绳子是很牢固的。于是，接下来面临一个很大的困难：孩子们捆绑绳结的经验很薄弱。

玥玥：我不会绑绳子，我爸爸妈妈没有教过我，爷爷奶奶眼睛看不清，也不会教。

周末：我会绑，我爸爸教过我的，因为他是数学老师，他经常教我这些。

家怡：你教一下大家呗，你当小老师。

妙菡：我在家里看过一个绘本叫《神奇的鞋带》，它里面有绑东西的方法，我明天带来。

思源：门卫叔叔很厉害的，我们请他上来教我们，我看他绑过木头。

嘉忆：可是，我们没有绳子，能不能用我的鞋带，鞋带就是要绑的呀？

槿槿：可以的，穿有鞋带的鞋子就行，我们绑一下。

翊翔：我们美工区不是有绳子吗？

程皓：我去把它拿过来，叫门卫叔叔来帮我们。

探讨过后，孩子们开始照计划行动，最终捆绑经验有了很显著的提升。

孩子们学会三种捆绑绳结的方式：

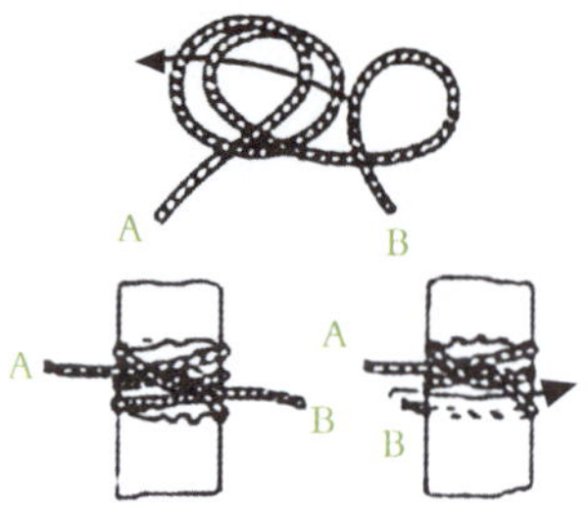

图2-6　绑法一：双“8”字结

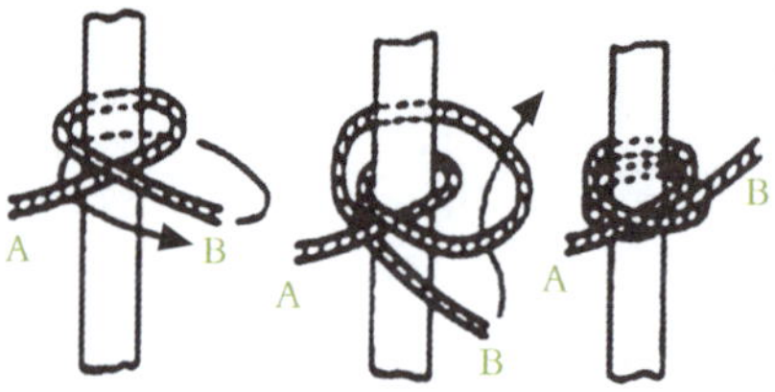

图2-7　绑法二：猪蹄扣

图2-8　绑法三：不正确绳结（幼儿创编）

通过观察，“绑法三”幼儿普遍用得较多，在操作之前，孩子们以小组为单位，针对材料选择、设计理念等进行介绍。经过多次打磨，孩子们搭建的坚固型围栏初见雏形。

图2-9　幼儿搭建的坚固型围栏

捆绑绳结、小组合作制定围栏计划等对于中班幼儿来说是很有挑战的。绘本《神奇的鞋带》—邀请门卫叔叔—有捆绑经验的幼儿分享经验—实操绑鞋带—制作计划—实操搭建，这一步步的实施，看到了孩子们的智慧以及合作。

【场景三】创编——“新游戏”的出现

在多次探索中，许多孩子渐渐发现“斜坡滚滚”可以加入很多趣味游戏中。思源说：“我的游戏要两个人一起玩，看看谁的球能滚到终点。”周末说：“我是跟碰碰车游戏一样的，两个球相撞。”思源问：“你的碰碰车游戏有规则吗？”周末说：“有的，碰碰车是不能相撞的，如果我的球跟他的球相撞了，就出局。”

在接下去的探索中，孩子们自主建立游戏规则，自主增减材料，班内掀起一股“斜坡滚滚”游戏的创编热潮，由原本单一的游戏变成了多种玩法，由单人游戏变为小组游戏再变成多人竞技……从而衍生出了各种小游戏，如“三球齐发”“保龄球大战”“看谁滚得远”等，孩子们的游戏由自己做主，玩出了新高度。

经过长时间的游戏搭建，在学期即将结束时，孩子们将“斜坡滚滚”延伸至中型建构，新创想、多合作多次出现。

★ 游戏解读

第一，幼儿的认知经验得以丰富。幼儿在游戏的过程中遇到许多问题：球可以怎么滚？怎样搭建围栏？绳结怎么绑？……在一次次的思考和调整中，幼儿以问题为出发点，不断尝试，如添加辅助材料改变围栏的稳固性、探索新游戏的加入、增强趣味性等。虽然，有时幼儿的想法和操作很稚嫩，但他们面对问题不胆怯，不断深入地探究，最终解决问题并获得了新经验。

第二，幼儿的合作迹象逐渐明显。围栏搭建促发了幼儿间的同伴合作（一起讨论搭建方法、玩“斜坡滚滚”游戏）；之后开始有了小组合作（滚动竞赛）；到了后期，为了玩得更有趣，幼儿有了明确的分工（搭建等），语言表达能力得到锻炼的同时，社会性也得到了发展。

第三，幼儿的学习品质得到培养。在自主、宽松的搭建氛围中，幼儿专注投入，乐于挑战遇到的各类问题和困难，展现出了良好的学习品质。

★ 游戏反思

① 提供材料，激发幼儿的创造能力。游戏中，教师提供了欧宝积木以及其他很多低结构的辅助材料，这些材料可组合、可移动的特性支持着幼儿在游戏中大胆发挥想象力和创造力，积极地探索和实践不同的玩法。正是在材料的支持下，从制订护球方案到新斜坡游戏的出现，幼儿改变了游戏时“单一材料、单一玩法”的思维定式。

② 巧妙提问，推动幼儿的深入探究。游戏中，教师要基于观察，抓住幼儿的兴趣和需要，以问题为核心，通过巧妙的提问推动游戏情节的发展，促进幼儿

深入探究。

③ 大胆放手，支持幼儿的主动学习。教师在游戏中要充分相信幼儿，大胆放手，引导幼儿积极思考，主动寻求问题解决的办法。出现球中途滑出斜坡、幼儿游戏时发生碰撞、比赛中幼儿规则意识不强等状况时，教师不要急于介入，而是充当倾听者，允许幼儿表达不同的意见，甚至是“错误”的想法。教师应多引导幼儿“试一试”，鼓励幼儿在动手操作和亲身体验中获取新经验。

④ 以“评”促玩，提升幼儿的游戏经验。游戏结束后的分享环节中，教师要通过引导幼儿交流分享游戏中的收获、表扬幼儿在游戏中好的创意和行为等方式，促进幼儿经验的内化，并根据分享中发现的情况及时地改善游戏环境中的不足，为幼儿顺利解决问题提供支持。

★ 游戏支持

“斜坡滚滚”游戏还在继续进行。基于近阶段幼儿的游戏情况，教师思考和制订了今后的支持策略：第一，继续以问题情境引导幼儿探究，鼓励幼儿尝试设计更具趣味和挑战性的“斜坡”游戏。第二，增设闯关、营救、关卡等游戏情境，增强游戏的趣味性，并提供更多的辅助材料，支持幼儿创造出更多的玩法。

（浙江省江山市江东科技幼儿园　王倩莹）

好玩的“面条棍”

★ 游戏背景

“面条棍”是一种长条状的新型环保户外游戏材料，其轻便易持、柔软可塑，深受孩子们的喜欢。每次户外自主游戏，“面条棍”都是孩子们热选的材料。每次看孩子们玩“面条棍”，老师总会有新的惊喜发现……

★ 游戏观察

【场景一】初玩“面条棍”

幼儿园户外游戏区最近新添置了一些体育器械，其中就有“面条棍”。小朋友们一人一条，紧握手中，三三两两聚在一起玩得十分开心。有的小朋友一遍遍用“面条棍”使劲敲打地面，一次次敲击发出的响亮声音引发了他们的阵阵欢笑。有的小朋友将“面条棍”的一端插进半球形攀爬器械的洞里，并兴奋地向洞里面的小朋友喊着：“我抓到你啦，耶！”

图1-1　幼儿手持“面条棍”玩游戏

【场景二】“面条棍”还可以这样玩

操场上，几个小朋友正在用“面条棍”敲击地面，站在一旁的婉琪手拿“面条棍”，一边看着一边喃喃自语道：“这个声音太吵了，我不喜欢。”“那还可以怎么玩呢？”老师问道。婉琪迟疑了一下，然后把“面条棍”夹在两腿之间，小手背后向前跳跃了几步，然后回过头对老师说：“可以这样跳着玩。”这时跃跃向婉琪走了过来，“我也想玩。”跃跃说。“咱俩一起玩，来！你站前面！”婉琪说完，两只小手分别握住“面条棍”的两端，将“面条棍”弯出一定弧度，套在了跃跃的身上。“你往前跑，我扶着它，咱俩来开火车吧！”“嗯，好！”两个女孩跑啊、笑啊，玩得不亦乐乎。老师在旁边静静地欣赏着孩子们的“发明”。

图2-1　婉琪玩夹“面条棍”向前跳跃的游戏

图2-2　婉琪和跃跃进行“开火车”游戏

过了一会儿，婉琪又任意将地上若干“面条棍”的其中一端顶在一起，“面条棍”两两间隔一定距离围成一个圆形，看上去就像太阳放射的光芒一样。婉琪一会儿跨过来、一会儿蹦过去，高兴地沉浸在自己发明的新游戏中。很多小朋友看到后纷纷加入其中，孩子们一起玩了很久很久……

图2-3　婉琪将“面条棍”摆成太阳光芒状玩跨越游戏

图2-4　同伴参与到婉琪设计的游戏中

★ 游戏解读

“面条棍”是一种低结构的户外体育器械，幼儿利用“面条棍”自发生成了多种游戏，这些游戏促进了幼儿多方面的学习和发展。

首先，增强了幼儿的动作技能和身体素质。敲打“面条棍”的游戏增强了幼儿手臂的力量和耐力；夹“面条棍”的游戏发展了幼儿跳跃的基本动作；将“面条棍”弯成拱形“开火车”的游戏，锻炼了幼儿的动作协调性。

其次，激发了幼儿的创新意识和能力。作为一种低结构材料，“面条棍”具备一物多玩的特性，可以有效激发幼儿的想象力和创造力。正如婉琪小朋友在游戏中表现的，在教师的引导下，她认真思考并设计出三种新游戏，创造性思维得到了很好的激发。

再次，锻炼了幼儿的社交能力。“面条棍”较多地引发了幼儿相互之间的互动，过程中有合作、有协商，幼儿的社交得到了很大锻炼。

最后，培养了幼儿的学习品质。不管是拿着“面条棍”敲打地面，还是玩“面条棍”跨越游戏，幼儿都能长时间专注地投入其中，过程中遇到困难，能够在教师的引导下积极主动地思考解决的办法，敢于探究和尝试，乐于想象和创造，游戏在不知不觉中培养了幼儿可贵的学习品质。

游戏反思

当发现孩子们对“面条棍”感兴趣但玩法单一时，教师没有直接告诉幼儿自己的想法，而是通过提问“还可以怎么玩”引发幼儿对“面条棍”新玩法的思考与实践，激发幼儿的创新意识，给予幼儿充分的思考时间和实践机会，并因此等到了“哇”时刻的到来。因此，在幼儿自主游戏时，教师要敢于大胆地放手，当幼儿遇到困难时，不要急于干涉，可以通过适时的提问引发幼儿进一步的主动探究和学习。

游戏支持

基于一段时间的观察，教师组织全班幼儿开展关于“面条棍”的研讨活动，围绕“面条棍”的多种玩法，鼓励幼儿大胆表达并实践自己的游戏意愿和想法。在充分倾听幼儿的奇思妙想后，引导幼儿分别尝试从走、跑、跳、攀、钻、爬等方面进行设计，帮助幼儿梳理和提炼有价值的游戏经验，激发幼儿的创造力，进而生成更多的新游戏，使幼儿对“面条棍”始终保持浓厚的探究兴趣，从中不断获得新的学习经验。

（辽宁省实验学校附属幼儿园　张亚楠）

我们的“水泥搅拌车”

游戏背景

秋高气爽的九月，幼儿园附近发生了一件事——北陵小区改造。拥堵的路段、堆积的建筑材料以及各种施工的工程车辆给人们的生活造成了很大影响。

对于成人来说，这可以称得上是一件糟糕的事情，每天听到最多的抱怨就是：“什么时候才能完工啊！”“路真不好走，又脏又乱，好麻烦。”……成人总是传递着太多的厌烦和无奈。但对于儿童来说，这却是一件惊奇、有趣的事。当每天来园的路上都可以近距离观察平日里只在绘本书、动画片里出现的各种工程车在作业时，孩子们的兴趣被点燃了。于是，观察工程车作业、邀请驾驶员叔叔展示工程车的各种技能、拿着速写本绘画工程车、分享工程车的有趣知识成为孩子们每日生活中必不可少的内容。有一天，孩子们提出要自己动手制作一辆“水泥搅拌车”，这件富有挑战的事能成功吗？教师和孩子们都充满了期待……

游戏观察

【场景一】“水泥搅拌车”的初步设计与制作

起初，孩子们针对水泥搅拌车的外形提出想法：“需要一个大桶来当水泥搅拌车的搅拌桶，还需要大纸箱来当车身。”他们首先找来了矿泉水瓶，长元看了看，说：“我们的水泥搅拌桶要很大，矿泉水瓶太小了！”于是孩子们开始在幼儿园里寻找适宜的材料，他们认为饮水机的水桶比较适合，决定拿回去试一试。经过比量，淇司说：“这个水桶正好可以安上！我们还需要一个底座放在水桶下面支撑着它，要把底座和“驾驶室”还有水桶粘在一起才行。”

图1-1　幼儿发现矿泉水瓶太小了

图1-2　发现饮水机的水桶

图1-3　幼儿比量水桶与纸箱的位置

图1-4　幼儿把水桶、“驾驶室”及底座粘起来

与此同时，水泥搅拌车的“驾驶室”也在琪琪、哈里、依依小朋友的努力下初步完成了。他们找到两个大纸箱，用透明胶带将其固定在一起，并且参照教室门窗的设计，用塑封膜反复比对，最终完成了“驾驶室”的车门和车窗。依依说：“玻璃必须是透明的才能看到外面，不然容易发生危险。”

看着“水泥搅拌车”的大致模样，孩子们兴奋不已。可是水泥搅拌车可不止这样呢！

雅雅：“驾驶室里还需要驾驶员呢。”

蛋蛋：“还有梯子呢，有梯子人才能爬上去。”

白天：“还要有水泥滑道，水泥从滑道流下来。”

淇司：“我们还需要车轮，需要几个呢？”

……

孩子们对接下来要做的事有了大致的想法，并把需要的材料及数量用表征的方式记录下来，以便随时收集适宜的材料。

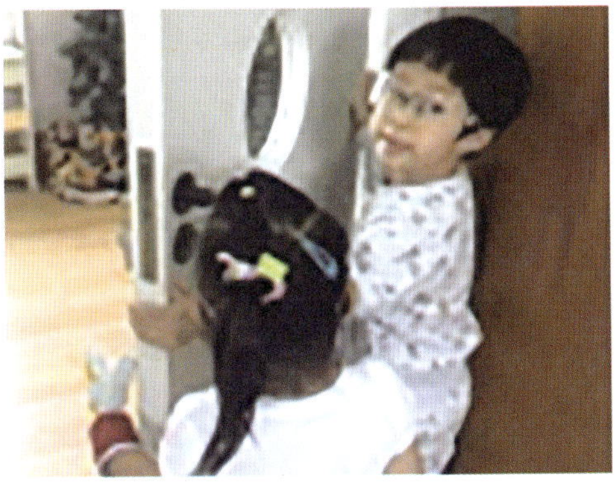

图1-5 幼儿观察门、窗连接处

图1-6 标记车门的方位进行裁剪

图1-7 幼儿把量好的塑封膜沿线剪下来

图1-8 将车窗框与塑封膜黏合制成透明车窗

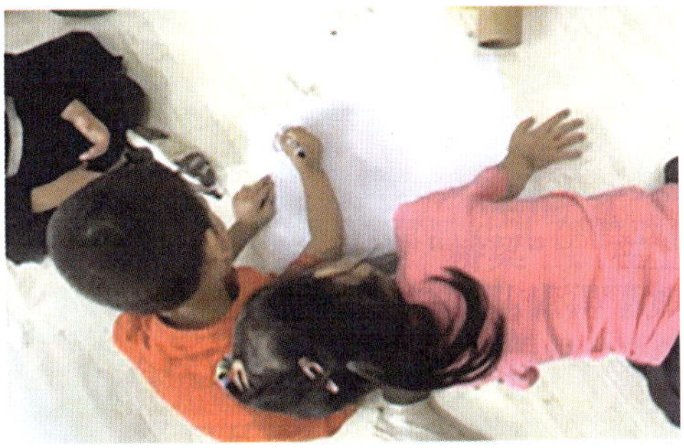

图1-9 幼儿用表征的方式记录接下来需要的材料

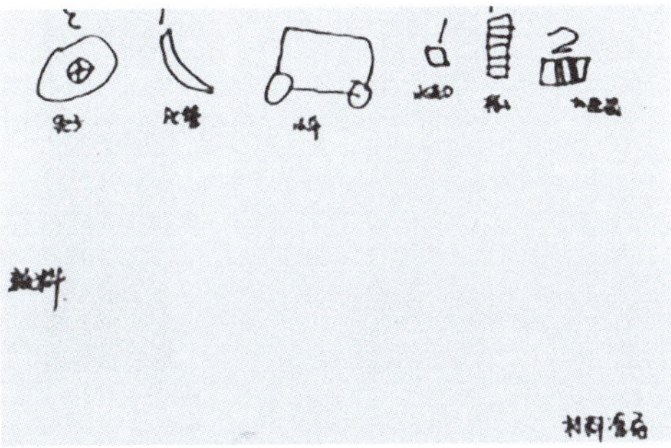

图1-10 幼儿的材料清单：轮子4个，梯子1个，水泥口1个等

【场景二】丰富“驾驶室”的内部结构

“水泥搅拌车”粗具规模，新的问题出现了：车的内部还缺少什么呢？孩子们纷纷提出自己的想法。

雅雅和源源用彩泥塑造了一个“司机妈妈”。

圆圆拿着缎带在一旁说：“车里没有安全带，如果开车一下子撞了就会受伤，所以必须有安全带。这个可以当安全带，再短点儿就更好了。我爸爸开车就系安全带。”

源源用麻绳和打孔器制作了车门把手。

琪琪把木片用热熔胶固定组合在一起，制成了方向盘。

淇司拿着“驾驶员”焦急地大喊：“可是还没有座位呢！谁能帮我做一个座位？我需要一个座位！”

图2-1　司机妈妈和宝宝

图2-2　司机手部特写

图2-3　试用安全带

图2-4　方向盘

图2-5　“驾驶室”内部结构

【场景三】制作“水泥搅拌车”的车轮

孩子们开始研究制作“水泥搅拌车”的车轮。结合已有经验，孩子们知道要找到的物品必须是圆形的、能够转动起来的，他们找来各种材料一次次地尝试，从中积累了许多关于车轮的新经验。

二宝用宽透明胶带当车轮，但是无法使其固定，开着开着就脱落下来了。

叒一用竹圈当车轮，但是有点儿单薄，转不起来。

宸宸用塑料球和泡沫模型组合在一起，大家一致认为这个更合适。

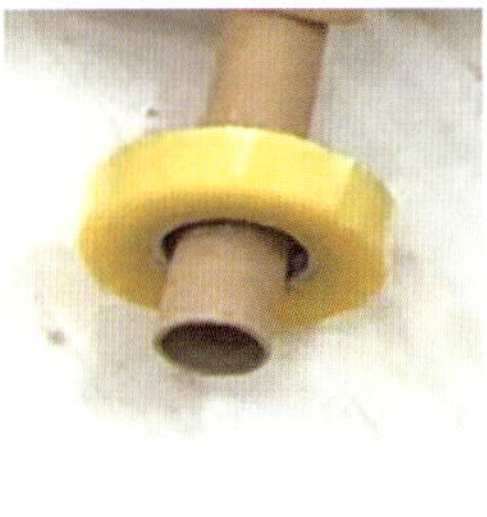

图3-1　透明胶带式车轮

图3-2　塑料球和泡沫组合式车轮

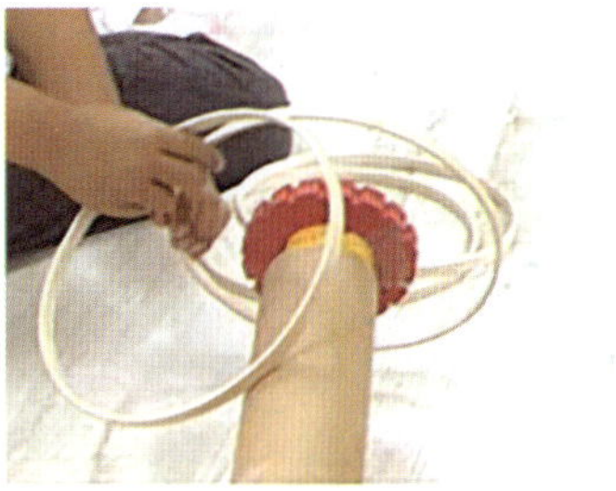

图3-3　竹圈式车轮

制作车轮的材料选择妥当，开始进行车轴、车毂与车轮之间的连接。新的问题又出现了！

正正："车毂太长了，容易绊倒。"

那么车轴与车毂多长比较合适呢？大家发出疑问。

依依大喊："尺子！尺子！"

梦梦："车轴与车毂的左右要一样长。"

经过淇司的对比、测量以及记录，车轴与车毂的长度最终被确定为 8 厘米。

图3-4　初次连接车轴、车毂与车轮

图3-5　重新比对车轴和车毂的长短

图3-6　用尺测量车轴左右长短

图3-7　测量后用笔标注，然后进行裁锯

车辆组装完毕，大家都意识到事情好像没有想象的那么顺利。

"车轮转不起来。"大家异口同声！"车轮为什么转不起来呢？"

达达："因为车身磨在地面了，轮子支撑不起来。"

老师："那我们怎么解决这个问题呢？"

依依提议："我们可以换个轮子。"

叒一提议："把轮子变大。"

随后孩子们参照科学发现室内一辆现成的小车进行对比调整，终于车子可以借助外力牵拉前行了。

图3-8 两辆小车进行对比发现问题

图3-9 对比车轮的大小

图3-10 用彩泥扩大车轮面积

图3-11 安装修改后的车轮

【场景四】丰富“水泥搅拌车”的外部结构

制作“水泥搅拌车”进行到收尾阶段。几个女孩在努力地建构梯子，只见她们拿着树枝进行比对、标注、裁锯，简单搭出一个梯子模型，随后带着她们的“梯子”和皮筋来到编织教室寻求老师的帮忙。

老师给出建议“固定梯子用绳子打结会更牢固一些”，几个女孩在老师的帮助下完成了梯子的制作，还学会了绳子打结的技巧，脸上洋溢着成功的喜悦。

图4-1 比较树枝长短

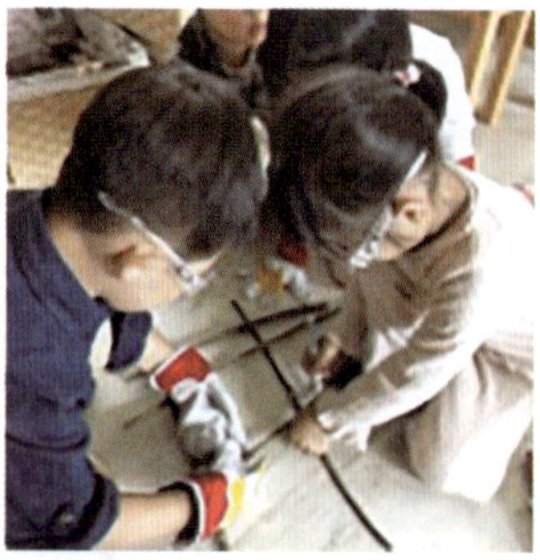

图4-2 用笔标记出需要的长度

图4-3 根据标记进行裁锯

图4-4 简单摆搭梯子

图4-5 完成梯子制作

随后淇司提出："我们还需要车牌和车灯，大车牌子是黄色的车牌。"

茉莉补充："沈阳是'辽 A'。"

可是车牌是由几位号码组成的呢？大家都面露难色摇摇头。

老师："车牌有 5 位数，由数字和字母一起组成的。"

原来是这样！看来我们平时需要多留意一下车牌呢。

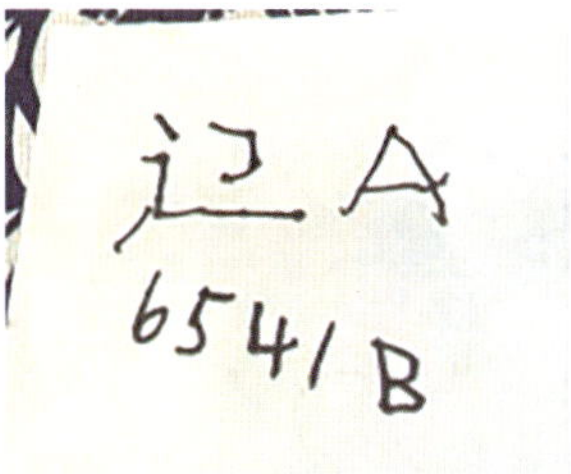

图4-6　我们的"水泥搅拌车"车牌号

图4-7　制作前车牌与后车牌

图4-8　车灯、车牌、排气口

在这持续专注、投入研究的日子里，孩子们的"水泥搅拌车"终于制作成功。孩子们给它穿上了"彩虹衣服"，带着它驰骋在走廊里，迫不及待地想要与其他伙伴分享这份成功的喜悦！

图4-9　"水泥搅拌车"前侧特写

图4-10　"水泥搅拌车"后侧特写

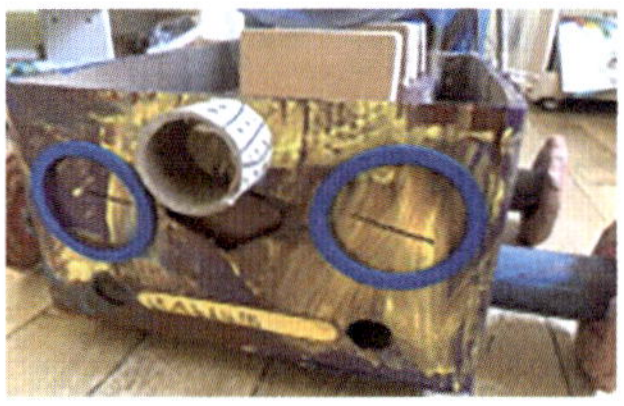

图4-11　"水泥搅拌车"尾部特写

★ 游戏解读

《3~6 岁儿童学习与发展指南》中提出："要支持幼儿在接触自然、生活事物和现象中积累有益的直接经验和感性认识，引导幼儿在探究中思考，尝试进行简单的推理和分析，发现事物之间明显的关联。"

游戏是幼儿感知生活的重要途径，制作"水泥搅拌车"游戏的产生正是源于幼儿生活中的发现。在整个游戏过程中，幼儿始终保持着强烈的探究兴趣，围绕"水泥搅拌车"制作的各个细节，同伴间协商合作，结合已有经验，不断地发现问题、思考问题、解决问题。幼儿在游戏中敢于表达，乐于探究，展现出极强的想象力与创造力、良好的行动力和专注力。通过直接感知、实际操作和亲身体验，幼儿不仅掌握了测量、对比、记录等科学的探究方法，也激发了满满的自信心和成就感。游戏中，教师充分地相信和尊重幼儿，保护幼儿的好奇心和求知欲，大胆放手支持幼儿按照自己的想法去探索和实践，并给予幼儿适时适宜的指导，有效地支持了幼儿在游戏中的学习与发展。

★ 游戏反思

这样一场由生活中小区改造带来的游戏，赋予了我对幼儿以及幼儿游戏的一些新认识和思考。

❶ 要关注幼儿的游戏需求

在游戏的过程中，幼儿的兴趣、经验、想法、问题不断发生变化，有很多的不确定性，这种不确定性会给幼儿的学习和发展带来无限的可能性，教师对待这种不确定性的态度以及处理方式直接关系着游戏推进的方向和效果，也影响着幼儿在游戏中的学习与发展。因此，正如《幼儿园教育纲要（试行）》所指出的：教师要关注幼儿在活动中的表现和反应，敏感地察觉他们的需要，及时用适当的方式应答，形成合作探究式的师幼互动。在开展自主游戏的过程中，教师要坚持以欣赏、包容、研究的态度去观察幼儿，从行为和言语中了解幼儿的兴趣爱好、情感需求和知识经验，以开放的心态，充分地理解并支持幼儿在游戏中获得成长的经验。

❷ 要支持幼儿的主动探究

正如建构主义理论所认为的：学习过程不是学习者被动地接受知识，而是积极地建构知识的过程。主张以学习者为中心，鼓励学习者进行批判性思维，调动学习者的学习兴趣与动机。儿童在自主状态下主动建构知识和经验的学习，往往正是儿童真正有意义的、有价值的学习。自主游戏是幼儿自主学习的主要途径，对幼儿的发展有着独特的价值。教师要善于捕捉幼儿的兴趣，引导、鼓励幼儿开展相关的自主游戏，游戏中通过创设环境、投放材料、观察指导、回应追随等方式，支持幼儿主动探究、深度学习，在不断的尝试和反复的实践中获得有益的经验和成长。

★ 游戏支持

❶ 多形式促发幼儿的交流

在自主游戏开展的过程中，教师要善于观察幼儿，通过科学的观察方法对幼儿的言语行为进行客观的记录和深入的分析，从中发现幼儿的游戏兴趣和需要，了解幼儿游戏的现状及存在的问题，判断教师是否需要介入游戏，以何种方式介入合适，确保时机恰当，方式适用。游戏结束后，教师要立足于观察，通过提问等方式，鼓励幼儿分享和交流游戏中遇到的困难、解决问题的办法、学到的知识和获取的经验，提升和迁移幼儿的游戏经验，推进下一次游戏更好地开展。

② 多角度提供游戏的条件

教师要为幼儿自主游戏的顺利和深入开展提供有利的条件。首先要保障充足的游戏时间。充足的游戏时间是支持幼儿深度投入游戏和提升游戏水平的重要条件，教师要弹性管理幼儿的活动时间，保证幼儿每天有充分的自主选择和自由活动的时间。其次要创设适宜的游戏空间。教师要全面考量园所内部环境，和幼儿一起创设安全、开放、多样的游戏空间，合理安排并动态调整，满足幼儿获得新经验的需要。此外，还要提供丰富的游戏材料。教师要多提供低结构、多功能、可移动、可组合，能吸引幼儿投入其中持续探索的材料，要及时调整和更新，支持幼儿积极主动地去探索和学习。

（辽宁省沈阳市皇姑区实验幼儿园　刘明月　杨斌）

童话剧《三只蝴蝶》

★ 游戏背景

最近，宁宁到剧院观看了一场童话剧表演。今天区域活动时，她饶有兴致地和小伙伴们聊起了这部童话剧，引发了大家对童话剧的浓厚兴趣和激烈讨论。孩子们你一言我一语，争相谈论起自己观看童话剧的经历和感受。聊着聊着，然然说：“我们也来演童话剧吧！”其他小朋友纷纷赞同。于是，由小朋友们自导自演的童话剧《三只蝴蝶》拉开了序幕。

★ 游戏观察

【场景一】选定角色

表演区里，宁宁等几个小朋友正在商量自己想要扮演的角色，大家都选好角色后，发现缺少一个人扮演“红花”。宁宁和诺诺决定去其他活动区招募演员，可是接连问了几个小朋友都不愿意扮演。两人无奈地回到表演区，然然得知招募失败，失望地说："找不到人的话，我们就不能表演了。"宁宁和诺诺决定再试一次，她们走入每个活动区，热情邀请大家来参与表演，并细致询问每个小朋友的意愿，最后，语言区里的允儿同意加入她们。

图1-1 宁宁和诺诺在招募演员

图1-2 允儿加入表演

【场景二】制作头饰

分配好角色后，孩子们开始装饰角色。扮演三只蝴蝶的小朋友找来了现成的蝴蝶头饰戴在了头上。扮演花朵的允儿、然然和恩华看到后羡慕不已。允儿说："她们的蝴蝶头饰太好看了，我们没有，怎么办呀？"然然灵机一动，跑去教室拿来了一朵窗台上的假花。恩华说："可是这花只有一朵，我们需要三朵，也不够呀。"允儿说："那我们去美工区画一些花朵吧。"于是他们开始和美工区的小朋友一起制作扮演花朵所需的头饰。

图2-1、图2-2 幼儿制作花朵头饰

【场景三】排练表演

① 明确角色职责

所有角色都装扮好之后，小朋友们开始了紧张的排练。宁宁之前在表演班学过表演，她坐在舞台前的小椅子上，手拿话筒，表情严肃，自告奋勇地当起了“小导演”。她会给演员编排动作，也会在演员忘词时及时地提醒。有一次，扮演蝴蝶的诺诺不小心“飞”出了舞台，她发现后马上喊停，和大家说：“演员是不能跑下台的，不然观众就看不见你们了。”

图3-1　小导演指导排练

② 协商解决问题

扮演太阳的彬彬没有台词，每次表演只能静静地站在舞台的后面，她很羡慕当主角的小朋友们，也想体验一下蝴蝶的角色。杉杉说：“我也想演蝴蝶。”宁宁询问扮演蝴蝶的几个小朋友是否愿意和她交换角色，结果大家都摇头表示拒绝。宁宁想了想，说：“那我们轮流表演，投票选出最适合扮演蝴蝶的人吧。”小朋友们都同意宁宁的办法。于是，大家开始轮流表演，为了获得扮演蝴蝶的机会，每个人表演得都很卖力。

图3-2　幼儿商量解决问题的办法

图3-3　幼儿进行轮流表演

★ 游戏解读

每当游戏中遇到困难，幼儿都能积极思考解决问题的办法并勇敢尝试，具备较强的解决问题的能力。当没有人扮演“红花”时，他们能主动招募演员；当缺少花朵头饰时，他们能尝试绘画自制；当都想扮演蝴蝶时，他们能提出交换、投票等解决办法。在这个过程中，孩子们彼此商量，互相帮助，表现出良好的交往合作能力。宁宁小朋友还展现出较强的组织和领导能力，她能结合自己在表演班的学习经验，自信地指导其他小朋友表演，遇到问题时，善于思考并敢于表达自己的想法，小朋友们很愿意陪伴她，倾听她的意见。整个游戏过程中，教师充分地相信和尊重幼儿，大胆放手，给幼儿创造了宽松自由的交往环境，支持幼儿按照自己的想法去实践，成就了幼儿的自主学习。

★ 游戏反思

在开展《三只蝴蝶》表演游戏的过程中，教师始终相信幼儿是有能力的学习者，给予了他们大量的自由探索、自主实践的机会。正因如此，幼儿在游戏中能够勇敢表达自己的意愿，主动解决遇到的困难，积极寻求同伴的帮助，不仅体验到了表演的乐趣，也锻炼了多元的能力。

为了更好地开展童话剧表演游戏，还应该做好以下三个方面：其一，目前幼儿童话剧表演的游戏内容仅仅局限于装饰角色和开展表演，比较单一，这反映出幼儿欠缺童话剧表演的知识和经验，教师还需要通过多种形式进一步帮助幼儿全面、系统地了解童话剧，引导并鼓励幼儿尝试将童话剧表演的台前幕后转化为游戏内容，让幼儿的学习渗透在表演游戏的开始、进行和结束各个环节。其二，幼儿表演前装饰角色、布置舞台、制作道具等都需要借助一定的工具和材料，教师应该在表演区提供材质多元、数量充足的低结构材料，便于幼儿充分发挥想象力，自由自主地创作；其三，幼儿在游戏的过程中掌握了许多解决问题的有效方法，也展现出了良好的同伴合作能力。这些都可以作为宝贵的经验在幼儿之间相互推广和学习。幼儿自己缺乏梳理这些经验的意识和能力，教师应在游戏中及时给予肯定和鼓励，也可以在游戏结束后带领幼儿一起回顾和总结，以此帮助幼儿识别并强化有益的行为。

★ 游戏支持

❶ 丰富幼儿的经验

在开展童话剧表演游戏的过程中，教师要注重丰富幼儿两方面的经验。一是有关童话剧表演的经验。教师应借助网络和家长资源，为幼儿尽可能多地提供观看童话剧表演的机会，引导幼儿有意识地从剧场、海报、剧本、演员、舞台、观众等多个角度关注童话剧表演台前幕后的细节，系统了解一场完整的童话剧表演涉及的内容，在模仿中积累相关的知识经验。二是有关文学作品的经验。教师应通过故事教学、语言游戏、亲子阅读等方式帮助幼儿全面熟知并深入理解故事中的人物、时间、地点、事件等要素，为后续顺畅转化成戏剧表演中的角色、场景、台词等做好准备。

❷ 扩展游戏的内容

除了装饰角色，教师还可以抛出问题，启发幼儿思考开展童话剧表演需要做好哪些准备，引导幼儿结合已有经验，发挥想象力和创造力，尝试自己设计剧本，制订排练计划，制作门票，海报和道具，布置舞台和观众席等，进一步扩展游戏的内容。教师要提供丰富的游戏材料，特别是低结构材料来支持幼儿相关游戏活动的开展，尽最大可能助力幼儿在游戏中的学习和成长！

（辽宁省沈阳市皇姑区　王宏妍）

桥的“成长记”

★ 游戏背景

在班级建构区游戏时，教师观察到孩子们想利用积木搭建一座能在上面行走的桥，但这一想法的实现受到了积木数量和场地大小的限制。为了满足孩子们的游戏意愿和需求，教师将游戏场地更换到了幼儿园操场上的户外建构区。

★ 游戏观察

【场景一】简易大桥

在户外建构区，泽泽先将两个圆柱体有距离地摆放在一条直线上，作为桥的柱子；然后又找来了一根长木板放在两个圆柱体上面作为桥面，他搭建了一座非常简单的桥，并高兴地说：“我搭了一座大桥，能走人的！”欣欣听到了说：“我能从桥上面走过去吗？”说着欣欣一只脚站到桥上，让人想不到的是——桥塌了。欣欣大喊：“这桥不能走人的，不结实！”

泽泽着急了，用求助的眼光望着教师。教师说：“你想想怎样能让桥更结实，找小伙伴商量一下。”他跑过去寻求同伴的帮忙，商讨后他们决定多加几个圆柱体来测试大桥的稳定性。

图1-1 泽泽搭建出简单的桥

图1-2 泽泽和同伴商量如何对桥进行改造

★ 游戏解读

泽泽小朋友能够通过自选材料搭建出简易的大桥，具备一定的搭建技能和探索精神。但是由于经验欠缺，缺乏主动发现问题和解决问题的能力。

★ 游戏支持

教师通过问题的引导，幼儿主动思考问题，促发幼儿之间的合作，推动游戏的开展。

【场景二】矮而坚固的桥

依据前期经验分享，为了搭建可以在上面行走的桥，泽泽和小朋友再次来到户外建构区，这次他们选择了比较矮的圆柱体当桥墩。小黄说："这样的桥可能会结实一点儿。"泽泽说："这回再试试，可以从这个桥上面走过去吗？"然后小心翼翼地走过桥面，高兴地喊道："成功了，这个桥上面可以走人了。"游戏结束后，他们很积极地与小朋友分享：桥变矮了之后可以从上面通过，可是有点儿没意思。

教师说："请大家想一想，如果想要大桥又高又不容易倒，有什么好办法吗？"小黄提出了搭建材料的问题，于是教师鼓励孩子们按照自己的意愿，画出搭建所需的材料。

图2-1 幼儿选择用矮的圆柱体当桥墩

图2-2 幼儿尝试从桥上通过

游戏解读

为了解决桥不牢固的问题，幼儿在摆放桥墩时采用了较矮的圆柱体，并在桥墩边上进行了加固，这样就减少了桥身的摇晃，这不仅说明他们能够积极采纳同伴的建议主动进行尝试，还说明他们对加固物体的稳定性有了新的认识。

游戏支持

在游戏分享时，教师巧妙地将问题抛给幼儿，以此引发幼儿的深层思考，激励幼儿进一步细化造桥计划以及材料使用。

【场景三】高且坚固的桥

上一次游戏讨论后，幼儿将他们所需的搭建材料绘画了出来。教师根据幼儿的意愿提供了组合攀爬架、拱形门。

图3-1　幼儿画出了搭建所需要的材料

这一次，泽泽和小伙伴选择利用组合攀爬架、拱形门搭建大桥。

❶ 他们首先遇到的问题是木板搭在攀爬架上面时是斜的，固定不住。小黄提出："我们应该把它们转一下，看看能不能搭上。"于是几人合力挪动攀爬架，几次尝试后木板终于搭在了上面。调整好后，他们开始攀爬，来测试大桥的稳定性。

图3-2　搭建木板时出现了倾斜的问题

图3-3　合力探索如何固定木板

② 对于大桥的楼梯，他们刚开始选择了攀爬梯，由于攀爬梯不容易搭在上面，又很高，孩子们很有默契地两人在下面，另一个人爬到攀爬架上进行固定。而另一边的楼梯他们选择了拱形门摆放在攀爬架边上，完成后孩子们开始尝试在大桥上通过。几次尝试后，小黄发现拱形门并不能很好地通过，于是将拱形门换成了攀爬架，在桥墩的连接处选择了长木板。

图3-4　互相合作搭建大桥楼梯

图3-5　开始尝试在大桥上通过

③ 他们邀请站在旁边的小小老师通过大桥，走完后小小老师对他们说："不行啊，这座桥只有一条路，我回不了家怎么办呀？"这时小黄说："你的家在哪儿啊？"小小老师给他们指出了一个方向。依依对小小老师说："我们给你搭出一座通往你家的桥吧。"于是，他们在这座桥的基础上搭建出了另一条通往不同方向的桥，帮助小小老师"回家"。

图3-6　小小老师受邀通过大桥

图3-7　小小老师发现大桥只有一个方向

④ 大桥四通八达，在通过大桥时，从不同方向上来的人就会撞到一起。教师走过去对他们说："路上太堵了，能不能想个好办法，让大家顺利通过呢？"泽泽对教师说："我可以当警察，来指挥他们。"对于泽泽的建议教师并没有马上给予肯定，而是对他说："你们可以试试看哟！"

图3-8　出现了不同方向的桥

图3-9　大桥出现拥堵现象

★ 游戏解读

大桥的成功搭建增强了幼儿的自信心和成就感，萌发了他们主动邀请小小老师加入游戏的意愿，小小老师以参与者的身份加入游戏中，并且很机智地对幼儿提出了更高的要求，给予幼儿新的思路并对桥进行了改造。

★ 游戏支持

教师提供立交桥、拱形桥、天桥等更多类型桥的视频或照片，丰富幼儿对桥的认知经验，鼓励幼儿多尝试、多探索，能在以后的活动中搭建出更多类型的桥。

【场景四】各种各样的桥

通过观看视频及图片，幼儿深入了解了多种类型的桥，在此基础上，他们充分发挥想象力和创造力，设计了独一无二的大桥图纸。

图4-1　幼儿设计的大桥图纸

随着大桥搭建技能的不断提升，大桥搭建主题的不断扩展，幼儿开始想象、延展、衍生各种各样的桥，教师持续关注并积极回应幼儿的游戏需求，提供木墩、滚筒、轮胎、手推车、软垫等新的材料，幼儿搭建的大桥越发地多元丰富起来：滑梯桥、拱形桥、弯道桥、立交桥……形态各异，趣味十足。

图4-2 拱形桥

图4-3 滑梯桥

图4-4 弯道桥

图4-5 立交桥

拱形桥一共历经三次改造，第一次只有拱形门，依依问："这桥怎么在上面走？"小黄拿来软垫放在上面。第二次改造则把软垫换成了木板，走上去发现拱形门不一样高。第三次改造，小黄更换了相同高度的拱形门。

图4-6 在桥面放软垫

图4-7 发现拱形门高度不同

图4-8 调整后的拱形桥

小吴将木板运到大桥的位置后，看见涵涵把一个木板搭在上面，走上去很有意思，于是开始尝试将更多的木板铺上去。很多孩子看到他搭建的滑梯桥都很感兴趣，于是纷纷从上面滑下来。"掉下来了，不能再滑了！"贾如大喊道。婷婷说："我们得用东西把木板固定好。"于是他们在斜坡下面又铺了一层木板："好了，这回再试试吧！"

图4-9　尝试探索木板的用途

图4-10　寻找固定木板的方法

图4-11　尝试从滑梯桥下来

★ 游戏解读

幼儿能结合既有的关于桥的认知和生活经验，和同伴一起尝试搭建出更多类型的桥，具备较强的合作能力和创造能力。

★ 游戏支持

在接下来的游戏中，教师通过多种途径进一步丰富幼儿对桥的认知经验，并提供更为丰富的游戏材料，为幼儿的创意搭建提供无限可能，有效地支持了幼儿在游戏中的深度学习。

★ 游戏解读

❶ 知识能力方面：在反复的游戏探索中，幼儿对用到的各种材料的形状、质地等属性积累了丰富的感性认知经验，垒高、架空、组合等建构技能也得到了锻炼和提升。

❷ 社会性发展方面：幼儿在游戏的过程中遇到了各种各样的问题，在尝试解决这些问题的过程中，幼儿懂得了如何处理个体与集体的关系，发展了人际交往和社会适应能力，增强了自信心和成就感。

❸ 学习品质方面：游戏中幼儿能大胆发挥想象力和创造力，积极主动、认真专注地对各种各样的材料进行探究和尝试，搭建中遇到困难也不退缩，能够主动寻求解决问题的办法，展现出良好的学习品质。

★ 游戏反思

❶ 多分析，关注幼儿的学习品质

《3~6 岁儿童学习与发展指南》中指出：幼儿在活动过程中表现出的积极态度和良好行为倾向是终身学习与发展所必需的宝贵品质。学习品质的好坏决定了幼儿现在和今后的学习和发展质量。教师要善于从幼儿的言语行为中分析幼儿的学习品质。比如，案例中结合幼儿搭建大桥过程中的表现，从学习态度方面分析，幼儿对周围环境有好奇心，能够主动进行探究；从学习行为与习惯方面，幼儿做事有计划性、能够与人合作；从学习方法方面，幼儿能够用观察、对比等方法了解事物，能利用既有的条件和已有的经验解决问题，这些都是幼儿身上具备的良好学习品质，教师要有意识地维护并进一步激发幼儿更多可贵的学习品质。

❷ 巧观察，助推幼儿的深度学习

教师要善于观察，每次游戏中，教师既要全面观察班级整体的游戏现状，也要个别观察幼儿的游戏表现。观察过程中，教师还应学会用行为检核、轶事记录等科学的方法进行记录，进而客观分析幼儿的游戏行为，了解幼儿的游戏需求，通过适时适宜的指导，促发幼儿对有价值的问题进行思考，在探索、解决问题的过程中获取新经验，助推幼儿的深度学习。

★ 游戏支持

❶ 满足幼儿的游戏需求

当室内区域已经满足不了幼儿的游戏需求时，教师应及时将场地调整到户外活动区，户外不仅宽敞，还有数量充足、种类多元的材料，可以有效支持幼儿的建构活动。后续随着游戏的推进，教师还根据幼儿绘画的材料清单，不断地添加了许多新的游戏材料，保障了游戏能更加高质量地开展。

❷ 放手幼儿的自主探究

游戏中，教师鼓励幼儿推荐游戏所需的材料，大胆表达自己的意愿。引导幼儿积极探索不同种类材料的特性，大胆利用不同种类材料进行创意搭建，过程中教师通过一个个巧妙的提问，激发幼儿持久的探究兴趣和专注的探究热情，有效推动了游戏的深入开展。

❸ 引导幼儿的问题解决

当幼儿在游戏中遇到困难和问题时，教师没有直接干涉幼儿的游戏，而是通过适宜的方式引导幼儿尝试自己解决。比如，当发现简易大桥不稳定时，教师没有急于告诉幼儿问题所在，而是以提问的方式鼓励幼儿尝试从桥上走过，引导幼儿在亲身体验中发现问题。当幼儿不知道如何解决该问题时，教师首先引导幼儿和同伴商量，商量无果后，教师又通过分享活动，将问题抛给幼儿讨论，引导所有幼儿共同思考，寻找解决办法。

（辽宁省大连市沙河口区第二教师幼儿园　王艺霖）

坚持，就是任何事乘以365

辽海出版社

1月

JANUARY

月计划

备忘录

周 计 划

Mon.	Tue.
Wed.	Thur.
Fri.	Sat.
Sun.	Memo

重要事项

时间表 SCHEDULE

日计划表 TO DO LIST

备注 MEMO / /

时间表 SCHEDULE

日计划表 TO DO LIST

备注 MEMO / /

时间表 SCHEDULE	日计划表 TO DO LIST	备注 MEMO / /

时间表 SCHEDULE	日计划表 TO DO LIST	备注 MEMO / /

时间表 SCHEDULE	日计划表 TO DO LIST	备注 MEMO / /

时间表 SCHEDULE	日计划表 TO DO LIST	备注 MEMO / /

周 计 划

Mon.	Tue.
Wed.	Thur.
Fri.	Sat.
Sun.	Memo

重要事项

时间表 SCHEDULE

日计划表 TO DO LIST

备注 MEMO / /

时间表 SCHEDULE

日计划表 TO DO LIST

备注 MEMO / /

时间表 SCHEDULE

日计划表 TO DO LIST

备注 MEMO / /

时间表 SCHEDULE

日计划表 TO DO LIST

备注 MEMO / /

时间表 SCHEDULE

日计划表 TO DO LIST

备注 MEMO / /

时间表 SCHEDULE

日计划表 TO DO LIST

备注 MEMO / /

周　计　划

Mon.	Tue.
Wed.	Thur.
Fri.	Sat.
Sun.	Memo

重要事项

-
-
-

时间表 SCHEDULE

日计划表 TO DO LIST

备注 MEMO / /

时间表 SCHEDULE

日计划表 TO DO LIST

备注 MEMO / /

时间表 SCHEDULE

日计划表 TO DO LIST

备注 MEMO / /

时间表 SCHEDULE

日计划表 TO DO LIST

备注 MEMO / /

时间表 SCHEDULE	日计划表 TO DO LIST	备注 MEMO / /

时间表 SCHEDULE	日计划表 TO DO LIST	备注 MEMO / /

周 计 划

Mon.	Tue.
Wed.	Thur.
Fri.	Sat.
Sun.	Memo

重要事项

-
-
-

时间表 SCHEDULE

日计划表 TO DO LIST

备注 MEMO / /

时间表 SCHEDULE

日计划表 TO DO LIST

备注 MEMO / /

时间表 SCHEDULE	日计划表 TO DO LIST	备注 MEMO / /

时间表 SCHEDULE	日计划表 TO DO LIST	备注 MEMO / /

时间表 SCHEDULE

日计划表 TO DO LIST

备注 MEMO / /

时间表 SCHEDULE

日计划表 TO DO LIST

备注 MEMO / /

周 计 划

Mon.	Tue.
Wed.	Thur.
Fri.	Sat.
Sun.	Memo

重要事项

时间表 SCHEDULE

日计划表 TO DO LIST

备注 MEMO / /

时间表 SCHEDULE

日计划表 TO DO LIST

备注 MEMO / /

时间表 SCHEDULE

日计划表 TO DO LIST

备注 MEMO / /

时间表 SCHEDULE

日计划表 TO DO LIST

备注 MEMO / /

时间表 SCHEDULE | 日计划表 TO DO LIST | 备注 MEMO / /

时间表 SCHEDULE | 日计划表 TO DO LIST | 备注 MEMO / /

月　总　结

本月收获

-
-
-

2 月

FEBRUARY

月计划

备忘录

周 计 划

Mon	Tue
Wed.	Thur
Fri.	Sat
Sun	Memo

重要事项

-
-
-

时间表 SCHEDULE	日计划表 TO DO LIST	备注 MEMO / /

时间表 SCHEDULE	日计划表 TO DO LIST	备注 MEMO / /

时间表 SCHEDULE	日计划表 TO DO LIST	备注 MEMO / /

时间表 SCHEDULE	日计划表 TO DO LIST	备注 MEMO / /

时间表 SCHEDULE

日计划表 TO DO LIST

备注 MEMO / /

时间表 SCHEDULE

日计划表 TO DO LIST

备注 MEMO / /

周 计 划

Mon.	Tue.
Wed.	Thur.
Fri.	Sat.
Sun.	Memo

重要事项

时间表 SCHEDULE

日计划表 TO DO LIST

备注 MEMO / /

时间表 SCHEDULE

日计划表 TO DO LIST

备注 MEMO / /

时间表 SCHEDULE

日计划表 TO DO LIST

备注 MEMO / /

时间表 SCHEDULE

日计划表 TO DO LIST

备注 MEMO / /

时间表 SCHEDULE

日计划表 TO DO LIST

备注 MEMO / /

时间表 SCHEDULE

日计划表 TO DO LIST

备注 MEMO / /

重要事项

周 计 划

Mon.	Tue.
Wed.	Thur.
Fri.	Sat.
Sun.	Memo

重要事项

-
-
-

时间表 SCHEDULE	日计划表 TO DO LIST	备注 MEMO / /

时间表 SCHEDULE	日计划表 TO DO LIST	备注 MEMO / /

时间表 SCHEDULE

日计划表 TO DO LIST

备注 MEMO / /

时间表 SCHEDULE

日计划表 TO DO LIST

备注 MEMO / /

时间表 SCHEDULE	日计划表 TO DO LIST	备注 MEMO / /

时间表 SCHEDULE	日计划表 TO DO LIST	备注 MEMO / /

周 计 划

Mon.	Tue.
Wed.	Thur.
Fri.	Sat.
Sun.	Memo

重要事项

时间表 SCHEDULE	日计划表 TO DO LIST	备注 MEMO / /

时间表 SCHEDULE	日计划表 TO DO LIST	备注 MEMO / /

时间表 SCHEDULE

日计划表 TO DO LIST

备注 MEMO / /

时间表 SCHEDULE

日计划表 TO DO LIST

备注 MEMO / /

时间表 SCHEDULE	日计划表 TO DO LIST	备注 MEMO / /

时间表 SCHEDULE	日计划表 TO DO LIST	备注 MEMO / /

周 计 划

Mon.	Tue.
Wed.	Thur.
Fri.	Sat.
Sun.	Memo

重要事项

时间表 SCHEDULE

日计划表 TO DO LIST

备注 MEMO / /

时间表 SCHEDULE

日计划表 TO DO LIST

备注 MEMO / /

时间表 SCHEDULE	日计划表 TO DO LIST	备注 MEMO / /
	○ ○ ○ ○ ○ ○ ○ ○ ○ ○ ○	

时间表 SCHEDULE	日计划表 TO DO LIST	备注 MEMO / /
	○ ○ ○ ○ ○ ○ ○ ○ ○ ○ ○	

时间表 SCHEDULE

日计划表 TO DO LIST

备注 MEMO / /

时间表 SCHEDULE

日计划表 TO DO LIST

备注 MEMO / /

月　总　结

本月收获

3月 MARCH

月计划

备忘录

周　计　划

Mon.	Tue.
Wed.	Thur.
Fri.	Sat.
Sun.	Memo

重要事项

-
-
-

时间表 SCHEDULE

日计划表 TO DO LIST

备注 MEMO / /

时间表 SCHEDULE

日计划表 TO DO LIST

备注 MEMO / /

时间表 SCHEDULE

日计划表 TO DO LIST

备注 MEMO / /

时间表 SCHEDULE

日计划表 TO DO LIST

备注 MEMO / /

时间表 SCHEDULE

日计划表 TO DO LIST

备注 MEMO / /

时间表 SCHEDULE

日计划表 TO DO LIST

备注 MEMO / /

周 计 划

Mon.	Tue.
Wed.	Thur.
Fri.	Sat.
Sun.	Memo

重要事项

-
-
-

时间表 SCHEDULE

日计划表 TO DO LIST

备注 MEMO / /

时间表 SCHEDULE

日计划表 TO DO LIST

备注 MEMO / /

时间表 SCHEDULE	日计划表 TO DO LIST	备注 MEMO / /
	○ ○ ○ ○ ○ ○ ○ ○ ○ ○ ○	

时间表 SCHEDULE	日计划表 TO DO LIST	备注 MEMO / /
	○ ○ ○ ○ ○ ○ ○ ○ ○ ○ ○	

时间表 SCHEDULE	日计划表 TO DO LIST	备注 MEMO / /

时间表 SCHEDULE	日计划表 TO DO LIST	备注 MEMO / /

周 计 划

Mon.	Tue.
Wed.	Thur.
Fri.	Sat.
Sun.	Memo

重要事项

时间表 SCHEDULE

日计划表 TO DO LIST

备注 MEMO / /

时间表 SCHEDULE

日计划表 TO DO LIST

备注 MEMO / /

时间表 SCHEDULE

日计划表 TO DO LIST

备注 MEMO / /

时间表 SCHEDULE

日计划表 TO DO LIST

备注 MEMO / /

时间表 SCHEDULE

日计划表 TO DO LIST

备注 MEMO / /

时间表 SCHEDULE

日计划表 TO DO LIST

备注 MEMO / /

周 计 划

Mon.	Tue.
Wed.	Thur.
Fri.	Sat.
Sun.	Memo

重要事项

-
-
-

时间表 SCHEDULE	日计划表 TO DO LIST	备注 MEMO / /

时间表 SCHEDULE	日计划表 TO DO LIST	备注 MEMO / /

时间表 SCHEDULE

日计划表 TO DO LIST

备注 MEMO / /

时间表 SCHEDULE

日计划表 TO DO LIST

备注 MEMO / /

时间表 SCHEDULE	日计划表 TO DO LIST	备注 MEMO / /

时间表 SCHEDULE	日计划表 TO DO LIST	备注 MEMO / /

周 计 划

Mon.	Tue.
Wed.	Thur.
Fri.	Sat.
Sun.	Memo

重要事项

时间表 SCHEDULE	日计划表 TO DO LIST	备注 MEMO / /

时间表 SCHEDULE	日计划表 TO DO LIST	备注 MEMO / /

时间表 SCHEDULE

日计划表 TO DO LIST

备注 MEMO / /

时间表 SCHEDULE

日计划表 TO DO LIST

备注 MEMO / /

时间表 SCHEDULE	日计划表 TO DO LIST	备注 MEMO / /

时间表 SCHEDULE	日计划表 TO DO LIST	备注 MEMO / /

月　总　结

本月收获

4 月

APRIL

月计划

备忘录

周　计　划

Mon.	Tue.
Wed.	Thur.
Fri.	Sat.
Sun.	Memo

重要事项

-
-
-

时间表 SCHEDULE

日计划表 TO DO LIST

备注 MEMO / /

时间表 SCHEDULE

日计划表 TO DO LIST

备注 MEMO / /

时间表 SCHEDULE	日计划表 TO DO LIST	备注 MEMO / /

时间表 SCHEDULE	日计划表 TO DO LIST	备注 MEMO / /

时间表 SCHEDULE

日计划表 TO DO LIST

备注 MEMO / /

时间表 SCHEDULE

日计划表 TO DO LIST

备注 MEMO / /

周 计 划

Mon.	Tue.
Wed.	Thur.
Fri.	Sat.
Sun.	Memo

重要事项

-
-
-

时间表 SCHEDULE	日计划表 TO DO LIST	备注 MEMO / /

时间表 SCHEDULE	日计划表 TO DO LIST	备注 MEMO / /

时间表 SCHEDULE	日计划表 TO DO LIST	备注 MEMO / /
	○ ○ ○ ○ ○ ○ ○ ○ ○ ○ ○	

时间表 SCHEDULE	日计划表 TO DO LIST	备注 MEMO / /
	○ ○ ○ ○ ○ ○ ○ ○ ○ ○ ○	

时间表 SCHEDULE | 日计划表 TO DO LIST | 备注 MEMO / /

时间表 SCHEDULE | 日计划表 TO DO LIST | 备注 MEMO / /

周　计　划

Mon.	Tue.
Wed.	Thur.
Fri.	Sat.
Sun.	Memo

重要事项

-
-
-

时间表 SCHEDULE

日计划表 TO DO LIST

备注 MEMO / /

时间表 SCHEDULE

日计划表 TO DO LIST

备注 MEMO / /

时间表 SCHEDULE

日计划表 TO DO LIST

备注 MEMO / /

时间表 SCHEDULE

日计划表 TO DO LIST

备注 MEMO / /

时间表 SCHEDULE

日计划表 TO DO LIST

备注 MEMO / /

时间表 SCHEDULE

日计划表 TO DO LIST

备注 MEMO / /

周 计 划

Mon.	Tue.
Wed.	Thur.
Fri.	Sat.
Sun.	Memo

重要事项

-
-
-

时间表 SCHEDULE	日计划表 TO DO LIST	备注 MEMO / /

时间表 SCHEDULE	日计划表 TO DO LIST	备注 MEMO / /

时间表 SCHEDULE

日计划表 TO DO LIST

备注 MEMO / /

时间表 SCHEDULE

日计划表 TO DO LIST

备注 MEMO / /

时间表 SCHEDULE	日计划表 TO DO LIST	备注 MEMO / /

时间表 SCHEDULE	日计划表 TO DO LIST	备注 MEMO / /

周　计　划

Mon.	Tue.
Wed.	Thur.
Fri.	Sat.
Sun.	Memo

重要事项

-
-
-

时间表 SCHEDULE

日计划表 TO DO LIST

备注 MEMO / /

时间表 SCHEDULE

日计划表 TO DO LIST

备注 MEMO / /

时间表 SCHEDULE	日计划表 TO DO LIST	备注 MEMO / /

时间表 SCHEDULE	日计划表 TO DO LIST	备注 MEMO / /

时间表 SCHEDULE	日计划表 TO DO LIST	备注 MEMO / /

时间表 SCHEDULE	日计划表 TO DO LIST	备注 MEMO / /

月 总 结

本月收获

5月

MAY

月计划

备忘录

周 计 划

Mon.	Tue.
Wed.	Thur.
Fri.	Sat.
Sun	Memo

重要事项

时间表 SCHEDULE	日计划表 TO DO LIST	备注 MEMO / /

时间表 SCHEDULE	日计划表 TO DO LIST	备注 MEMO / /

时间表 SCHEDULE

日计划表 TO DO LIST

备注 MEMO / /

时间表 SCHEDULE

日计划表 TO DO LIST

备注 MEMO / /

时间表 SCHEDULE	日计划表 TO DO LIST	备注 MEMO / /

时间表 SCHEDULE	日计划表 TO DO LIST	备注 MEMO / /

周 计 划

Mon.	Tue.
Wed.	Thur.
Fri.	Sat.
Sun.	Memo

重要事项

-
-
-

时间表 SCHEDULE

日计划表 TO DO LIST

备注 MEMO / /

时间表 SCHEDULE

日计划表 TO DO LIST

备注 MEMO / /

时间表 SCHEDULE	日计划表 TO DO LIST	备注 MEMO / /

时间表 SCHEDULE	日计划表 TO DO LIST	备注 MEMO / /

时间表 SCHEDULE

日计划表 TO DO LIST

备注 MEMO / /

时间表 SCHEDULE

日计划表 TO DO LIST

备注 MEMO / /

周　计　划

Mon.	Tue.
Wed.	Thur.
Fri.	Sat.
Sun.	Memo

重要事项

-
-
-

时间表 SCHEDULE	日计划表 TO DO LIST	备注 MEMO / /

时间表 SCHEDULE	日计划表 TO DO LIST	备注 MEMO / /

时间表 SCHEDULE

日计划表 TO DO LIST

备注 MEMO / /

时间表 SCHEDULE

日计划表 TO DO LIST

备注 MEMO / /

时间表 SCHEDULE | 日计划表 TO DO LIST | 备注 MEMO / /

时间表 SCHEDULE | 日计划表 TO DO LIST | 备注 MEMO / /

周 计 划

Mon.	Tue.
Wed.	Thur.
Fri.	Sat.
Sun.	Memo

重要事项

-
-
-

时间表 SCHEDULE

日计划表 TO DO LIST

备注 MEMO / /

时间表 SCHEDULE

日计划表 TO DO LIST

备注 MEMO / /

时间表 SCHEDULE	日计划表 TO DO LIST	备注 MEMO / /

时间表 SCHEDULE	日计划表 TO DO LIST	备注 MEMO / /

时间表 SCHEDULE	日计划表 TO DO LIST	备注 MEMO / /
	○ ○ ○ ○ ○ ○ ○ ○ ○ ○ ○	

时间表 SCHEDULE	日计划表 TO DO LIST	备注 MEMO / /
	○ ○ ○ ○ ○ ○ ○ ○ ○ ○ ○	

周　计　划

Mon.	Tue.
Wed.	Thur.
Fri.	Sat.
Sun.	Memo

重要事项

-
-
-

时间表 SCHEDULE	日计划表 TO DO LIST	备注 MEMO / /

时间表 SCHEDULE	日计划表 TO DO LIST	备注 MEMO / /

时间表 SCHEDULE

日计划表 TO DO LIST

备注 MEMO / /

时间表 SCHEDULE

日计划表 TO DO LIST

备注 MEMO / /

时间表 SCHEDULE

日计划表 TO DO LIST

备注 MEMO / /

时间表 SCHEDULE

日计划表 TO DO LIST

备注 MEMO / /

月　总　结

本月收获

6月

JUNE

月计划

备忘录

重要事项

周 计 划

Mon.	Tue.
Wed.	Thur.
Fri.	Sat.
Sun.	Memo

重要事项

时间表 SCHEDULE	日计划表 TO DO LIST	备注 MEMO / /

时间表 SCHEDULE	日计划表 TO DO LIST	备注 MEMO / /

时间表 SCHEDULE

日计划表 TO DO LIST

备注 MEMO / /

时间表 SCHEDULE

日计划表 TO DO LIST

备注 MEMO / /

时间表 SCHEDULE

日计划表 TO DO LIST

备注 MEMO / /

时间表 SCHEDULE

日计划表 TO DO LIST

备注 MEMO / /

周 计 划

Mon	Tue
Wed.	Thur
Fri.	Sat
Sun	Memo

重要事项

时间表 SCHEDULE	日计划表 TO DO LIST	备注 MEMO / /

时间表 SCHEDULE	日计划表 TO DO LIST	备注 MEMO / /

时间表 SCHEDULE

日计划表 TO DO LIST

备注 MEMO / /

时间表 SCHEDULE

日计划表 TO DO LIST

备注 MEMO / /

时间表 SCHEDULE

日计划表 TO DO LIST

备注 MEMO / /

时间表 SCHEDULE

日计划表 TO DO LIST

备注 MEMO / /

周 计 划

Mon	Tue
Wed.	Thur
Fri.	Sat
Sun	Memo

重要事项

时间表 SCHEDULE

日计划表 TO DO LIST

备注 MEMO / /

时间表 SCHEDULE

日计划表 TO DO LIST

备注 MEMO / /

时间表 SCHEDULE

日计划表 TO DO LIST

备注 MEMO / /

时间表 SCHEDULE

日计划表 TO DO LIST

备注 MEMO / /

时间表 SCHEDULE	日计划表 TO DO LIST	备注 MEMO / /

时间表 SCHEDULE	日计划表 TO DO LIST	备注 MEMO / /

周 计 划

Mon.	Tue.
Wed.	Thur.
Fri.	Sat.
Sun.	Memo

重要事项

时间表 SCHEDULE

日计划表 TO DO LIST

备注 MEMO / /

时间表 SCHEDULE

日计划表 TO DO LIST

备注 MEMO / /

时间表 SCHEDULE

日计划表 TO DO LIST

备注 MEMO / /

时间表 SCHEDULE

日计划表 TO DO LIST

备注 MEMO / /

时间表 SCHEDULE

日计划表 TO DO LIST

备注 MEMO / /

时间表 SCHEDULE

日计划表 TO DO LIST

备注 MEMO / /

周 计 划

Mon.	Tue.
Wed.	Thur.
Fri.	Sat.
Sun.	Memo

重要事项

-
-
-

时间表 SCHEDULE

日计划表 TO DO LIST

备注 MEMO / /

时间表 SCHEDULE

日计划表 TO DO LIST

备注 MEMO / /

时间表 SCHEDULE	日计划表 TO DO LIST	备注 MEMO / /

时间表 SCHEDULE	日计划表 TO DO LIST	备注 MEMO / /

时间表 SCHEDULE

日计划表 TO DO LIST

备注 MEMO / /

时间表 SCHEDULE

日计划表 TO DO LIST

备注 MEMO / /

月 总 结

本月收获

7 月 JULY

月计划

备忘录

周 计 划

Mon.	Tue.
Wed.	Thur.
Fri.	Sat.
Sun.	Memo

重要事项

时间表 SCHEDULE	日计划表 TO DO LIST	备注 MEMO / /

时间表 SCHEDULE	日计划表 TO DO LIST	备注 MEMO / /

时间表 SCHEDULE

日计划表 TO DO LIST

备注 MEMO / /

时间表 SCHEDULE

日计划表 TO DO LIST

备注 MEMO / /

时间表 SCHEDULE	日计划表 TO DO LIST	备注 MEMO / /

时间表 SCHEDULE	日计划表 TO DO LIST	备注 MEMO / /

周 计 划

Mon.	Tue.
Wed.	Thur.
Fri.	Sat.
Sun.	Memo

重要事项

时间表 SCHEDULE	日计划表 TO DO LIST	备注 MEMO / /

时间表 SCHEDULE	日计划表 TO DO LIST	备注 MEMO / /

时间表 SCHEDULE	日计划表 TO DO LIST	备注 MEMO / /

时间表 SCHEDULE	日计划表 TO DO LIST	备注 MEMO / /

时间表 SCHEDULE	日计划表 TO DO LIST	备注 MEMO / /

时间表 SCHEDULE	日计划表 TO DO LIST	备注 MEMO / /

周　计　划

Mon.	Tue.
Wed.	Thur.
Fri.	Sat.
Sun.	Memo

重要事项

-
-
-

时间表 SCHEDULE

日计划表 TO DO LIST

备注 MEMO / /

时间表 SCHEDULE

日计划表 TO DO LIST

备注 MEMO / /

时间表 SCHEDULE	日计划表 TO DO LIST	备注 MEMO / /

时间表 SCHEDULE	日计划表 TO DO LIST	备注 MEMO / /

时间表 SCHEDULE

日计划表 TO DO LIST

备注 MEMO / /

时间表 SCHEDULE

日计划表 TO DO LIST

备注 MEMO / /

周 计 划

Mon.	Tue.
Wed.	Thur.
Fri.	Sat.
Sun.	Memo

重要事项

-
-
-

时间表 SCHEDULE

日计划表 TO DO LIST

备注 MEMO / /

时间表 SCHEDULE

日计划表 TO DO LIST

备注 MEMO / /

时间表 SCHEDULE	日计划表 TO DO LIST	备注 MEMO / /

时间表 SCHEDULE	日计划表 TO DO LIST	备注 MEMO / /

时间表 SCHEDULE	日计划表 TO DO LIST	备注 MEMO / /

时间表 SCHEDULE	日计划表 TO DO LIST	备注 MEMO / /

周 计 划

Mon.	Tue.
Wed.	Thur.
Fri.	Sat.
Sun.	Memo

重要事项

-
-
-

时间表 SCHEDULE

日计划表 TO DO LIST

备注 MEMO / /

时间表 SCHEDULE

日计划表 TO DO LIST

备注 MEMO / /

时间表 SCHEDULE	日计划表 TO DO LIST	备注 MEMO / /

时间表 SCHEDULE	日计划表 TO DO LIST	备注 MEMO / /

时间表 SCHEDULE

日计划表 TO DO LIST

备注 MEMO / /

时间表 SCHEDULE

日计划表 TO DO LIST

备注 MEMO / /

月 总 结

本月收获

8 月

AUGUST

月计划

备忘录

周　计　划

Mon.	Tue.
Wed.	Thur.
Fri.	Sat.
Sun.	Memo

重要事项

-
-
-

时间表 SCHEDULE	日计划表 TO DO LIST	备注 MEMO / /

时间表 SCHEDULE	日计划表 TO DO LIST	备注 MEMO / /

时间表 SCHEDULE

日计划表 TO DO LIST

备注 MEMO / /

时间表 SCHEDULE

日计划表 TO DO LIST

备注 MEMO / /

时间表 SCHEDULE

日计划表 TO DO LIST

备注 MEMO / /

时间表 SCHEDULE

日计划表 TO DO LIST

备注 MEMO / /

周　计　划

Mon	Tue
Wed.	Thur
Fri.	Sat
Sun	Memo

重要事项

时间表 SCHEDULE

日计划表 TO DO LIST

备注 MEMO / /

时间表 SCHEDULE

日计划表 TO DO LIST

备注 MEMO / /

时间表 SCHEDULE	日计划表 TO DO LIST	备注 MEMO / /

时间表 SCHEDULE	日计划表 TO DO LIST	备注 MEMO / /

时间表 SCHEDULE	日计划表 TO DO LIST	备注 MEMO / /

时间表 SCHEDULE	日计划表 TO DO LIST	备注 MEMO / /

周 计 划

Mon.	Tue.
Wed.	Thur.
Fri.	Sat.
Sun.	Memo

重要事项

时间表 SCHEDULE	日计划表 TO DO LIST	备注 MEMO / /
	○ ○ ○ ○ ○ ○ ○ ○ ○ ○ ○	

时间表 SCHEDULE	日计划表 TO DO LIST	备注 MEMO / /
	○ ○ ○ ○ ○ ○ ○ ○ ○ ○ ○	

时间表 SCHEDULE	日计划表 TO DO LIST	备注 MEMO / /

时间表 SCHEDULE	日计划表 TO DO LIST	备注 MEMO / /

时间表 SCHEDULE	日计划表 TO DO LIST	备注 MEMO / /

时间表 SCHEDULE	日计划表 TO DO LIST	备注 MEMO / /

周 计 划

Mon.	Tue.
Wed.	Thur.
Fri.	Sat.
Sun	Memo

重要事项

时间表 SCHEDULE

日计划表 TO DO LIST

备注 MEMO / /

时间表 SCHEDULE

日计划表 TO DO LIST

备注 MEMO / /

时间表 SCHEDULE

日计划表 TO DO LIST

备注 MEMO / /

时间表 SCHEDULE

日计划表 TO DO LIST

备注 MEMO / /

时间表 SCHEDULE	日计划表 TO DO LIST	备注 MEMO / /

时间表 SCHEDULE	日计划表 TO DO LIST	备注 MEMO / /

周 计 划

Mon.	Tue.
Wed.	Thur.
Fri.	Sat.
Sun.	Memo

重要事项

-
-
-

时间表 SCHEDULE	日计划表 TO DO LIST	备注 MEMO / /

时间表 SCHEDULE	日计划表 TO DO LIST	备注 MEMO / /

时间表 SCHEDULE	日计划表 TO DO LIST	备注 MEMO / /
	○ ○ ○ ○ ○ ○ ○ ○ ○ ○ ○	

时间表 SCHEDULE	日计划表 TO DO LIST	备注 MEMO / /
	○ ○ ○ ○ ○ ○ ○ ○ ○ ○ ○	

时间表 SCHEDULE	日计划表 TO DO LIST	备注 MEMO / /

时间表 SCHEDULE	日计划表 TO DO LIST	备注 MEMO / /

月　总　结

本月收获

9月 SEPTEMBER

月计划

备忘录

周 计 划

Mon.	Tue.
Wed.	Thur.
Fri.	Sat.
Sun.	Memo

重要事项

-
-
-

时间表 SCHEDULE

日计划表 TO DO LIST

备注 MEMO / /

时间表 SCHEDULE

日计划表 TO DO LIST

备注 MEMO / /

时间表 SCHEDULE

日计划表 TO DO LIST

备注 MEMO / /

时间表 SCHEDULE

日计划表 TO DO LIST

备注 MEMO / /

时间表 SCHEDULE

日计划表 TO DO LIST

备注 MEMO / /

时间表 SCHEDULE

日计划表 TO DO LIST

备注 MEMO / /

周 计 划

Mon.	Tue.
Wed.	Thur.
Fri.	Sat.
Sun.	Memo

重要事项

-
-
-

时间表 SCHEDULE

日计划表 TO DO LIST

备注 MEMO / /

时间表 SCHEDULE

日计划表 TO DO LIST

备注 MEMO / /

时间表 SCHEDULE	日计划表 TO DO LIST	备注 MEMO / /

时间表 SCHEDULE	日计划表 TO DO LIST	备注 MEMO / /

时间表 SCHEDULE

日计划表 TO DO LIST

备注 MEMO / /

时间表 SCHEDULE

日计划表 TO DO LIST

备注 MEMO / /

周 计 划

Mon.	Tue.
Wed.	Thur.
Fri.	Sat.
Sun.	Memo

重要事项

时间表 SCHEDULE

日计划表 TO DO LIST

备注 MEMO / /

时间表 SCHEDULE

日计划表 TO DO LIST

备注 MEMO / /

时间表 SCHEDULE

日计划表 TO DO LIST

备注 MEMO / /

时间表 SCHEDULE

日计划表 TO DO LIST

备注 MEMO / /

时间表 SCHEDULE

日计划表 TO DO LIST

备注 MEMO / /

时间表 SCHEDULE

日计划表 TO DO LIST

备注 MEMO / /

周 计 划

Mon.	Tue.
Wed.	Thur.
Fri.	Sat.
Sun.	Memo

重要事项

时间表 SCHEDULE	日计划表 TO DO LIST	备注 MEMO / /

时间表 SCHEDULE	日计划表 TO DO LIST	备注 MEMO / /

时间表 SCHEDULE	日计划表 TO DO LIST	备注 MEMO / /

时间表 SCHEDULE	日计划表 TO DO LIST	备注 MEMO / /

时间表 SCHEDULE	日计划表 TO DO LIST	备注 MEMO / /
	○ ○ ○ ○ ○ ○ ○ ○ ○ ○ ○	

时间表 SCHEDULE	日计划表 TO DO LIST	备注 MEMO / /
	○ ○ ○ ○ ○ ○ ○ ○ ○ ○ ○	

周　计　划

Mon.	Tue.
Wed.	Thur.
Fri.	Sat.
Sun.	Memo

重要事项

-
-
-

时间表 SCHEDULE

日计划表 TO DO LIST

备注 MEMO / /

时间表 SCHEDULE

日计划表 TO DO LIST

备注 MEMO / /

时间表 SCHEDULE	日计划表 TO DO LIST	备注 MEMO / /

时间表 SCHEDULE	日计划表 TO DO LIST	备注 MEMO / /

时间表 SCHEDULE

日计划表 TO DO LIST

备注 MEMO / /

时间表 SCHEDULE

日计划表 TO DO LIST

备注 MEMO / /

月　总　结

本月收获

●

●

●

10月

OCTOBER

月计划

备忘录

周 计 划

Mon.	Tue.
Wed.	Thur.
Fri.	Sat.
Sun.	Memo

重要事项

时间表 SCHEDULE

日计划表 TO DO LIST

备注 MEMO / /

时间表 SCHEDULE

日计划表 TO DO LIST

备注 MEMO / /

时间表 SCHEDULE

日计划表 TO DO LIST

备注 MEMO / /

时间表 SCHEDULE

日计划表 TO DO LIST

备注 MEMO / /

时间表 SCHEDULE	日计划表 TO DO LIST	备注 MEMO / /
	○ ○ ○ ○ ○ ○ ○ ○ ○ ○ ○	

时间表 SCHEDULE	日计划表 TO DO LIST	备注 MEMO / /
	○ ○ ○ ○ ○ ○ ○ ○ ○ ○ ○	

周 计 划

Mon.	Tue.
Wed.	Thur.
Fri.	Sat.
Sun.	Memo

重要事项

时间表 SCHEDULE	日计划表 TO DO LIST	备注 MEMO / /

时间表 SCHEDULE	日计划表 TO DO LIST	备注 MEMO / /

时间表 SCHEDULE

日计划表 TO DO LIST

备注 MEMO / /

时间表 SCHEDULE

日计划表 TO DO LIST

备注 MEMO / /

时间表 SCHEDULE

日计划表 TO DO LIST

备注 MEMO / /

时间表 SCHEDULE

日计划表 TO DO LIST

备注 MEMO / /

周 计 划

Mon.	Tue.
Wed.	Thur.
Fri.	Sat.
Sun.	Memo

重要事项

-
-
-

时间表 SCHEDULE

日计划表 TO DO LIST

备注 MEMO / /

时间表 SCHEDULE

日计划表 TO DO LIST

备注 MEMO / /

时间表 SCHEDULE

日计划表 TO DO LIST

备注 MEMO / /

时间表 SCHEDULE

日计划表 TO DO LIST

备注 MEMO / /

时间表 SCHEDULE	日计划表 TO DO LIST	备注 MEMO / /
	○ ○ ○ ○ ○ ○ ○ ○ ○ ○ ○	

时间表 SCHEDULE	日计划表 TO DO LIST	备注 MEMO / /
	○ ○ ○ ○ ○ ○ ○ ○ ○ ○ ○	

周 计 划

Mon.	Tue.
Wed.	Thur.
Fri.	Sat.
Sun.	Memo

重要事项

时间表 SCHEDULE

日计划表 TO DO LIST

备注 MEMO / /

时间表 SCHEDULE

日计划表 TO DO LIST

备注 MEMO / /

时间表 SCHEDULE

日计划表 TO DO LIST

备注 MEMO / /

时间表 SCHEDULE

日计划表 TO DO LIST

备注 MEMO / /

时间表 SCHEDULE

日计划表 TO DO LIST

备注 MEMO / /

时间表 SCHEDULE

日计划表 TO DO LIST

备注 MEMO / /

周　计　划

Mon.	Tue.
Wed.	Thur.
Fri.	Sat.
Sun.	Memo

重要事项

时间表 SCHEDULE

日计划表 TO DO LIST

备注 MEMO / /

时间表 SCHEDULE

日计划表 TO DO LIST

备注 MEMO / /

时间表 SCHEDULE

日计划表 TO DO LIST

备注 MEMO / /

时间表 SCHEDULE

日计划表 TO DO LIST

备注 MEMO / /

时间表 SCHEDULE

日计划表 TO DO LIST

备注 MEMO / /

时间表 SCHEDULE

日计划表 TO DO LIST

备注 MEMO / /

月　总　结

本月收获

11月

NOVEMBER

月计划

备忘录

周　计　划

Mon.	Tue.
Wed.	Thur.
Fri.	Sat.
Sun.	Memo

重要事项

时间表 SCHEDULE

日计划表 TO DO LIST

备注 MEMO / /

时间表 SCHEDULE

日计划表 TO DO LIST

备注 MEMO / /

时间表 SCHEDULE

日计划表 TO DO LIST

备注 MEMO / /

时间表 SCHEDULE

日计划表 TO DO LIST

备注 MEMO / /

时间表 SCHEDULE

日计划表 TO DO LIST

备注 MEMO / /

时间表 SCHEDULE

日计划表 TO DO LIST

备注 MEMO / /

周　计　划

Mon.	Tue.
Wed.	Thur.
Fri.	Sat.
Sun.	Memo

重要事项

-
-
-

时间表 SCHEDULE

日计划表 TO DO LIST

备注 MEMO / /

时间表 SCHEDULE

日计划表 TO DO LIST

备注 MEMO / /

时间表 SCHEDULE

日计划表 TO DO LIST

备注 MEMO / /

时间表 SCHEDULE

日计划表 TO DO LIST

备注 MEMO / /

时间表 SCHEDULE

日计划表 TO DO LIST

备注 MEMO / /

时间表 SCHEDULE

日计划表 TO DO LIST

备注 MEMO / /

周　计　划

Mon.	Tue.
Wed.	Thur.
Fri.	Sat.
Sun.	Memo

重要事项

-
-
-

时间表 SCHEDULE

日计划表 TO DO LIST

备注 MEMO / /

时间表 SCHEDULE

日计划表 TO DO LIST

备注 MEMO / /

时间表 SCHEDULE

日计划表 TO DO LIST

备注 MEMO / /

时间表 SCHEDULE

日计划表 TO DO LIST

备注 MEMO / /

时间表 SCHEDULE

日计划表 TO DO LIST

备注 MEMO / /

时间表 SCHEDULE

日计划表 TO DO LIST

备注 MEMO / /

周　计　划

Mon.	Tue.
Wed.	Thur.
Fri.	Sat.
Sun.	Memo

重要事项

时间表 SCHEDULE

日计划表 TO DO LIST

备注 MEMO / /

时间表 SCHEDULE

日计划表 TO DO LIST

备注 MEMO / /

时间表 SCHEDULE	日计划表 TO DO LIST	备注 MEMO / /

时间表 SCHEDULE	日计划表 TO DO LIST	备注 MEMO / /

时间表 SCHEDULE	日计划表 TO DO LIST	备注 MEMO / /

时间表 SCHEDULE	日计划表 TO DO LIST	备注 MEMO / /

周 计 划

Mon.	Tue.
Wed.	Thur.
Fri.	Sat.
Sun.	Memo

重要事项

-
-
-

时间表 SCHEDULE	日计划表 TO DO LIST	备注 MEMO / /

时间表 SCHEDULE	日计划表 TO DO LIST	备注 MEMO / /

时间表 SCHEDULE

日计划表 TO DO LIST

备注 MEMO / /

时间表 SCHEDULE

日计划表 TO DO LIST

备注 MEMO / /

时间表 SCHEDULE

日计划表 TO DO LIST

备注 MEMO / /

时间表 SCHEDULE

日计划表 TO DO LIST

备注 MEMO / /

月　总　结

本月收获

12月 DECEMBER

月计划

备忘录

周　计　划

Mon.	Tue.
Wed.	Thur.
Fri.	Sat.
Sun.	Memo

重要事项

-
-
-

时间表 SCHEDULE	日计划表 TO DO LIST	备注 MEMO / /

时间表 SCHEDULE	日计划表 TO DO LIST	备注 MEMO / /

时间表 SCHEDULE	日计划表 TO DO LIST	备注 MEMO / /

时间表 SCHEDULE	日计划表 TO DO LIST	备注 MEMO / /

时间表 SCHEDULE	日计划表 TO DO LIST	备注 MEMO / /

时间表 SCHEDULE	日计划表 TO DO LIST	备注 MEMO / /

周 计 划

Mon.	Tue.
Wed.	Thur.
Fri.	Sat.
Sun.	Memo

重要事项

-
-
-

时间表 SCHEDULE

日计划表 TO DO LIST

备注 MEMO / /

时间表 SCHEDULE

日计划表 TO DO LIST

备注 MEMO / /

时间表 SCHEDULE

日计划表 TO DO LIST

备注 MEMO / /

时间表 SCHEDULE

日计划表 TO DO LIST

备注 MEMO / /

时间表 SCHEDULE

日计划表 TO DO LIST

备注 MEMO / /

时间表 SCHEDULE

日计划表 TO DO LIST

备注 MEMO / /

周 计 划

Mon.	Tue.
Wed.	Thur.
Fri.	Sat.
Sun.	Memo

重要事项

-
-
-

时间表 SCHEDULE

日计划表 TO DO LIST

备注 MEMO / /

时间表 SCHEDULE

日计划表 TO DO LIST

备注 MEMO / /

时间表 SCHEDULE	日计划表 TO DO LIST	备注 MEMO / /

时间表 SCHEDULE	日计划表 TO DO LIST	备注 MEMO / /

时间表 SCHEDULE	日计划表 TO DO LIST	备注 MEMO / /

时间表 SCHEDULE	日计划表 TO DO LIST	备注 MEMO / /

周　计　划

Mon.	Tue.
Wed.	Thur.
Fri.	Sat.
Sun.	Memo

重要事项

时间表 SCHEDULE

日计划表 TO DO LIST

备注 MEMO / /

时间表 SCHEDULE

日计划表 TO DO LIST

备注 MEMO / /

时间表 SCHEDULE	日计划表 TO DO LIST	备注 MEMO / /

时间表 SCHEDULE	日计划表 TO DO LIST	备注 MEMO / /

时间表 SCHEDULE

日计划表 TO DO LIST

备注 MEMO / /

时间表 SCHEDULE

日计划表 TO DO LIST

备注 MEMO / /

周　计　划

Mon	Tue
Wed.	Thur
Fri.	Sat
Sun	Memo

重要事项

时间表 SCHEDULE

日计划表 TO DO LIST

备注 MEMO / /

时间表 SCHEDULE

日计划表 TO DO LIST

备注 MEMO / /

时间表 SCHEDULE

日计划表 TO DO LIST

备注 MEMO / /

时间表 SCHEDULE

日计划表 TO DO LIST

备注 MEMO / /

时间表 SCHEDULE

日计划表 TO DO LIST

备注 MEMO / /

时间表 SCHEDULE

日计划表 TO DO LIST

备注 MEMO / /

月 总 结

本月收获